LEI DOS SERVIÇOS
PÚBLICOS ESSENCIAIS

LEI DOS SERVIÇOS PÚBLICOS ESSENCIAIS

ANOTADA E COMENTADA

Fernando Dias Simões

Mariana Pinheiro Almeida

LEI DOS SERVIÇOS PÚBLICOS ESSENCIAIS
ANOTADA E COMENTADA

AUTORES
Fernando Dias Simões
Mariana Pinheiro Almeida

EDITOR
EDIÇÕES ALMEDINA, S.A.
Av. Fernão de Magalhães, nº 584. 5º Andar
3000-174 Coimbra
Tel.: 239 851 904 · Fax: 239 851 901
www.almedina.net · editora@almedina.net

DESIGN DE CAPA
FBA.

PRÉ-IMPRESSÃO
EDIÇÕES ALMEDINA, S.A.

IMPRESSÃO E ACABAMENTO
Pentaedro, Lda.
Janeiro, 2012

DEPÓSITO LEGAL
338404/12

Apesar do cuidado e rigor colocados na elaboração da presente obra, devem os diplomas legais dela constantes ser sempre objecto de confirmação com as publicações oficiais.

Toda a reprodução desta obra, por fotocópia ou outro qualquer processo, sem prévia autorização escrita do Editor, é ilícita e passível de procedimento judicial contra o infractor.

ALMEDINA | GRUPOALMEDINA

Biblioteca Nacional de Portugal – Catalogação na Publicação

PORTUGAL. Leis, decretos, etc

Lei dos serviços públicos essenciais / anot. e coment. Fernando Dias Simões, Mariana Pinheiro Almeida. – (Legislação anotada)
ISBN 978-972-40-4689-1

I – SIMÕES, Fernando Dias
II – ALMEIDA, Mariana Pinheiro

CDU   351

ABREVIATURAS E SIGLAS

AA. VV.	Vários Autores
Ac.	Acórdão
CC	Código Civil
CRP	Constituição da República Portuguesa
DAR	Diário da Assembleia da República
DL	Decreto-Lei
DR	Diário da República
EDC	Estudos de Direito do Consumidor
LDC	Lei de Defesa do Consumidor (Lei n.º 24/96, de 31 de Julho).
LSPE	Lei dos Serviços Públicos Essenciais (Lei n.º 23/96, de 26 de Julho, alterada pela Lei n.º 12/2008, de 26 de Fevereiro, pela Lei n.º 24/2008, de 2 de Junho, pela Lei n.º 6/2011, de 10 de Março e pela Lei n.º 44/2011, de 22 de Junho).
RLJ	Revista de Legislação e Jurisprudência
RPDC	Revista Portuguesa de Direito do Consumo
STA	Supremo Tribunal Administrativo
STJ	Supremo Tribunal de Justiça
TC	Tribunal Constitucional
TRC	Tribunal da Relação de Coimbra
TRE	Tribunal da Relação de Évora
TRG	Tribunal da Relação de Guimarães
TRL	Tribunal da Relação de Lisboa
TRP	Tribunal da Relação do Porto

LEI N.º 23/96, DE 26 DE JULHO

Cria no ordenamento jurídico alguns mecanismos destinados a proteger o utente de serviços públicos essenciais.

A Assembleia da República decreta, nos termos dos artigos 164.º, alínea *d*), e 169.º, n.º 3, da Constituição, o seguinte:

ARTIGO 1.º
ÂMBITO E FINALIDADE

1 – A presente lei consagra regras a que deve obedecer a prestação de serviços públicos essenciais em ordem à protecção do utente.

2 – São os seguintes os serviços públicos abrangidos:

a) Serviço de fornecimento de água;

b) Serviço de fornecimento de energia eléctrica;

c) Serviço de fornecimento de gás natural e gases de petróleo liquefeitos canalizados;

d) Serviço de comunicações electrónicas;

e) Serviços postais;

f) Serviço de recolha e tratamento de águas residuais;

g) Serviços de gestão de resíduos sólidos urbanos.

3 – Considera-se utente, para os efeitos previstos nesta lei, a pessoa singular ou colectiva a quem o prestador do serviço se obriga a prestá-lo.

4 – Considera-se prestador dos serviços abrangidos pela presente lei toda a entidade pública ou privada que preste ao utente qualquer dos serviços referidos no n.º 2, independentemente da sua natureza jurídica, do título a que o faça ou da existência ou não de contrato de concessão.

ANOTAÇÃO (Fernando Dias Simões)

N.º 1
Finalidade do diploma

I. A Lei n.º 23/96, de 26 de Julho, que ficou conhecida como "Lei dos Serviços Públicos Essenciais", veio, como resulta da sua epígrafe oficial, criar no ordenamento jurídico português alguns mecanismos destinados a proteger o utente de serviços públicos essenciais. Tal propósito é igualmente assumido no n.º 1 do art. 1.º. O Estado, ciente de que a defesa dos interesses e dos direitos dos consumidores constitui uma das suas incumbências prioritárias, no âmbito económico e social (al. i) do art. 81.º da CRP), resolveu disciplinar os contratos que envolvem a prestação de serviços públicos considerados essenciais. A regulamentação deste tipo de relações jurídicas tem como escopo, deste modo, uma tutela mais eficaz dos direitos dos consumidores. De acordo com o n.º 1 do art. 60.º da CRP, "os consumidores têm direito à qualidade dos bens e serviços consumidos, à formação e à informação, à protecção da saúde, da segurança e dos seus interesses económicos, bem como à reparação de danos".

Por outro lado, a Lei n.º 24/96, de 31 de Julho (contemporânea da LSPE e popularizada como "Lei de Defesa do Consumidor") estabelece que incumbe ao Governo "adoptar medidas adequadas a assegurar o equilíbrio das relações jurídicas que tenham por objecto bens e serviços essenciais, designadamente água, energia eléctrica, gás, telecomunicações e transportes públicos" (n.º 8 do art. 9.º). Está em causa o direito do consumidor à protecção dos seus interesses económicos, impondo-se nas relações jurídicas de consumo a igualdade material dos intervenientes, a lealdade e a boa fé, nos preliminares, na formação e ainda na vigência dos contratos (n.º 1 do mesmo art.).

II. A LSPE teve origem na Proposta de Lei n.º 20/VII (cria no ordenamento jurídico alguns mecanismos destinados a proteger o utente de serviços públicos essenciais)[1]. Na sua Exposição de motivos pode ler-se: "é tarefa do Estado prover à satisfação de necessidades iniciais[2] e contribuir para o bem-estar e a qualidade de vida de todos. O cumprimento deste imperativo constitucional requer que o Estado se não desinteresse do modo como ele é conseguido e, designadamente, dos termos e condições em que os bens são fornecidos e os serviços prestados. (...) Domínio tradicional do Estado, Regiões Autónomas, autarquias e empresas públicas, os serviços públicos essenciais, já hoje entregues também a empresas privadas, são fundamentais para a prossecução de um nível de vida moderno e caracterizam-se tendencialmente pela sua universalidade, por serem prestados em regime de monopólio (local, regional ou até nacional) e por deverem atender a envolventes especiais, que não a uma mera óptica puramente comercial ou economicista. Isso implica que a prestação de serviços públicos essenciais deva estar sujeita ao respeito por certos princípios fundamentais, em conformidade com a índole e as características desses serviços – princípios da universalidade, igualdade, continuidade, imparcialidade, adaptação às necessidades e bom fun-

---

[1] DAR II série A, n.º 33/VII/1, de 4 de Abril de 1996, pp. 590-592. O n.º 1 do art. 1.º da LSPE manteve praticamente a mesma redacção da Proposta de Lei. A única diferença consiste na utilização da expressão "a presente lei" ao invés de "o presente diploma".
[2] Cremos que se trata de um mero lapso de escrita e que o legislador queria na verdade referir--se a "necessidades essenciais".

cionamento –, assim como implica que ao utente sejam reconhecidos especiais direitos e à contraparte, impostas algumas limitações à sua liberdade contratual"[3].

A propósito do escopo da LSPE, pode ler-se no preâmbulo do DL n.º 195/99, de 8 de Junho (diploma que estabelece o regime aplicável às cauções nos contratos de fornecimento aos consumidores dos serviços previstos na LSPE): "a protecção dos direitos dos consumidores – consagrados na Constituição da República Portuguesa – tem vindo a ser cuidadosamente regulamentada com vista à criação de medidas eficientes para a promoção de regras mais transparentes e equitativas num mercado em crescente globalização. A Lei n.º 23/96, de 26 de Julho, veio criar no ordenamento jurídico português alguns mecanismos destinados a proteger o utente de serviços públicos essenciais, abrangendo o fornecimento de água, electricidade, gás e serviço telefónico. Ficou, deste modo, perfeitamente identificado um mercado com características muito especiais e cujo funcionamento denotava um significativo desequilíbrio em detrimento da posição contratual do consumidor, dado tratar-se da prestação de serviços básicos, universais e essenciais à vida moderna, em que os consumidores não dispõem de poder negocial perante situações muitas vezes identificadas como «monopólios naturais»".

A LSPE tem como escopo a protecção do utente, procurando assegurar o equilíbrio das partes nas relações jurídicas que envolvam a prestação de serviços públicos essenciais. Almeja-se, deste modo, diminuir o desequilíbrio criado pela falta de poder negocial dos utentes face aos prestadores dos serviços, obtendo uma maior transparência e equidade num mercado em que as cláusulas contratuais gerais assumem cada vez maior preponderância. O legislador sentiu a necessidade

---

[3] Na apresentação da Proposta de Lei a Ministra do Ambiente, ELISA FERREIRA, referiu: "trata-se, por um lado, de algo que é absolutamente essencial à vida dos consumidores nos dias de hoje, os serviços de fornecimento de electricidade, água, gás e de telefone. Por outro lado, trata-se de empresas que actuam, em geral, em regime de monopólio e em que as relações de consumo assumem o máximo de desequilíbrio em desfavor dos consumidores. A intervenção do Estado, nesta matéria destina-se, pois, a restabelecer o equilíbrio na relação entre consumidores e prestadores de serviços. Esta é, aliás, matéria de grande actualidade, não só em Portugal como ao nível da União Europeia, constituindo uma das prioridades inscritas no Plano de Acção Trienal da Comissão relativa à informação e à protecção dos consumidores. Nos termos da Constituição da República, é tarefa do Estado prover à satisfação de necessidades essenciais e contribuir para a qualidade de vida dos cidadãos, o que implica, obviamente, que o Estado não descure as condições em que, quer os bens, quer os serviços essenciais são fornecidos ou prestados. No entanto, se é verdade que em todos os domínios do consumo é preciso assegurar o exercício dos direitos dos consumidores, não deixa de ser também verdade que mais necessário ainda se torna assegurá-lo em sectores onde os bens ou serviços não são quaisquer mas são bens e serviços essenciais à vida e dos quais não se pode prescindir" – DAR I série, n.º 56/VII/1, de 12 de Abril de 1996, p. 21.

de criar mecanismos específicos destinados à protecção dos utentes dos serviços básicos, universais e essenciais à vida em sociedade, inibindo eventuais abusos dos prestadores dos serviços, que quase sempre se encontram em regime de monopólio. De acordo com MENEZES CORDEIRO, a LSPE pretende "evitar que a concorrência jogue contra os utentes. Ao fixar certas regras, o Estado procura que os avanços se façam pela positiva e não à custa dos serviços e de quem deles dependa. O objectivo mais imediato da lei é normalizar, segundo estalões elevados, a prestação dos serviços públicos vitais: de tal modo que a empresa concorrente, para conseguir vantagem, não possa baixar o nível de qualidade envolvida"[4].

Os serviços visados pelo diploma são aqueles que satisfazem necessidades primárias, básicas, fundamentais dos cidadãos. Atendendo ao cariz essencial para a vida quotidiana, estes serviços eram tradicionalmente prestados pelo Estado. Porém, nas últimas décadas tem-se assistido a uma vaga de liberalização de serviços como o fornecimento de água, de energia eléctrica, de gás, telecomunicações, *etc.* Face à relevância e preponderância que assumem para o bem-estar do indivíduo, na vida moderna, a prestação destes serviços deve estar sujeita a um conjunto mínimo de direitos e deveres. A essencialidade e a universalidade deste tipo de bens e serviços explicam que o Estado não abdique de impor regras aos prestadores de serviços com vista à tutela dos utentes. A LSPE constitui, deste modo, um instrumento destinado a garantir a protecção do utente de um conjunto mínimo de serviços considerados indispensáveis para a qualidade de vida nas sociedades actuais, face a um mercado liberalizado dos serviços[5].

III. É evidente que antes do surgimento da LSPE já existiam no nosso ordenamento jurídico normas que poderiam ser convocadas para regular a prestação destes serviços, nomeadamente as regras de Direito comum fixadas no CC. Na própria Exposição de motivos da Proposta de Lei n.º 20/VII reconhece-se isto quando se refere: "é certo que existem já na nossa ordem jurídica alguns diplomas adequados a proteger o utente de serviços públicos essenciais. E não é de excluir o recurso a princípios, regras e institutos que, embora de carácter geral, permitem soluções jurídicas correctas neste domínio. Por isso se deixam de fora

---

[4] *Da prescrição do pagamento dos denominados serviços públicos essenciais, in* "O Direito", ano 133, n.º 4 (Outubro/Dezembro 2001), p. 774 e *Da prescrição de créditos das entidades prestadoras de serviços públicos essenciais, in* AA. VV., Regulação e concorrência. Perspectivas e limites da defesa da concorrência, Coimbra, Almedina, 2005, pp. 294 s.

[5] Exposição de motivos do Projecto de Lei n.º 263/X (alteração à Lei n.º 23/96, de 31 de Julho), *in* DAR II série A, n.º 115/X/1, de 1 de Junho de 2006, p. 7.

vários aspectos, aqueles em que parece não haver especialidades que justifiquem desvios ao regime geral, designadamente ao direito dos contratos, onde se inclui o diploma sobre as cláusulas contratuais gerais. Mostra a experiência, porém, que é difícil alcançar a desejável protecção do utente de serviços públicos essenciais só por essa via. Compete ao legislador fazer opções valorativas, clarificar situações e disciplinar especiais interesses conflituantes. Torna-se necessário, designadamente, estabelecer especiais direitos e obrigações das partes, impedir actuações e práticas abusivas e consagrar a participação das organizações representativas dos utentes na definição do modelo a que obedecerá a prestação dos serviços públicos essenciais"[6].

O legislador português reconheceu a insuficiência do Direito comum para dar resposta adequada aos problemas suscitados pela prestação de serviços públicos essenciais. A LSPE apresenta-se, portanto, como um corpo próprio de normas que pretende dedicar à prestação de serviços públicos qualificados como essenciais um regime próprio, especial, que em alguns pontos desenvolve e aprofunda algumas regras que já resultavam do regime geral, e que noutros esclarece e elucida dúvidas que a aplicação das soluções tradicionais poderia suscitar. Assim, o quadro legal criado pela LSPE combina soluções já dispensadas pelo nosso ordenamento jurídico, se fizéssemos apelo directo aos princípios estruturantes do mesmo, com outras, tidas como novas ou encaradas como concretizações específicas de regras gerais[7]. Tratou-se de um avanço legislativo que não é isento de críticas, como é evidente. As posteriores alterações ao diploma de 1996 não só resultam da natural evolução da sociedade mas também do reconhecimento de algumas fragilidades e insuficiências que derivavam da redacção primitiva da Lei. A este propósito, veja-se a aparente *prudência* da Proposta de Lei n.º 20/VII, patente na sua Exposição de motivos: "gostariam uns, porventura, que o legislador fosse mais longe; recearão outros que o legislador tenha ido longe demais. Optou-se por um diploma que se julga equilibrado e com as soluções importantes em ordem à protecção do utente de serviços públicos essenciais, depois de ouvidas as entidades e organizações representativas dos interesses que se pretende regular"[8]. Ao apostar na criação de um sistema próprio de disciplina dos serviços públicos essenciais o legislador português desbravou um "caminho auspicioso no

---

[6] DAR II série A, n.º 33/VII/1, de 4 de Abril de 1996, pp. 590 s.
[7] MIRANDA BARBOSA, *Acerca do âmbito da Lei dos Serviços Públicos Essenciais: taxatividade ou carácter exemplificativo do artigo 1.º, n.º 2 da Lei n.º 23/96, de 26 de Julho?*, in "EDC", n.º 6, 2004, p. 405.
[8] DAR II série A, n.º 33/VII/1, de 4 de Abril de 1996, p. 591.

direito português"[9], assumindo um papel pioneiro, uma vez que noutros ordenamentos jurídicos esta matéria não estava autonomizada de forma tão explícita[10].

IV. Para atingir o seu propósito, a LSPE atribui aos utentes dos serviços públicos essenciais vários direitos, desde logo o direito de participação das organizações representativas dos utentes (art. 2.º), cujo elenco é certificado nos termos do art. 16.º; o direito a quitação parcial (art. 6.º) e o direito a uma factura que especifique devidamente os valores que apresenta (art. 9.º). O legislador confere outros direitos aos utentes, correlativos dos deveres de diversa ordem que são impostos aos prestadores dos serviços: o dever de proceder de boa fé, tendo em conta a importância dos interesses dos utentes (art. 3.º); o dever de informação acerca das condições em que o serviço é fornecido (art. 4.º); o dever de obediência a elevados padrões de qualidade (art. 7.º) e o dever de proceder ao acerto dos valores cobrados (art. 12.º). Faz-se impender sobre o prestador do serviço o ónus da prova de todos os factos relativos ao cumprimento das suas obrigações (art. 11.º). O legislador complementa o regime proibindo a suspensão do serviço sem pré-aviso adequado (art. 5.º) e vedando a imposição e cobrança de consumos mínimos (art. 8.º). Para além disso, estabelecem-se regras próprias em matéria de prescrição e caducidade do direito ao recebimento do preço do serviço prestado (art. 10.º). A natureza imperativa dos direitos conferidos aos utentes veda qualquer convenção que exclua ou limite tais direitos, sob pena de nulidade. Trata-se de uma nulidade atípica, pois só pode ser invocada pelo utente, o qual é livre de optar pela redução do contrato (art. 13.º). Ao ter o cuidado de ressalvar todas as disposições legais que, em concreto, se mostrem mais favoráveis ao utente (art. 14.º), o legislador deixou bem claro que a Lei não se aplica se outras disposições legais conduzirem a resultados concretos mais favoráveis ao utente dos serviços públicos essenciais. Por fim, favorece-se o recurso a mecanismos de resolução extrajudicial de conflitos, suspendendo-se no seu decurso o prazo para a proposição da acção judicial ou da injunção (art. 15.º).

---

[9] CABRAL DE MONCADA, Estudos de Direito Público, Coimbra, Coimbra Editora, 2001, p. 355.
[10] CARDOSO, Os serviços públicos essenciais: a sua problemática no ordenamento jurídico português, Coimbra, Coimbra Editora, 2010, p. 58. FROTA propunha uma via distinta: a criação de uma verdadeira "Carta de Protecção do Consumidor de Produtos e serviços essenciais" – vide *Carta de protecção do consumidor de produtos e serviços essenciais. Sobre a lei n.º 23/96, de 26 de Julho*, in "RPDC", n.º 8, 1996, pp. 21-34.

Entrada em vigor

A LSPE entrou em vigor no dia 24 de Outubro de 1996[11]. O disposto no diploma também era aplicável às relações jurídicas já constituídas que subsistissem nessa data[12]. Foi seguida, deste modo, a regra constante da parte final do n.º 2 do art. 12.º do CC sobre aplicação da lei no tempo: "quando dispuser directamente sobre o conteúdo de certas relações jurídicas, abstraindo dos factos que lhe deram origem, entender-se-á que a lei abrange as próprias relações já constituídas, que subsistam à data da sua entrada em vigor". Embora fosse aplicável às relações contratuais pré-existentes, o diploma não era aplicável aos processos judiciais pendentes na data da sua entrada em vigor[13].

N.º 2
Conceito de "serviços públicos essenciais" e conceitos afins

I. O n.º 2 do art. 1.º da LSPE contém a lista dos serviços abrangidos pelo diploma, delimitando o seu âmbito objectivo de aplicação. O legislador não se comprometeu com uma explicitação do conceito de "serviços públicos essenciais". Ao invés, optou por delimitar o âmbito de aplicação do diploma através da enumeração dos serviços a que este se aplica. O conceito de "serviço público essencial" foi introduzido na nossa Ordem Jurídica através da LSPE, derivando da própria teleologia do diploma. Este conceito não tem qualquer tradição na legislação comunitária, sendo mais frequente o recurso à noção de "serviços de interesse geral". A utilização pelo legislador português daquela expressão pode ser explicada pelo facto de estes serviços só recentemente terem deixado de estar exclusivamente integrados no sector público e, consequentemente, serem conhecidos como "serviços públicos". O legislador pretendeu proteger os utentes de determinados serviços por considerar que estes são *essenciais*. Deste modo, são serviços públicos essenciais aqueles que desse modo sejam qualificados pelo legislador, independentemente da sua natureza específica. São abrangidos sob uma mesma regulamentação específica alguns serviços atendendo à sua *essencialidade*, ou seja,

---

[11] Art. 14.º da Lei n.º 23/96: "o presente diploma entra em vigor 90 dias após a sua publicação, com excepção do disposto nos artigos 5.º, n.º 5, e 13.º, n.º 2".
[12] N.º 1 do art. 13.º da Lei n.º 23/96.
[13] Neste sentido, vide o ac. do STJ de 27 de Outubro de 1998 (processo 98A215). No caso *sub judice*, o Tribunal entendeu que o art. 10.º da Lei n.º 23/96 (prescrição e caducidade) só era aplicável aos casos em que o preço da energia e a diferença de preço devida por erro de facturação do prestador do serviço ainda não tivessem sido pedidos e só o viessem a ser passados seis meses após a entrada em vigor do diploma.

ao carácter básico, fundamental e indispensável que assumem na vida quotidiana dos cidadãos.

II. O conceito de "serviço público essencial" não se confunde com o de "serviço de interesse geral". Este último conceito tem um âmbito muito mais vasto, abrangendo todos os serviços que satisfazem necessidades básicas dos cidadãos, quer estas sejam de natureza económica, social ou cultural. São, deste modo, serviços essenciais à vida, à saúde e à participação social dos cidadãos. Estes serviços, independentemente de terem fins lucrativos ou não, são considerados de interesse geral e, por esse motivo, estão sujeitos a obrigações específicas de serviço público[14].

Os serviços públicos essenciais também são, está bom de ver, serviços de interesse geral, uma vez que revestem carácter de essencialidade para os cidadãos. Embora os dois conceitos não coincidam, a verdade é que a consagração do conceito de serviço público essencial transparece a intenção do legislador em estabelecer um regime específico de protecção dos utentes de alguns serviços que são essenciais para a vida dos cidadãos e que são, portanto, serviços de interesse geral. Deste modo, a distinção entre os dois conceitos é meramente formal, isto é, os serviços públicos essenciais são os serviços de interesse geral expressamente consagrados na LSPE[15].

Também diverso do conceito adoptado pelo legislador na LSPE é o conceito de "serviços de interesse económico geral" (SIEG). Estes serviços são aqueles que satisfazem necessidades básicas, de natureza económica, dos cidadãos, ou seja, são uma subespécie do conceito mais amplo de "serviços de interesse geral"[16]. Estas actividades estão sujeitas a obrigações de serviço público em função de critérios de interesse geral, sobretudo de serviço universal, em sectores como as comunicações electrónicas, a energia e os serviços postais. Os SIEG constituem um elemento essencial do modelo social europeu. O conceito surge consagrado, desde logo, no art. 16.º do Tratado que institui a Comunidade Europeia, salientando-

---

[14] FROTA, *Os serviços de interesse geral e o princípio fundamental da protecção dos interesses económicos do consumidor*, in "RPDC", n.º 46, 2006, p. 114.
[15] GOUVEIA, *Os serviços de interesse geral em Portugal*, Coimbra, Coimbra Editora, 2001, p. 24.
[16] Para além de "serviços de interesse económico geral" existem igualmente "serviços de interesse social geral" (como a segurança social, a protecção no desemprego, os serviços prestados por instituições de solidariedade social, *etc.*) e "serviços de interesse cultural geral" (como o ensino, a ciência, o desporto, *etc.*).

-se a sua importância no conjunto dos valores comuns da União e o papel que desempenham na promoção da coesão económica e social. Na ordem jurídica interna, o n.º 1 do art. 86.º da CRP dispõe que "o Estado incentiva a actividade empresarial, em particular das pequenas e médias empresas, e fiscaliza o cumprimento das respectivas obrigações legais, em especial por parte das empresas que prossigam actividades de interesse económico geral". Este art., que foi inserido na CRP na revisão constitucional de 1997, tem aparentemente a sua origem na designação comunitária.

Os SIEG estão sujeitos às chamadas "obrigações de serviço público". Neste âmbito assumem especial importância as garantias dos utentes. A qualidade dos serviços é tutelada nas cartas de serviço público, onde se definem alguns princípios fundamentais: igualdade, imparcialidade, continuidade e regularidade das prestações, qualidade e segurança, direito de acesso à informação quanto aos serviços, eficiência e eficácia, mecanismos de queixa dos utentes, *etc.*[17]. Estes serviços são prestados por entidades públicas empresariais ou por empresas privadas, em regime de concessão. Em qualquer dos casos, o Estado fixa o modo de financiamento dos serviços, através da imposição de taxas pagas pelos utentes ou de transferências orçamentais, incluindo a compensação dos encargos decorrentes das obrigações de serviço público. As entidades encarregadas de assegurar a prestação de SIEG são submetidas à regulação e fiscalização das chamadas Entidades Reguladoras. Estas entidades, a quem incumbe garantir o cumprimento das obrigações de serviço público e o respeito pelos direitos dos utentes, constituem uma das grandes inovações da organização económica nos tempos mais recentes[18]. Como é patente, tanto no caso dos "serviços de interesse económico geral" como no dos "serviços públicos essenciais" (conceito de menor latitude e englobado naquele) estão em causa os direitos dos destinatários dos serviços – no caso da LSPE, os direitos dos "utentes".

Em conclusão, o conceito de "serviço público essencial" não se confunde com aqueles dois outros conceitos, o de "serviço de interesse geral" e o de "serviço de interesse económico geral", embora se filie em ambos. A distinção entre as diferentes noções é de natureza meramente formal, pois na aplicação das regras da LSPE apenas são considerados os serviços expressamente qualificados como "serviços públicos essenciais" pelo n.º 2 do art. 1.º.

---

[17] GOMES CANOTILHO e VITAL MOREIRA, Constituição da República Portuguesa anotada, vol. I, Coimbra, Coimbra Editora, 2007, p. 784.
[18] *Idem*, p. 1020.

Os "serviços públicos essenciais" como contratos de Direito Privado

O conceito de "serviço público" nunca foi pacífico na doutrina, suscitando acesa discussão. Tradicionalmente o serviço público era concebido como um modo de exercício da actividade administrativa. A utilização individual de serviços públicos, incluindo serviços públicos económicos, era encarada como acto unilateral de acesso, como manifestação de vontade do utente, tácita ou expressa, para obter a prestação, gratuitamente ou mediante o pagamento de um preço[19]. Sendo o serviço público gerido directamente por pessoas colectivas de Direito público, esse preço teria a natureza de taxa, cuja cobrança estava sujeita ao regime das receitas fiscais. Este entendimento assentava numa concepção orgânica e subjectiva de serviço público, apegada à ideia de que a satisfação de interesses públicos se obtém sempre através da intervenção de uma entidade pública, seja por realização directa, seja por realização indirecta (através da concessão do serviço público a uma entidade privada). Neste sentido, na expressão "serviço público" o termo *público* teria sempre o significado de autoridade pública. *Serviço público* seria, portanto, equivalente a *serviço a cargo de um sujeito público*.

Esta perspectiva, de cariz subjectivo, é rejeitada por uma parte da doutrina, que propõe uma concepção, de natureza objectiva, segundo a qual o "serviço público" corresponde a uma "actividade de interesse geral que satisfaz necessidades básicas dos cidadãos"[20]. Nesta acepção, a palavra "público" refere-se a um conjunto indeterminado de pessoas, ou seja, a expressão *público* significa *serviço do público*. Deste modo, nem todos os serviços públicos têm de, necessariamente, integrar a actividade administrativa.

Actualmente a visão unilateral da utilização do serviço público, própria da tradição juspublicista, encontra-se afastada. Entende-se que a fonte das prestações das partes não são nem regulamentos, nem actos administrativos, nem contratos administrativos. Diferentemente, os actos geradores das obrigações de prestação de serviço e de pagamento pelo utente são contratos de Direito privado que, no essencial, se regem pelo Direito privado[21]. No entender de GONÇALVES, a relação que se estabelece entre o utente e o prestador do serviço é uma "relação

---

[19] CAETANO, Manual de Direito Administrativo, vol. II, Coimbra, Almedina, 1991, pp. 1065 s e 1079 s.
[20] GONÇALVES, A concessão de serviços públicos, Coimbra, Almedina, 1999, p. 33.
[21] MENEZES CORDEIRO, Tratado de Direito Civil Português, l, Parte Geral, tomo lI, Coisas, Coimbra, Almedina, 2000, p. 148; FERREIRA DE ALMEIDA, *Serviços públicos, contratos privados*, in AA. VV., Estudos em Homenagem à Professora Doutora Isabel de Magalhães Collaço, vol. II, Coimbra, Almedina, 2002, p. 124.

titulada por um contrato de direito privado, mas regulada também por normas de direito público" porque "devem considerar-se de *direito público* as regras que fixam o regime da prestação do serviço aos utentes, que podem ser regras legais"[22]. Deste modo, podemos estar perante regras legais (desde logo e à cabeça, o regime constante da LSPE) ou regulamentares (constantes de regulamentos de exploração dos serviços). Ainda assim, deve concluir-se que o instrumento que está na base da relação jurídica que se estabelece entre prestador do serviço e utente não deixa de ser um contrato de Direito privado. Em conclusão, estamos perante uma relação titulada por um contrato de Direito privado mas regulada também por normas de Direito público. A natureza contratual da relação jurídica que se estabelece entre utentes e prestadores de serviços públicos essenciais é, aliás, expressamente reconhecida no n.º 3 do art. 13.º da LSPE, que refere que o utente pode optar pela manutenção do *contrato* quando alguma das suas cláusulas seja nula.

Âmbito de aplicação objectivo

Elenco primitivo
I. Como já referimos, por força do n.º 8 do art. 9.º da LDC incumbe ao Governo "adoptar medidas adequadas a assegurar o equilíbrio das relações jurídicas que tenham por objecto bens e serviços essenciais, designadamente água, energia eléctrica, gás, telecomunicações e transportes públicos". A lista referida neste preceito não é exaustiva mas meramente exemplificativa, como resulta do emprego do advérbio *designadamente*. A LSPE dá cumprimento a esta incumbência, aplicando-se a um conjunto de serviços que o diploma qualifica expressamente como "serviços públicos essenciais". A natureza essencial destes serviços resulta não apenas de satisfazerem necessidades básicas da sociedade moderna mas também do carácter quotidiano das prestações em causa.

O n.º 2 sofreu várias alterações. Na sua redacção primitiva a lista de serviços públicos abrangidos incluía os seguintes serviços: o serviço de fornecimento de água, o serviço de fornecimento de energia eléctrica, o serviço de fornecimento de gás e o serviço de telefone. A única diferença entre a Proposta de Lei n.º 20/VII e o texto publicado como Lei n.º 23/96 refere-se a este último serviço (al. d)). A Proposta de Lei dirigia-se apenas ao "serviço fixo de telefone". No entanto, a Lei n.º 23/96 passou a mencionar, singelamente, o "serviço de telefone", o que parecia indiciar a sua aplicação genérica a qualquer serviço de telefone, quer

---
[22] GONÇALVES, A concessão de serviços públicos, p. 318.

fosse *fixo*, quer *móvel*. Por outro lado, o n.º 2 do art. 13.º da Lei n.º 23/96 previa a extensão das regras da Lei aos serviços de telecomunicações avançadas, bem como aos serviços postais, no prazo de 120 dias, mediante Decreto-lei, ouvidas as entidades representativas dos respectivos sectores. No entanto, esta extensão só se verificou em 2008, através da Lei n.º 12/2008, de 26 de Fevereiro, diploma que procedeu à primeira alteração à Lei n.º 23/96.

II. Na sua versão original a LSPE aplicava-se, como vimos, apenas ao serviço de fornecimento de água, ao serviço de fornecimento de energia eléctrica, ao serviço de fornecimento de gás e ao serviço de telefone. Foi relativamente a estes serviços que o legislador entendeu conveniente criar desde logo um regime próprio. Neste sentido, no preâmbulo da Proposta de Lei n.º 20/VII refere-se: "o presente diploma tem em vista o regime jurídico de serviços públicos essenciais. Nas sociedades modernas, os serviços públicos de água, gás, electricidade e telefone exigem especial atenção, atenta a sua natureza e características. É em relação a estes serviços que mais se justifica, desde já, a intervenção do legislador, em ordem à protecção do utente dos mesmos"[23]. Tudo isto, como é natural, sem prejuízo de o legislador vir posteriormente a julgar necessário estender o âmbito de aplicação do diploma a outros serviços (nomeadamente, os serviços de telecomunicações avançadas e os serviços postais, como ditava o n.º 2 do art. 13.º da Lei n.º 23/96).

---

[23] DAR II série A, n.º 33/VII/1, de 4 de Abril de 1996, p. 590. Na apresentação da Proposta de Lei a Ministra ELISA FERREIRA reconheceu que "este diploma não tem em vista todos os serviços públicos que possam ser considerados essenciais, nem sequer fazer teoria geral sobre todos os aspectos do seu regime jurídico. O objectivo desta proposta de lei é terminar de uma vez por todas com actuações e práticas concretas que a sociedade considera há muito abusivas e prejudiciais para os utentes". A deputada HELOÍSA APOLÓNIA pediu esclarecimentos à Ministra, referindo: "na nossa perspectiva, serviços públicos essenciais não são, única e exclusivamente, os abrangidos por este diploma, apesar de o artigo 1.º assim o dar a entender expressamente. São também serviços públicos essenciais os prestados pela própria Administração, como, por exemplo, os transportes públicos, os de saúde, entre outros". Em resposta a esta questão, a Ministra esclareceu que se começava por "atacar um conjunto de bens que nos parecem mais importantes e, através de um inquérito que foi elaborado e devidamente divulgado aos consumidores, estas foram, de facto, as áreas em que os consumidores se sentiam mais debilitados e mais impotentes em relação à máquina empresarial com que se defrontavam: o telefone, a água, a luz e o gás, que são bens absolutamente essenciais. A partir daqui pretendemos que o resultado desta área experimental, mas simultaneamente essencial, se alargue a outros tipos de consumo". Ainda durante o debate na generalidade da Proposta de Lei o deputado CALVÃO DA SILVA questionou a não inclusão no elenco do n.º 2 do art. 1.º dos transportes públicos, dos serviços postais e dos serviços financeiros – DAR I série, n.º 56/VII/1, de 12 de Abril de 1996, pp. 22 *s* e 35.

III. Desde cedo se fizeram ouvir vozes que advogavam o alargamento da protecção dispensada aos utentes abrangidos pela LSPE a um elenco mais amplo de serviços de interesse geral, por exemplo, relativamente a serviços de saúde, serviços de estradas, serviços de cultura, serviços de autoridade pública (*v.g.*, serviços de justiça), serviços de resíduos, *etc.* Durante a vigência da redacção original do n.º 2 do art. 1.º FERREIRA DE ALMEIDA defendia que o legislador deveria substituir o conceito de "serviços públicos essenciais" pelo de "serviços económicos de interesse geral", alargando o regime legal aos restantes serviços que fossem prestados em rede, estendendo ainda parcialmente o mesmo regime a outros serviços de interesse económico geral, tendo em conta as características de cada serviço e/ou as diferentes categorias de utentes[24]. O Autor lembrava que tanto os serviços classificados pela Lei n.º 23/96 como aqueles para os quais a Lei previa a extensão de regime (os serviços de telecomunicações avançadas e os serviços postais) tinham como critério subjacente a *homogeneidade da prestação* e a *indiferenciação pessoal do utente*. Dentro destes, os quatro serviços já contemplados (água, energia eléctrica, gás e telefone), assim como as "telecomunicações avançadas" (que o Autor entendia serem o fax, o acesso à internet, a televisão por cabo) e os serviços de saneamento básico (estes não contemplados pela Lei), tinham como características comuns adicionais a organização em rede e a prestação contínua no domicílio ou nas instalações do utente. Do ponto de vista técnico-jurídico tal significava que, neste elenco mais restrito dos serviços em rede, as relações entre prestador do serviço e cada um dos utentes tinham como fonte contratos de adesão com cláusulas contratuais gerais e como efeito obrigações de prestação continuada. No entender do Autor não se vislumbrava qualquer razão para não estender o regime legal vigente aos restantes serviços prestados em rede, tanto mais que "uma parte significativa desse regime não constituía mais do que eliminação de resquícios regulamentares, através da aplicação adequada do regime de dircito comum às particularidades daqueles contratos"[25].

Poderia discutir-se, por outro lado, a inclusão no diploma dos serviços de transportes. CARDOSO entende que tal inclusão faria sentido por também estes serviços exigirem protecção especial, não só quanto à cobrança mas também quanto

---

[24] *Serviços públicos, contratos privados*, p. 143. CARDOSO defende igualmente a adopção do conceito de "serviços de interesse geral", por entender que abriria a possibilidade de se alargar a lista dos serviços que são considerados essenciais – Os serviços públicos essenciais: a sua problemática no ordenamento jurídico português, p. 137.
[25] *Serviços públicos, contratos privados*, pp. 140 s.

à suspensão do serviço[26]. Poderia igualmente ponderar-se a extensão do diploma às auto-estradas[27]. CABRAL MONCADA defendia que as regras do diploma deveriam ser estendidas aos serviços públicos de rádio e de televisão atendendo ao facto de serem constitucionalmente concebidos como incumbência do Estado (n.º 5 do art. 38.º da CRP)[28].

Face ao limitado âmbito objectivo de aplicação do diploma, que incidia apenas sobre quatro serviços, poderia questionar-se porque não tinha o legislador abrangido outros serviços públicos, cuja *essencialidade* poderia igualmente ser ponderada. PINTO MONTEIRO perguntava "por que razão foram aqueles e não outros – ou apenas aqueles – os serviços públicos abrangidos. Acrescentar-se-á, porventura, que também os transportes e os serviços de saúde, por exemplo, se revestem dessa característica da essencialidade. Poder-se-ia, por isso, ter abrangido, além daqueles, outros serviços públicos essenciais, ou, em alternativa, não se ter especificado quaisquer serviços, limitando-se a lei a estabelecer regras aplicáveis aos (ou a todos os) serviços públicos essenciais *tout court*"[29]. A questão prende-se com o conceito de *essencialidade* que foi adoptado[30]. Podia perguntar-se por que motivo tinha o legislador sido tão comedido ou pouco ambicioso ao elencar os serviços abrangidos pelo diploma, numa época em que já se discutia a essencialidade para a vida quotidiana dos cidadãos de outros serviços como os serviços de transporte[31].

Perante as críticas que apodavam a Lei de demasiado prudente, selectiva ou limitada, PINTO MONTEIRO aventava que provavelmente o legislador portu-

---

[26] Os serviços públicos essenciais: a sua problemática no ordenamento jurídico português, p. 137.
[27] FROTA, *A tutela do consumidor de produtos e serviços públicos essenciais na Europa*, in "RPDC", n.º 14, 1998, p. 10. O Autor propõe ainda a extensão do diploma aos serviços de educação e de saúde.
[28] Estudos de Direito Público, p. 356.
[29] *A protecção do consumidor de serviços públicos essenciais*, in "EDC", n.º 2, 2000, p. 339.
[30] MIRANDA BARBOSA, *Acerca do âmbito da Lei dos Serviços Públicos Essenciais: taxatividade ou carácter exemplificativo do artigo 1.º, n.º 2 da Lei n.º 23/96, de 26 de Julho?*, p. 403.
[31] Neste sentido, o próprio Relatório e Parecer da Comissão de Assuntos Constitucionais, Direitos, Liberdades e Garantias sobre a Proposta de Lei n.º 20/VII refere: "da presente proposta de lei (...) não constam os transportes públicos. Mais: a salvaguarda de características próprias dos serviços públicos, designadamente a sua universalidade (ou acesso universal) em condições de igualdade e imparcialidade, é ainda de uma grande actualidade, nos debates técnico-práticos, nas telecomunicações, serviços postais e mercado da energia, e consta do plano de acção trienal 1996-1998 da União Europeia" – DAR II série A, n.º 34/VII/1, de 13 de Abril de 1996, pp. 614 s. O Relatório optou por não se pronunciar sobre a suficiência ou insuficiência do elenco constante da Proposta de Lei.

guês tinha pretendido "por um lado, ser *mais completo* e *preciso* na regulamentação que estabeleceu, o que implicava uma definição prévia dos serviços abrangidos; por outro lado, decidiu *prevenir* as *dúvidas* e discussões intermináveis que de outro modo haveria sobre o âmbito de aplicação da lei, no que concerne à determinação de *quais* os serviços que têm a natureza de serviços *públicos* e, de entre eles, *quais* os que são *essenciais*; por último, ao *fazer-se* a opção de a lei se aplicar aos serviços públicos de fornecimento de água, energia eléctrica, gás e telefone, visou-se criar regras *adequadas* a problemas frequentes e já suficientemente delimitados *destes serviços básicos*, aos quais havia que responder"[32].

Também nos parece que, com a lista fixada no n.º 2, o legislador pretendeu atingir estes três objectivos – ser o mais completo e preciso possível, prevenir dúvidas sobre o âmbito de aplicação objectivo do diploma e dotar os serviços identificados, desde logo, de uma regulamentação própria e adequada. Isto, como é natural, sem prejuízo de a evolução da sociedade e das necessidades de regulação de outros serviços tidos como essenciais para a vida dos cidadãos vir a justificar a alteração do diploma – o que efectivamente veio a suceder em 2008, por força da Lei n.º 12/2008, de 26 de Fevereiro. Embora se encontre justificada, deste modo, a aparente parcimónia do legislador na definição dos serviços visados pelo diploma, há que reconhecer, em relação aos que foram elencados, que ainda assim o legislador não conseguiu ser tão preciso ou rigoroso como pretendia. Com efeito, e como veremos, a utilização de conceitos pouco claros deixou alguma margem de dúvida sobre o efectivo âmbito de aplicação objectivo do diploma, isto é, sobre os serviços públicos abrangidos.

O legislador não pretendeu abarcar todos os serviços que poderiam eventualmente ser reputados como essenciais mas apenas identificar alguns que, desde logo, sujeitou a uma disciplina própria. Como refere MENEZES CORDEIRO, "os «serviços públicos essenciais» da Lei n.º 23/96 não eram, de facto, os verdadeiros serviços públicos essenciais. Pense-se no fornecimento de pão, de carne, de legumes, de produtos farmacêuticos ou de habitação: todos eles são necessários para a vida: mais do que a electricidade, a água ou o gás". Com efeito, ficaram de fora os serviços de saúde, de assistência, de alimentação ou de educação, igualmente vitais ou fundamentais para a vida em sociedade. O Autor conclui: "«Serviços públicos essenciais» é, apenas, uma categoria formalizada que o legislador quis submeter a certo regime"[33]. Os "serviços públicos essenciais" são os enumerados no n.º 2 do

---

[32] *A protecção do consumidor de serviços públicos essenciais*, p. 339.
[33] *O anteprojecto de Código do Consumidor*, in "O Direito", ano 138.º, vol. IV, 2006, p. 707.

art. 1.º da LSPE e apenas esses. Assim, "não se discute se não haveria outros mais essenciais e sobre se alguns dos apontados não serão supérfluos: são, simplesmente, os da lei". Perante isto, resta concluir que são "serviços públicos essenciais" todos aqueles que a lei expressa e formalmente qualifique como tais e apenas esses. Não são, deste modo, admitidos quaisquer "desenvolvimentos linguísticos do «politicamente correcto»: ou teríamos de nos questionar sobre se não haverá serviços bem mais importantes do que o telefone e que não foram considerados"[34].

IV. Parece-nos não existirem dúvidas de que o elenco de serviços públicos abrangidos pelo diploma é um elenco taxativo. Deste modo, o regime fixado na LSPE apenas é aplicável aos serviços qualificados como essenciais pelo n.º 2 do art. 1.º. Relativamente a outros serviços, igualmente idóneos à satisfação de necessidades básicas dos cidadãos, isto é, outros serviços *substancialmente* essenciais, não são incluídos, por opção expressa e inequívoca do legislador, no âmbito do diploma[35].

Não concordamos, deste modo, com a posição de MIRANDA BARBOSA, que defende que "em vez de taxatividade, dever-se-á falar de tendencial taxatividade". De acordo com a Autora, "todo o diploma se encontra desenhado segundo uma ideia de taxatividade do elenco normativo agregador da regulamentação subsequente. Mas se assim é *a priori,* somos levados a acreditar que não é imperioso que assim seja no final de um processo dialógico-argumentativo". No seu entender, "podemos ser levados a considerar que não estamos em presença de um dos serviços previstos na Lei n.º 23/96, de 26 de Julho, e ainda assim ele ser materialmente assimilável, na sua intencionalidade problemática, ao âmbito material desvelado pelo diploma"[36]. Em nosso entender o legislador foi bem claro na opção pelo carácter taxativo do n.º 2 do art. 1.º da LSPE, pelo que não devem ser admitidas soluções fundadas na analogia ou na pretensa *essencialidade* de outros serviços próximos. Lembrando PINTO MONTEIRO, o legislador entendeu *"prevenir* as *dúvidas* e discussões intermináveis que de outro modo haveria sobre o âmbito de aplicação da lei, no que concerne à determinação de *quais* os serviços que têm a natureza de serviços *públicos* e, de entre eles, *quais* os que são *essenciais"*[37].

---

[34] MENEZES CORDEIRO, *Da prescrição do pagamento dos denominados serviços públicos essenciais,* p. 774 e 805 e *Da prescrição de créditos das entidades prestadoras de serviços públicos essenciais,* p. 327.
[35] Neste sentido, CALVÃO DA SILVA, Mercado e estado. Serviços de interesse económico geral, Coimbra, Almedina, 2008, pp. 115 s.
[36] *Acerca do âmbito da Lei dos Serviços Públicos Essenciais: taxatividade ou carácter exemplificativo do artigo 1.º, n.º 2 da Lei n.º 23/96, de 26 de Julho?,* pp. 423 s.
[37] *A protecção do consumidor de serviços públicos essenciais,* p. 339.

Diferentemente, no Anteprojecto de Código do Consumidor, apresentado em 15 de Março de 2006, embora se siga ainda o elenco da redacção original da Lei n.º 23/96, diz-se, no n.º 2 do art. 313.º: "são abrangidos, *designadamente*, os seguintes serviços públicos essenciais"[38]. Ou seja, no Anteprojecto optou-se por uma enumeração meramente exemplificativa. Os anos passam e o Anteprojecto não tomou ainda a forma de Lei. Se alguma vez vier a ser concretizada a publicação de um Código do Consumidor, a questão do carácter taxativo ou exemplificativo do elenco dos serviços públicos essenciais deverá, como é evidente, ser analisada com a devida atenção.

Elenco actual

A Lei n.º 12/2008, de 26 de Fevereiro, procedeu à primeira alteração à Lei n.º 23/96, alterando significativamente a fisionomia do n.º 2 do art. 1.º. O legislador entendeu que era necessário alargar o âmbito objectivo de aplicação do diploma, que se encontrava circunscrito aos serviços de fornecimento de água, gás, electricidade e telefone, por entender que também existiam outros serviços que revestiam um carácter *essencial* e *indispensável* na vida dos cidadãos e cuja prestação convinha sujeitar às mesmas regras[39]. As duas primeiras alíneas do n.º 2,

---

[38] O itálico é nosso. O Anteprojecto pode ser consultado *online in* http://www.portugal.gov.pt/pt/Documentos/Governo/MEI/Anteprojecto_Codigo_Consumidor.pdf

[39] A este propósito são de salientar as palavras do deputado RENATO SAMPAIO na apresentação do Projecto de Lei n.º 263/X, que deu origem à Lei n.º 12/2008: "A qualidade de vida dos cidadãos está intrinsecamente ligada à qualidade dos produtos fornecidos e dos serviços prestados e o que caracteriza um serviço público essencial é, acima de tudo, a sua imprescindibilidade para os cidadãos. Classificar um serviço como serviço público essencial significa garantir aos consumidores um conjunto mínimo de serviços sem os quais não é possível assegurar um mínimo de qualidade no seu dia-a-dia. Para que o acesso dos consumidores a estes serviços mínimos se concretize aqueles que o prestam devem estar sujeitos a um conjunto de obrigações, como sejam garantir a acessibilidade, a acessibilidade dos preços, padrões de qualidade, a não discriminação, a proporcionalidade e a universalidade, ou seja, os serviços públicos essenciais não devem ser tratados, do ponto de vista comercial, como um outro serviço existente no mercado. Deste modo, definir um serviço como serviço público essencial significa atribuir a um serviço determinado especiais exigências na sua prestação, assegurando o seu acesso a todos. Se a definição de serviços públicos essenciais assenta na indispensabilidade do serviço prestado para a qualidade de vida do cidadão consumidor, a indispensabilidade é um factor dinâmico e o conceito de serviço público essencial evolutivo. (...) Assim, foram introduzidos alguns serviços que consideramos hoje essenciais, tais como: o serviço de fornecimento de gás natural e gases de petróleo liquefeitos canalizados; o serviço de comunicações electrónicas; os serviços postais; o serviço de recolha e tratamento de águas residuais e o serviço de gestão de resíduos sólidos urbanos. É este o alargamento que propomos e pretendemos introduzir, uma vez que, pela sua imprescindibilidade para os consumidores, fazem parte de um conjunto de serviços que contribuem para assegurar um mínimo de qualidade de vida aos cidadãos" – *in* DAR I série, n.º 60/X/2, de 16 de Março de 2007, pp. 11 s.

referentes ao serviço de fornecimento de água e ao serviço de fornecimento de energia eléctrica, mantiveram-se intocadas. As alíneas c) e d) sofreram alterações. Foram ainda aditadas três novas alíneas, correspondentes a três novos serviços públicos essenciais.

a) Serviço de fornecimento de água

I. A al. a) permanece intocada desde 1996. O serviço de fornecimento de água foi considerado desde o início como um serviço público essencial, uma vez que a água é um bem de consumo universal e essencialíssimo. Estamos perante um produto imprescindível à vida humana não apenas porque quando escasseia ou é de má qualidade o bem-estar e conforto das pessoas é diminuto, mas porque na sua falta a existência (ou sobrevivência) é pura e simplesmente impossível. A água assume, deste modo, um carácter existencial, tratando-se, provavelmente, do único bem de consumo universal[40]. Atendendo a esta realidade, não estranha que o acesso a este bem seja tutelado através de um regime legal específico, com caracteres muito próprios. O acesso das pessoas a este bem vital é feito através do estabelecimento de relações jurídicas cuja disciplina jurídica não é simples. A água é fornecida por uma entidade que actua sempre em regime de exclusividade territorial (art. 4.º do DL n.º 194/2009, de 20 de Agosto – regime jurídico dos serviços municipais de abastecimento público de água, de saneamento de águas residuais e de gestão de resíduos urbanos), o que claramente favorece a concretização de práticas abusivas. Talvez seja a conjugação destes vectores que explica a existência de tantos conflitos nesta matéria. Deste modo, é plenamente justificada a inclusão deste serviço no elenco dos serviços considerados como essenciais e sujeitos ao regime da LSPE.

O abastecimento público de água às populações constitui um serviço público de carácter estrutural, essencial ao bem-estar geral, à saúde pública e à segurança colectiva das populações, às actividades económicas e à protecção do ambiente. Este serviço deve pautar-se por princípios de universalidade no acesso, de continuidade e qualidade de serviço e de eficiência e equidade dos tarifários aplicados[41]. O art. 3.º do DL n.º 194/2009 declara expressamente que a exploração e gestão dos serviços municipais de abastecimento público de água consubstancia um serviço de interesse geral e visa a prossecução do interesse público, estando sujeita a obrigações específicas de serviço público.

---

[40] COSTA, *O contrato de fornecimento de água*, in "EDC", n.º 4, 2002, p. 317.
[41] Preâmbulo do DL n.º 194/2009, de 20 de Agosto.

Os municípios encontram-se incumbidos de assegurar a provisão de serviços municipais de abastecimento de água (al. a) do n.º 1 do art. 26.º da Lei n.º 159/99, de 14 de Setembro), sem prejuízo da possibilidade de criação de sistemas multimunicipais, de titularidade estatal. A prestação do serviço pode ser prosseguida de diversas formas: adoptando o modelo de *gestão directa* do serviço, através das unidades orgânicas do município (serviços municipais ou municipalizados); através da *delegação em empresa constituída em parceria com o Estado*; através do modelo de gestão delegada em empresas do sector empresarial local; ou através de modelos de gestão concessionada (arts. 14.º e seguintes do DL n.º 194/2009).

II. Em relação aos contratos que envolvam a prestação do serviço de fornecimento de água, são de ter em conta o DL n.º 379/93, de 5 de Novembro (regime de exploração e gestão dos sistemas multimunicipais e municipais de captação, tratamento e distribuição de água para consumo público, de recolha, tratamento e rejeição de efluentes e de recolha e tratamento de resíduos sólidos), com excepção dos arts. 6.º a 18.º, que foram revogados pelo n.º 1 do art. 79.º do DL n.º 194/2009, de 20 de Agosto; o Decreto Regulamentar n.º 23/95, de 23 de Agosto (Regulamento geral dos sistemas públicos e prediais de distribuição de água e de drenagem de águas residuais); o DL n.º 194/2009, de 20 de Agosto, *maxime* o Capítulo VII (relações com os utilizadores, arts. 59.º a 71.º); a Portaria n.º 34/2011, de 13 de Janeiro (conteúdo mínimo do regulamento de serviço relativo à prestação dos serviços de abastecimento público de água, de saneamento de águas residuais e de gestão de resíduos urbanos aos utilizadores), bem como os respectivos Regulamentos municipais de serviço. A Entidade Reguladora do sector é a Entidade Reguladora dos Serviços de Águas e Resíduos, I. P. (ERSAR), por força do art. 11º do DL n.º 194/2009, entidade disciplinada pelo DL n.º 277/2009, de 2 de Outubro.

h) Serviço de fornecimento de energia eléctrica

I. A al. b) do n.º 2 do art. 1.º da LSPE refere-se ao serviço de fornecimento de energia eléctrica. Também este serviço é abrangido pelo diploma desde a sua redacção original. Pelo carácter fundamental que assume na vida quotidiana, é imprescindível garantir a existência de um serviço universal que assegure o fornecimento em condições de qualidade e continuidade e proteja o utente em matéria de tarifas e preços. A existência de obrigações de serviço público no fornecimento de energia eléctrica resulta expressamente do art. 5.º do DL n.º 29/2006, de 15 de Fevereiro (princípios gerais relativos à organização e funcionamento do sistema eléctrico nacional). Embora a EDP Serviço Universal seja a entidade que fornece a grande maioria dos utentes, existem outros comercializadores de último recurso, frequentemente organizados em cooperativas, aos quais é igualmente aplicável a LSPE.

II. No que concerne ao serviço de fornecimento de energia eléctrica, serão aplicáveis, entre outros, os seguintes diplomas: o DL n.º 328/90, de 22 de Outubro (medidas tendentes a evitar o consumo fraudulento de energia eléctrica); o DL n.º 29/2006, de 15 de Fevereiro; o DL n.º 172/2006, de 23 de Agosto (desenvolve os princípios gerais relativos à organização e ao funcionamento do sistema eléctrico nacional) e o Regulamento de relações comerciais do sector eléctrico[42]. A Entidade Reguladora do Sector é a Entidade Reguladora dos Serviços Energéticos (ERSE) – DL n.º 97/2002, de 12 de Abril.

c) Serviço de fornecimento de gás natural e gases de petróleo liquefeitos canalizados

I. A implementação do serviço de fornecimento de gás natural em Portugal teve lugar na última década do século XX. Nos últimos anos assistiu-se a um franco desenvolvimento das infra-estruturas, criando-se as condições necessárias ao aprovisionamento, à recepção, ao armazenamento, ao transporte, à distribuição e ao consumo de gás natural. A organização do Sistema Nacional de Gás Natural assenta fundamentalmente na exploração da rede pública de gás natural, constituída pela Rede Nacional de Transporte, Instalações de Armazenamento e Terminais e pela Rede Nacional de Distribuição de Gás Natural. A exploração destas infra-estruturas processa-se através de concessões de serviço público ou de licenças de serviço público no caso de redes locais autónomas de distribuição. Simultaneamente, permite-se a distribuição privativa de gás natural através de licença para o efeito. A distribuição de gás natural processa-se através da exploração da Rede Nacional de Distribuição de Gás Natural, mediante atribuição pelo Estado de concessões de serviço público, exercidas em exclusivo e em regime de serviço público, bem como por licenças de distribuição em redes locais autónomas, não ligadas ao sistema interligado de gasodutos e redes, igualmente exercidas em exclusivo e em regime de serviço público. Fora desta rede, prevê-se a atribuição de licenças de distribuição para utilização privativa de gás natural. A actividade de distribuição é juridicamente separada da actividade de transporte e das demais actividades não relacionadas com a distribuição, não sendo obriga-

---

[42] Despacho n.º 20218/2009, de 7 de Setembro, publicado no DR II série, n.º 173, de 7 de Setembro de 2009, pp. 36404-36441.

tória esta separação quando os distribuidores abasteçam um número de clientes inferior a 100.000. A actividade de comercialização de gás natural é livre, ficando, contudo, sujeita a atribuição de licença pela entidade administrativa competente. Os utentes podem, nas condições do mercado e segundo um calendário de elegibilidade a estabelecer para a liberalização do sector, escolher livremente o seu comercializador, não sendo esta mudança onerada do ponto de vista contratual.

II. Na sua redacção original a al. c) do n.º 2 referia-se apenas ao "serviço de fornecimento de gás". Com a alteração promovida pela Lei n.º 12/2008, passou a dirigir-se ao "serviço de fornecimento de gás natural e gases de petróleo liquefeitos canalizados". Trata-se, como é evidente, de um esclarecimento sobre o âmbito de aplicação do diploma, que abrange os diversos tipos de serviços de fornecimento de gás, quer ele seja gás natural, quer gás de petróleo liquefeito (GPL). Na Exposição de motivos do Projecto de Lei n.º 263/X referia-se que "a formalização da menção no âmbito do diploma relativamente a todos os serviços de fornecimento de gás canalizado visa clarificar o alcance da protecção que a lei assegura"[43]. Hoje não restam dúvidas, portanto, de que todas as entidades que prestam serviços de fornecimento de gás canalizado, quer seja gás natural, quer gases de petróleo liquefeitos, se encontram submetidas ao regime da LSPE. Aliás, o DL n.º 30/2006, de 15 de Fevereiro (princípios gerais relativos à organização e ao funcionamento do Sistema Nacional de Gás Natural) já remetia para a LSPE, designadamente nos arts. 6.º e 48.º. Por outro lado, o art. 5.º do diploma estabelece a existência de um conjunto de obrigações de serviço público na prestação deste serviço. Estas obrigações caracterizam-se pela garantia de fornecimento, em condições de regularidade e de continuidade, de qualidade de serviço, de protecção quanto a preços e tarifas e de acesso a informação em termos simples e compreensíveis.

Mesmo antes da clarificação promovida pela nova redacção da Lei já existia quem entendesse que o legislador se referia ao serviço de fornecimento de gás em sentido lato[44]. Neste sentido, a sentença do Julgado de Paz do Seixal de 14 de Novembro de 2006 (processo 309/2006-JP) entendeu que um contrato de fornecimento de gás de petróleo liquefeito (GPL) era um contrato de fornecimento de bem essencial ao qual era aplicável a LSPE.

---

[43] DAR II série A, n.º 115/X/1, de 1 de Junho de 2006, p. 7.
[44] Assim, por exemplo, COSTA PINTO, Serviços públicos essenciais: algumas respostas às dúvidas mais frequentes, Lisboa, Instituto do Consumidor, 2001, p. 19.

III. Quanto ao serviço de fornecimento de gás natural e gases de petróleo liquefeitos canalizados poderão ser aplicáveis os seguintes diplomas: o DL n.º 14/2001, de 27 de Janeiro (transpõe a Directiva n.º 98/30/CE, de 22 de Junho, relativa às regras comuns para a liberalização do mercado de gás natural); o DL n.º 30/2006, de 15 de Fevereiro; o DL n.º 140/2006, de 26 de Julho (desenvolve os princípios gerais relativos à organização e ao funcionamento do Sistema Nacional de Gás Natural); o Regulamento de relações comerciais do sector do gás natural, de Fevereiro de 2010[45]; e o Despacho n.º 1550/2011, de 19 de Janeiro (aprova novas condições gerais dos contratos de fornecimento de gás natural a celebrar entre os comercializadores de último recurso e os clientes com consumo anual inferior ou igual a 10.000 m3). A Entidade Reguladora do Sector é a Entidade Reguladora dos Serviços Energéticos (ERSE) – DL n.º 97/2002, de 12 de Abril.

d) Serviço de comunicações electrónicas

Como já referimos, na sua redacção original a al. d) do n.º 2 do art. 1.º referia-se, muito singelamente, ao "serviço de telefone". O legislador foi pouco claro em relação à abrangência específica da noção de "serviço de telefone", o que gerou, durante alguns anos, ampla controvérsia jurisprudencial. Discutia-se, com efeito, se o serviço de telefone abrangia apenas o serviço de telefone *fixo* ou se também englobava o serviço de telefone *móvel*. Para compreender os contornos do problema temos de analisar a evolução do quadro legal aplicável.

A – Redacção primitiva da al. d)

Quando, em 1996, foi publicada a LSPE, estava em vigor a Lei de Bases do estabelecimento, gestão e exploração das infra-estruturas e serviços de telecomunicações – a Lei n.º 88/89, de 11 de Setembro. De acordo com o n.º 2 do art. 8.º **d**este diploma, o serviço público de telecomunicações podia ser explorado pelo Estado, por pessoa colectiva de direito público ou por pessoa colectiva de Direito privado, mediante contrato de concessão de serviço público, obrigando ao estabelecimento, gestão e exploração das infra-estruturas que constituam a rede básica de telecomunicações e à prestação dos serviços que sejam considerados como fundamentais, nas condições definidas na Lei ou em contratos de concessão das empresas operadoras. O n.º 3 do mesmo art. acrescentava que os serviços fundamentais a que se referia o n.º 2 compreendiam os serviços fixos de

---

[45] Despacho n.º 4878/2010, de 18 de Março, publicado no DR II série, n.º 54, de 18 de Março de 2010, pp. 13034-13334.

telefone e telex, bem como um serviço comutado de transmissão de dados. O serviço móvel de telefone integrava o conjunto dos "serviços de telecomunicações complementares" cuja exploração, nos termos do n.º 1 do art. 10.º, poderia "ser feita pelos operadores do serviço público de telecomunicações ou por empresas de telecomunicações complementares, devidamente licenciadas para o efeito".

O Regulamento de Exploração do Serviço de Telecomunicações Complementares – Serviço Móvel Terrestre (SMT), aprovado pela Portaria n.º 240/91, de 23 de Março, fornecia um conceito de SMT no seu art. 2.º segundo o qual este é um serviço de telecomunicações complementar móvel caracterizado por permitir o estabelecimento de comunicações endereçadas e bidireccionais entre equipamentos terminais de índole não fixa e essencialmente destinados a utilização terrestre ou entre estes e terminais dos serviços fixos. Em 1997 aquele Regulamento foi alterado pela Portaria n.º 443-A/97, de 4 de Julho, sem que a denominação do serviço fosse alterada, mantendo-se a denominação do SMT como "serviço de telecomunicações complementar móvel". Refira-se ainda que, à data de entrada em vigor da LSPE, o serviço móvel terrestre era explorado pela Telecel e pela TMN, sob licença. Por sua vez o serviço fixo de telefone era explorado, em regime de concessão com exclusividade, pela Portugal Telecom. Como se sabe, posteriormente o serviço fixo foi alargado a novas operadoras.

– *Tese que defendia a exclusão do serviço de telefone móvel da LSPE*
A diferenciação que resultava da Lei entre o serviço de telefone *fixo* (e a respectiva operadora) e o serviço de telefone *móvel* (e respectivas operadoras) fundamentava, na opinião de alguns Autores, a exclusão deste último da categoria dos "serviços públicos essenciais" e, consequentemente, do regime previsto na LSPE. O facto de o serviço móvel terrestre ser denominado de *complementar* (aquele que complementa, que acresce ao que é essencial) à data de entrada em vigor da LSPE, bem como o facto de, um ano após a publicação deste diploma, a Portaria n.º 240/91, que regia este serviço, ter sido alterada pela Portaria n.º 443-A/97 sem que houvesse qualquer alteração na sua denominação – levava esta corrente a entender que existiam diferenças de grau e de exigência entre o regime aplicável ao serviço fixo de telefone e o aplicável ao serviço de telecomunicações complementares. Em relação ao regime aplicável aos operadores do serviço fixo terrestre, o regime do serviço móvel terrestre apresentava uma natureza complementar. Este último não era um serviço público essencial e, por isso, não lhe poderia ser aplicado o disposto na LSPE. Dito de outro modo, a LSPE abrangia apenas o serviço de telefone fixo. Neste sentido depunham, entre outros, GON-

ÇALVES[46] e PINTO MONTEIRO[47]. A própria Entidade Reguladora do sector, a ANACOM, também perfilhava esta interpretação da Lei[48].

O Professor MENEZES CORDEIRO também se pronunciou neste sentido, numa primeira fase de vigência da Lei[49]. Referindo-se ao acórdão do TRL de 9 de Julho de 1998[50], um dos primeiros acórdãos a defender a exclusão do serviço de telefone móvel da LSPE, o Autor lembra que, ao tempo da prolação do acórdão, "o serviço móvel de telefone estava entregue a operadores privados, por oposição à rede fixa, que cabia a um operador público. Além disso, nenhuma lei qualificava o serviço móvel de telefone como «público», sendo inviável apreciações «substantivistas»: a Lei n.º 23/96 é, neste ponto, formal. Subsequentemente, todos os operadores foram privatizados, não havendo distinções nessa base. Além disso, o Regulamento de exploração dos serviços de telecomunicações de uso público foi aprovado pelo Decreto-Lei n.º 290-B/99, de 30 de Julho, abrangendo os serviços móveis. Esse diploma qualifica expressamente os serviços de telecomunicações móveis que enumera como "telecomunicações de uso público", porquanto acessíveis a todos, em condições de igualdade – artigos 2.º e 4.º/2, a)". O Autor conclui: "neste momento, «serviço público» é, aqui, o serviço acessível ao «público» e não o serviço do Estado. Os serviços de telefones móveis são acessíveis ao público: são públicos. Caem sob a alçada do artigo 1.º/2 da Lei n.º 23/96"[51]. Ora, no âmbito do citado acórdão, ainda não era assim.

A tese da exclusão do serviço de telefone móvel do âmbito de aplicação da LSPE encontrava também acolhimento em boa parte da Jurisprudência[52].

---

[46] Direito das Telecomunicações, Coimbra, Almedina, 1999, pp. 188 e 192.
[47] *A protecção do consumidor de serviços de telecomunicações*, in AA. VV., As telecomunicações e o direito na sociedade de informação, Coimbra, Almedina, 1999, p. 149.
[48] Vide *A exclusão do serviço fixo de telefone da Lei dos Serviços Públicos Essenciais (Lei n.º 23/96)*, disponível *online in* http://www.anacom.pt/template15.jsp?categoryId=98619.
[49] *Da prescrição do pagamento dos denominados serviços públicos essenciais*, pp. 806 s.
[50] In "Colectânea de Jurisprudência", ano XXIII, tomo IV, 1998, p. 100.
[51] *Da prescrição do pagamento dos denominados serviços públicos essenciais*, pp. 806 s e *Da prescrição de créditos das entidades prestadoras de serviços públicos essenciais*, pp. 327 s.
[52] Vejam-se, por exemplo, os acs. do TRL de 5 de Julho de 2001 (processo 0061428), de 18 de Outubro de 2001 (processo 0085538), de 3 de Novembro de 2005 (processo 9080/2005-8), de 23 de Março de 2006 (processo 972/2006-6) e de 21 de Junho de 2007 (processo 4583/2007-2) e do TRP de 29 de Junho de 2004 (processo 0422728), de 26 de Setembro de 2006 (processo 0623468) e de 27 de Fevereiro de 2007 (processo 0720188).

– *Tese que defendia a inclusão do serviço de telefone móvel na LSPE*
Diferentemente, outros Autores entendiam que a ideia do legislador tinha sido abranger, como serviço público essencial, qualquer tipo de comunicação por telefone, quer fixo, quer móvel. Esta interpretação apoiava-se, desde logo, num argumento de ordem histórica. Nos trabalhos preparatórios da LSPE a Proposta de Lei n.º 20/VII referia-se apenas ao "serviço fixo de telefone". No entanto, em debate na Assembleia da República, o deputado CALVÃO DA SILVA questionou se a disposição pretendia abranger apenas o telefone fixo ou também o telefone móvel[53]. A redacção da al. d) do n.º 2 do art. 1.º foi retocada pela Comissão de Assuntos Constitucionais, Direitos, Liberdades e Garantias, passando a referir-se genericamente a "serviço de telefone"[54]. Ora, podia defender-se que esta alteração tinha tido precisamente como propósito a inclusão do serviço telefónico móvel no âmbito de aplicação da LSPE. Na verdade, se o próprio legislador se viu confrontado com esse dilema e sentiu necessidade de alterar deliberadamente a Proposta da Lei para incluir nela o serviço telefónico móvel, não se descortinava o motivo pelo qual o intérprete, sem outras razões de fundo que a tal se opusessem, devesse divergir quanto a esse entendimento e alcance.

O DL n.º 381-A/97, de 30 de Dezembro, veio regular o regime de acesso às actividades de operador de redes públicas de telecomunicações e de prestador de serviço de telecomunicações de uso público, estabelecendo, no n.º 4 do seu art. 9.º, exactamente o mesmo regime previsto no n.º 1 do art. 10.º da Lei n.º 23/96, quanto à prescrição do direito a exigir o pagamento do preço do serviço prestado. Alguns Autores entendiam que esta alteração, conjugada com o fenómeno de privatização de todos os operadores de serviço telefónico, retirava qualquer razão de ser à distinção, para estes efeitos, entre serviço de telefone fixo e serviço de telefone móvel.

CALVÃO DA SILVA sempre defendeu a inclusão do serviço móvel de telefone no conceito da al. d) do n.º 2 do art. 1.º da LSPE. O Autor considerava que o conceito de serviço público deveria aqui ser tido em consideração pelo ângulo objec-

---

[53] Veja-se a acta do debate parlamentar que incidiu sobre a Proposta de Lei (*in* DAR I série, n.º 56/VII/1, de 12 de Abril de 1996, p. 35), onde CALVÃO DA SILVA questionava: "quanto ao serviço fixo de telefone, quer abranger o telemóvel ou não? É uma dúvida que tenho como jurista. É que aqui fala-se apenas em serviço fixo de telefone. Os telemóveis são fixos?". Vide ainda, do Autor, *Aplicação da Lei n.º 23/96 ao serviço móvel de telefone e natureza extintiva da prescrição referida no seu art. 10.º*, *in* "RLJ", nos. 3901 e 3902, ano 132, Agosto/Setembro de 1999, p. 141.
[54] Relatório e texto de substituição elaborado pela Comissão de Assuntos Constitucionais, Direitos, Liberdades e Garantias sobre a Proposta de Lei n.º 20/VII, *in* DAR II série A, n.º 44/VII/1, de 25 de Maio de 1996, p. 824.

tivo, enquanto "actividade de utilidade pública ou de interesse geral, ao serviço do interesse público, ou do interesse do público, para satisfação de necessidades primárias, básicas e essenciais dos cidadãos" e que *"ratione materiae, ratione functionis*, serviço fixo e serviço móvel de telefone satisfazem ou permitem satisfazer as mesmas necessidades básicas e fundamentais dos cidadãos". No entender do Autor, que tinha participado, como vimos, na discussão da Proposta de Lei, "pelos *«materialen»*, trabalhos preparatórios, Proposta de Lei do Governo e *iter* parlamentar, e pelo fim da própria lei – finalidade de protecção dos utilizadores, que não toleraria a restrição do «serviço de telefone» ao serviço fixo e imporia antes a sua extensão a todo o serviço (fixo ou móvel) de telefone –, não pode haver qualquer dúvida fundada acerca do âmbito de aplicação da Lei n.º 23/96: básico, fundamental e essencial para os utentes em geral é o serviço de telefone, independentemente da rede (fixa ou móvel) que o suporte e transporte, melhor, *independentemente do sistema (fixo ou móvel) de acesso* de assinante, pelo que não faria sentido deixar o telemóvel fora do âmbito (ditado pelo fim de protecção) da Lei n.º 23/96"[55]. Também defenderam esta interpretação da norma legal FERREIRA DE ALMEIDA[56] e FROTA[57]. Neste sentido se pronunciou igualmente uma boa parte da jurisprudência[58].

B – Exclusão do serviço de telefone pela Lei n.º 5/2004

I. Algo surpreendentemente, a Lei das Comunicações Electrónicas (Lei n.º 5/2004, de 10 de Fevereiro) veio excluir o serviço de telefone do âmbito de aplicação da LSPE. Com efeito, o n.º 2 do art. 127.º do diploma prescrevia: "o serviço de telefone é excluído do âmbito de aplicação da Lei n.º 23/96, de 26 de Julho, e do Decreto-Lei n.º 195/99, de 8 de Junho"[59]. Deste modo, a partir do dia 11 de

---

[55] *Aplicação da Lei n.º 23/96 ao serviço móvel de telefone e natureza extintiva da prescrição referida no seu art. 10.º*, pp. 142 s.
[56] *Serviços públicos, contratos privados*, p. 140, nota 81.
[57] *A tutela do consumidor de produtos e serviços públicos essenciais na Europa*, p. 14.
[58] Refiram-se, por exemplo, os arestos do TRP de 18 de Maio de 2004 (processo 0422182), de 28 de Junho de 2004 (processo 0453758), de 21 de Dezembro de 2004 (processo 0426253), de 2 de Fevereiro de 2006 (processo 0537122), de 9 de Novembro de 2006 (processo 0635834) e de 31 de Março de 2008 (processo 0850545); acs. do TRL de 20 de Junho de 2006 (processo 4914/2006-7), de 27 de Setembro de 2007 (processo 4892/2007-2), de 4 de Outubro de 2007 (processo 5643/2007-2) e de 20 de Maio de 2008 (processo 2023/2008-7).
[59] O n.º 2 do art. 127.º foi entretanto revogado pela al. a) do n.º 1 do art. 8.º da Lei n.º 51/2011, de 13 de Setembro (altera a Lei das Comunicações Electrónicas, que estabelece o regime jurídico aplicável às redes e serviços conexos e define as competências da Autoridade Reguladora Nacional neste domínio, transpondo as Directivas *n.os 2002/19/CE, 2002/20/CE, 2002/21/ CE, 2002/22/CE e 2009/140/CE).*

Fevereiro de 2004 (dia de entrada em vigor do diploma, de acordo com o n.º 1 do seu art. 128.º), o serviço de telefone quedou excluído do âmbito de aplicação da LSPE. Embora a Lei n.º 5/2004 conferisse uma ampla protecção aos utentes dos serviços de comunicações electrónicas, incluindo inequivocamente o serviço de telefone móvel, o mesmo diploma veio eximir os prestadores desses serviços do regime dos consumos mínimos (art. 8.º) e dos prazos de prescrição especialmente curtos (art. 10.º) previstos na LSPE.

Tratou-se de uma alteração algo surpreendente na medida em que, sem que algo o justificasse, o legislador retrocedeu nos direitos que até então, e desde 1996, estavam atribuídos aos utentes dos serviços públicos essenciais e, mais concretamente, aos utentes do serviço de telefone. Atendendo aos relevantes interesses públicos subjacentes às soluções legais preteridas pela Lei das Comunicações Electrónicas, parece-nos, no mínimo, que se tratou de uma opção discutível, que dava um passo atrás na protecção do utente[60]. Esta modificação era incompreensível mesmo que se entendesse que a LSPE nunca tinha sido aplicável ao serviço de telefone móvel. Com efeito, mesmo que essa tivesse sido desde sempre a intenção do legislador – limitar a aplicação da LSPE ao serviço de telefone fixo – com a entrada em vigor da Lei das Comunicações Electrónicas até mesmo este serviço foi excluído. Ou seja, o serviço de telefone fixo – que sempre se aceitou, de forma incontestável, estar abrangido pelas disposições da LSPE – deixou de ser incluído no âmbito de aplicação do diploma. Quando seria expectável que o legislador viesse solucionar a controvérsia suscitada pela interpretação da al. d) do n.º 2 do art. 1.º da LSPE, e esclarecer se estava incluído apenas o serviço fixo de telefone ou também o serviço móvel – o legislador optou por retroceder na tutela conferida ao utente de serviços telefónicos *tout court* e afastar a aplicação da LSPE a este tipo de comunicações electrónicas.

II. No entender de MENEZES CORDEIRO a exclusão do serviço de telefone fazia sentido. O Autor argumentava que, até há poucos anos, o serviço móvel terrestre estava entregue a privados, por oposição à rede fixa, que cabia a um operador público. Como sabemos, este argumento viria a cair por terra com a entrada de agentes privados na exploração do serviço de telefone fixo. O Autor considerava ainda que a qualificação de serviço móvel de telefone foi muito formal,

---

[60] Curiosamente, dois anos depois, em 2006, quando foi apresentado o Anteprojecto do Código do Consumidor, este voltava a incluir o serviço de telefone na lista de serviços públicos essenciais (art. 313.º, n.º 2, al. d)).

sendo necessárias apreciações subjectivistas para a sua inclusão como serviço público essencial. Nas suas palavras, "no campo do telefone existia uma situação de concorrência que é a melhor garantia dos interesses dos consumidores. Ora tal concorrência não existirá, pelo menos de modo tão vincado, no tocante à água, à electricidade e ao gás. Justamente: a tutela dos «serviços públicos» surge em áreas onde a concorrência não funciona, de modo a poder proporcionar, aos interessados, os melhores serviços. As especificidades do sector levaram à publicação da Lei n.º 5/2004, de 10 de Fevereiro: a Lei das Comunicações Electrónicas, que resolveu o problema. Aí, o regime dos «telefones» é fortemente regulamentado, sujeito a regulação e sancionado". Em seu entender, a opção do legislador, ao estabelecer a exclusão do serviço de telefone no art. 127.º, n.º 2, parece "clara e justificada: a Lei n.º 5/2004 passou a conferir um elevado nível de protecção, especialmente adaptado à realidade subjacente em jogo. Não se justificava uma dupla protecção que iria suscitar distorções e, além disso, inúmeras dúvidas jurídicas"[61].

Uma parte da doutrina e da jurisprudência viram nesta modificação legislativa um poderoso argumento no sentido de que até esse momento o serviço de telefone móvel tinha estado abrangido pela LSPE. Com efeito, a própria expressão "o serviço de telefone é excluído do âmbito de aplicação de Lei n.º 23/96, de 26 de Julho" inculca a ideia de que tal serviço esteve subordinado, anteriormente, ao regime definido pela LSPE, deixando, a partir desse momento, e só desse momento, de estar. Neste sentido, o ac. do TRL de 24 de Junho de 2008 (processo 5185/2008-7) defendeu que na sua versão original a Lei n.º 23/96 abarcava também o serviço de telefone móvel. Como se refere no aresto, o art. 127.º, n.º 2, da Lei n.º 5/2004 "procedeu à exclusão do serviço de telefone do âmbito de aplicação daquela Lei. (...) Aliás, a referida exclusão só pode significar que os referidos contratos estavam abrangidos pela Lei n.º 23/96"[62].

III. Note-se, no entanto, que à exclusão do serviço de telefone do âmbito de aplicação da LSPE não podia ser dada uma aplicação retroactiva, de acordo com o disposto no art. 12.º, n.º 1 do CC, não existindo qualquer fundamento para lhe atribuir natureza interpretativa. Com efeito, a exclusão do serviço de telefone não abrangia os serviços prestados antes da entrada em vigor da Lei n.º 5/2004, em

---

[61] *O anteprojecto de Código do Consumidor*, p. 708.
[62] Vide ainda os acs. do TRL de 20 de Junho de 2006 (processo 4914/2006-7), de 27 de Setembro de 2007 (processo 4892/2007-2) e de 12 de Janeiro de 2010 (processo 39069/03.9YXLSB. L1-1) e o ac. do TRP de 15 de Outubro de 2009 (processo 3883/07.0TJVNF.P1).

execução de contratos concluídos sob o império da Lei n.º 23/96 e de relações subsistentes à data da sua entrada em vigor (art. 13.º, n.º 1 da Lei n.º 23/96). Quer dizer: aos serviços de telefone prestados até 10 de Fevereiro de 2004 aplicava-se a Lei n.º 23/96; aos serviços de telefone prestados a partir de 11 de Fevereiro de 2004 deixava de se aplicar a Lei n.º 23/96. Neste sentido, o ac. do TRL de 4 de Outubro de 2007 (processo 5643/2007-2) entendeu que a exclusão feita pelo n.º 2 do art. 127.º da Lei n.º 5/2004 não era aplicável aos contratos cuja celebração e execução ocorreu à luz do regime anterior[63]. Na verdade, o que se verificou foi a consagração de uma opção legislativa diametralmente oposta à que foi perfilhada na LSPE, salvaguardando-se, na falta de qualquer disposição em contrário, o regime jurídico vigente relativamente às situações anteriores.

Por outro lado, e como é evidente, a Lei n.º 5/2004 era aplicável aos contratos de prestação de serviços telefónicos, ainda que estes tivessem sido celebrados em data anterior à sua entrada em vigor, desde que estivessem em causa serviços prestados em data posterior à sua entrada em vigor[64].

C – Redacção actual

I. A Lei n.º 12/2008, de 26 de Fevereiro (diploma que procedeu à primeira alteração à Lei n.º 23/96) veio alterar a redacção da al. d) do n.º 2 do art. 1.º, passando a incluir no âmbito de aplicação objectivo da LSPE o "serviço de comunicações electrónicas". Os serviços de comunicações electrónicas passaram, deste modo, a ser considerados como serviços públicos essenciais e a estar sujeitos ao respectivo regime legal a partir do dia 26 de Maio de 2008 (data de entrada em vigor da nova redacção da Lei). Trata-se de uma alteração muito importante pois estendeu-se a este tipo de serviços uma série de medidas de protecção dos utentes que anteriormente ficaram excluídas. Desde logo, verifica-se nesta nova classificação a possibilidade de poderem ser indiscutivelmente incluídos os serviços de telecomunicações por telefone móvel. Ou seja, não só se emendou a mão, corrigindo a injustiça que tinha sido cometida em 2004, como se pôs termo à controvérsia que se tinha gerado nos tribunais entre 1996 e 2004 acerca da aplicabilidade ou não da LSPE ao serviço de telefone móvel.

II. O legislador passou a adoptar o conceito de comunicações electrónicas constante da al. *cc*) do art. 3.º da Lei das comunicações electrónicas (Lei n.º 5/2004):

---

[63] No mesmo dia e no mesmo sentido se pronunciou um ac. do STJ (processo 07B1996).
[64] Assim, o ac. do TRL de 5 Junho de 2008 (processo 3334/2008-6).

"o serviço oferecido em geral mediante remuneração, que consiste total ou principalmente no envio de sinais através de redes de comunicações electrónicas, incluindo os serviços de telecomunicações e os serviços de transmissão em redes utilizadas para a radiodifusão, sem prejuízo da exclusão referida na alínea b) do n.º 1 do artigo 2.º"[65].

Na Exposição de motivos do Projecto de Lei n.º 263/X, que esteve na origem da Lei n.º 12/2008, referia-se: "a experiência frutuosa da aplicação deste dispositivo legal permitiu identificar um conjunto de situações cujo enquadramento, passados quase 10 anos após a sua entrada em vigor, importa actualizar, de molde a manter o nível elevado de protecção dos utentes assegurado aquando da sua aprovação. O alargamento do âmbito do diploma às comunicações electrónicas resulta, assim, da evolução verificada no mercado que veio consagrar a utilização alargada de meios diversificados de comunicação com recurso a novas tecnologias. Trata-se de matéria já aflorada na versão inicial da lei"[66]. Com efeito, e como já referimos, o n.º 2 do art. 13.º da Lei n.º 23/96, na sua redacção original, previa a extensão das regras da Lei aos serviços de telecomunicações avançadas, bem como aos serviços postais, no prazo de 120 dias. De acordo com FERREIRA DE ALMEIDA, os "serviços de telecomunicações avançadas" a que se referia aquele n.º 2 do art. 13.º eram os serviços como a internet e a televisão por cabo e não, como alguns alegavam, o próprio serviço de telefone móvel[67]. Na verdade, na opinião do Autor, que subscrevemos, o serviço de telefone móvel já se encontrava incluído no âmbito de aplicação primitivo da LSPE. A nova redacção da al. d) consagra, deste modo, um "regresso às origens". Através desta alteração o

---

[65] Com a Lei n.º 51/2011, de 13 de Setembro, a definição de comunicações electrónicas passou da al. cc) para a al. ee). A redacção actual da al. ee) reza deste modo: "'Serviço de comunicações electrónicas' o serviço oferecido em geral mediante remuneração, que consiste total ou principalmente no envio de sinais através de redes de comunicações electrónicas, incluindo os serviços de telecomunicações e os serviços de transmissão em redes utilizadas para a radiodifusão, sem prejuízo da exclusão referida nas alíneas a) e b) do n.º 1 do artigo 2.º". As als. a) e b) do n.º 1 do art. 2.º da Lei n.º 5/2004 excluem do âmbito de aplicação do diploma "os serviços da sociedade da informação, definidos no Decreto-Lei n.º 58/2000, de 18 de Abril, que não consistam total ou principalmente no envio de sinais através de redes de comunicações electrónicas" (al. a)); e "os serviços que prestem ou exerçam controlo editorial sobre conteúdos transmitidos através de redes e serviços de comunicações electrónicas, incluindo os serviços de programas televisivos e de rádio e os serviços de audiotexto e de valor acrescentado baseados no envio de mensagem" (al. b)).
[66] *In* DAR II série A, n.º 115/X/1, de 1 de Junho de 2006, p. 7.
[67] *Serviços públicos, contratos privados*, p. 119.

legislador não só repôs o serviço de telefone entre os serviços públicos essenciais abrangidos pela LSPE mas procedeu ainda ao alargamento do âmbito do diploma às comunicações electrónicas em geral, tendo em conta a massificação do uso de meios diversificados de comunicação tecnológica[68].

III. Hoje em dia não pode colocar-se qualquer dúvida quanto à inclusão do serviço móvel de telefone no âmbito de aplicação objectivo da LSPE. Neste sentido, o acórdão de Uniformização de Jurisprudência n.º 1/2010, de 3 de Dezembro de 2009 (processo 216/09.4YFLSB) esclareceu que "nenhuma dúvida se coloca hoje quanto à aplicação da Lei n.º 23/96 aos serviços de telefone móvel. Com efeito, se pelo n.º 2 do artigo 127.º da Lei n.º 5/2004 o serviço de telefone (fixo ou móvel) foi expressamente excluído da sua aplicação, com a entrada em vigor da alteração introduzida pela Lei n.º 12/2008, de 26 de Fevereiro, no n.º 2 do artigo 1.º da Lei n.º 23/96 tornou-se claro que a mesma se aplicava novamente a esses serviços, abrangidos na sua alínea *d*) – «serviços de comunicações electrónicas»"[69].

Como lembra CALVÃO DA SILVA, existia uma manifesta incompatibilidade entre a al. d) do n.º 2 do art. 1.º da LSPE, introduzida pela Lei n.º 12/2008, e o art. 127.º, n.º 2 da Lei n.º 5/2004, da qual resultava a revogação deste último, por força do n.º 2 do art. 7.º *do CC*. *Neste caso a* revogação da lei revogatória não tinha por objectivo o renascimento da primitiva al. d) do n.º 2 ("serviço de telefone") mas sim a aplicação da Lei n.º 23/96 ao serviço de comunicações electrónicas, com repristinação da inclusão do serviço de telefone. Nesta medida, aos serviços de telefone fixo ou móvel prestados antes da entrada em vigor da Lei n.º 5/2004 aplicam-se as regras da Lei n.º 23/96, com a nova redacção dada *à* al. d) do n.º 2 *do* art. 1.º pela Lei n.º 12/2008 a revestir natureza interpretativa (art. 13.º do CC) relativamente *à* controvertida inclusão do serviço de telefone móvel, porque consagra um entendimento doutrinário e jurisprudencial já no domínio da anterior redacção e assim põe termo à incerteza ou controvérsia interpretativa[70]. Por outro lado, atendendo à natureza inovadora da nova al. d) do n.º 2 do art. 1.º em relação aos serviços de telefone fixo ou móvel prestados após a entrada em vigor da Lei n.º

---

[68] CALVÃO DA SILVA, *Serviços públicos essenciais: alterações à Lei n.º 23/96 pelas Leis n.os 12/2008 e 24/2008, in* "RLJ", ano 137º, n.º 3948, Janeiro-Fevereiro de 2008, p. 167.
[69] Publicado no DR, I série, n.º 14, de 21 de Janeiro de 2010, pp. 217-224.
[70] CALVÃO DA SILVA, *Serviços públicos essenciais: alterações à Lei n.º 23/96 pelas Leis n.os 12/2008 e 24/2008*, p. 168. Neste sentido, o ac. do TRL de 16 de Julho de 2009 (processo 8410/2008-7) e o ac. do TRC de 19 de Janeiro de 2010 (processo 391/08.5TBAGD-A.C1).

5/2004, esta norma só vigora para o futuro, sendo apenas aplicável às relações já constituídas que subsistam à data da sua entrada em vigor (26 de Maio de 2008), por força do art. 12.º do CC e do art. 3.º da Lei n.º 12/2008[71].
A bondade desta doutrina acabou por ser confirmada, três anos depois, com a revogação expressa e inequívoca do n.º 2 do *art. 127.º da Lei n.º 5/2004, operada pela al. a) do n.º 1 do art. 8.º da Lei n.º 51/2011, de 13 de Setembro. Deste modo, actualmente não podem mesmo restar quaisquer* dúvidas quanto à inclusão do serviço telefone (móvel e fixo) no âmbito de aplicação objectivo da LSPE.

IV. A utilização de um conceito mais abrangente (serviço de comunicações electrónicas) ao invés de uma referência exclusiva ao serviço de telefone permite estender o regime próprio da LSPE a um vasto conjunto de serviços definidos actualmente pela al. *ee*) do art. 3.º da Lei das comunicações electrónicas (Lei n.º 5/2004)[72]. Encontram-se, deste modo, sujeitos ao regime próprio da LSPE os serviços de telefone (fixo ou móvel), de televisão por cabo e de internet, e outros serviços de comunicações electrónicas. Aliás, o legislador refere-se expressamente aos serviços de telefone fixo e móvel, ao acesso à internet e à televisão por cabo no n.º 3 do art. 4.º da LSPE. Esta extensão é relevante uma vez que os serviços de comunicações electrónicas que não se pudessem classificar como serviços de telefone não estavam incluídos entre os serviços públicos essenciais abrangidos pela Lei n.º 23/96 na sua redacção primitiva[73].

V. Uma das principais implicações práticas da aplicabilidade (ou não) da LSPE ao serviço de telefone ao longo do tempo está relacionada com o regime da prescrição e caducidade de dívidas resultantes da prestação desses serviços, que na LSPE se encontra fixado no art. 10.º. A aplicação da LSPE e do seu art. 10.º ao serviço de telefone variou, deste modo, nos seguintes termos:

---

[71] Neste sentido, o ac. do TRP de 26 de Janeiro de 2010 (processo 2040/08.2TBMAI-A.P1).
[72] CARDOSO entende que seria benéfico que se previsse uma noção mais futurista, que abrisse o conceito de comunicações electrónicas não só aos serviços que constam especificamente da Lei n.º 5/2004 mas a outros tipos de comunicações que possam vir a surgir, alertando para o facto de o conceito de serviços de comunicações electrónicas já datar de 2004 – Os serviços públicos essenciais: a sua problemática no ordenamento jurídico português, pp. 109 *s.*
[73] Vide o ac. do TRG de 15 de Dezembro de 2009 (processo 288131/08.6YIPRT-A.G1).

– Aos créditos resultantes da prestação de serviço telefónico, quer fixo quer móvel, *antes da entrada em vigor da Lei n.º 5/2004* (11 de Fevereiro de 2004) é aplicável o prazo de prescrição de seis meses previsto no art. 10.º da LSPE[74].
– Aos créditos resultantes da prestação de serviço telefónico, quer fixo quer móvel, *entre 11 de Fevereiro de 2004* (data da entrada em vigor da Lei n.º 5/2004) *e 25 de Maio de 2008* (véspera da data de entrada em vigor da Lei n.º 12/2008), aplica-se o prazo de prescrição de cinco anos decorrente do art. 310.º, al. g) do CC[75].
– Aos créditos resultantes da prestação de serviço telefónico, quer fixo quer móvel, *após 26 de Maio de 2008* (data da entrada em vigor da Lei n.º 12/2008) aplica-se o prazo de prescrição de seis meses previsto no art. 10.º da LSPE[76]. Por outro lado, na contagem deste prazo de prescrição semestral deve ter-se em conta o disposto no n.º 1 do art. 297.º do CC, que estabelece que o prazo mais curto fixado na Lei nova é também aplicável aos prazos que já estiverem em curso, mas o prazo só se conta a partir da entrada em vigor da nova Lei, a não ser que segundo a Lei antiga falte menos tempo para o prazo se completar[77].

VI. Quanto ao serviço de comunicações electrónicas, serão relevantes, entre outros, a Lei n.º 5/2004, de 10 de Fevereiro (Lei das Comunicações Electrónicas); o DL n.º 31/2003, de 17 de Fevereiro (Bases da concessão do serviço público de telecomunicações); o Regulamento n.º 46/2005, de 14 de Junho (Regulamento de qualidade do serviço de acesso à rede telefónica pública em local fixo e ao serviço telefónico acessível ao público em local fixo) e a Lei n.º 41/2004, de 18 de

---

[74] Acs. do TRL de 27 de Setembro de 2007 (processo 4892/2007-2), de 21 de Abril de 2009 (processo 6315/06.7THLSB.L1-1), de 7 de Julho de 2009 (processo 6688/04.6YXLSB.L1-7), de 16 de Julho de 2009 (processo 8410/2008-7), de 20 de Outubro de 2009 (processo 698/06.6TJLSB.L1-7) e de 28 de Outubro de 2010 (processo 387822/08.0YIPRT-8); acs. do TRP de 30 de Junho de 2009 (processo 4151/08.5TBMAI-A.P1), de 13 de Abril de 2010 (processo 24180/03.4TJPRT.P1) e de 6 de Julho de 2010 (processo 189/07.8TBVNG-A.P1).
[75] Acs. do TRL de 27 de Setembro de 2007 (processo 4892/2007-2), de 5 Junho de 2008 (processo 3334/2008-6), de 12 de Outubro de 2010 (processo 268506/08.1YIPRT.L1-1), de 14 de Outubro de 2010 (processo 399665/08.6YIPRT.L1-8) e de 28 de Outubro de 2010 (processo 387822/08.0YIPRT-8); acs. do TRP de 16 de Março de 2009 (processo 1812/07.0TJPRT.P1), de 30 de Junho de 2009 (processo 4151/08.5TBMAI-A.P1), de 8 de Setembro de 2009 (processo 4872/08.2TBMAI.P1) e de 15 de Outubro de 2009 (processo 3883/07.0TJVNF.P1); e ac. do TRG de 21 de Maio de 2009 (processo 8719/07.9TBBRG.G1).
[76] Acs. do TRL de 14 de Outubro de 2010 (processo 399665/08.6YIPRT.L1-8) e de 28 de Outubro de 2010 (processo 387822/08.0YIPRT-8); e do TRP de 30 de Junho de 2009 (processo 4151/08.5TBMAI-A.P1).
[77] Vide os acs. do TRP de 15 de Outubro de 2009 (processo 3883/07.0TJVNF.P1) e do TRC de 9 de Novembro de 2010 (processo 439405/08.6YIPRT.C1).

Agosto (tratamento de dados pessoais e protecção da privacidade no sector das comunicações electrónicas). A Entidade Reguladora das comunicações electrónicas é o ICP – Autoridade Nacional das Comunicações (ICP – ANACOM) – DL n.º 309/2001, de 7 de Dezembro e arts. 4.º e 5.º da Lei n.º 5/2004.

A exclusão dos serviços de áudio-texto
I. Como vimos, ao fazer uso da noção de "serviço de comunicações electrónicas", tal como fixada na al. *ee*) do art. 3.º da Lei das comunicações electrónicas (Lei n.º 5/2004), o legislador adoptou um conceito bastante vasto. No entanto, é preciso ter em conta que se encontram excluídos do âmbito de aplicação da LSPE os serviços de áudio-texto[78]. Com efeito, a al. b) do n.º 1 do art. 2.º da Lei n.º 5/2004 exclui do âmbito de aplicação deste diploma "*os serviços que prestem ou exerçam controlo editorial sobre conteúdos transmitidos através de redes e serviços de comunicações electrónicas, incluindo os serviços de programas televisivos e de rádio e os serviços de audiotexto e de valor acrescentado baseados no envio de mensagem*"[79]. Os serviços de áudio-texto, não estando abrangido pela Lei n.º 5/2004, também não estão, por maioria de razão, abrangidos pela LSPE. Os serviços de *áudio-texto*, que podem ser de acesso interactivo ou não, enquadram-se naquilo que geralmente se designa por "serviços de valor acrescentado". São serviços de telecomunicações de valor acrescentado "os que, tendo como único suporte os serviços fundamentais ou complementares, não exigem infra-estruturas próprias e são diferenciáveis em relação aos próprios serviços que lhes servem de suporte" (art. 2.º do Regulamento de Exploração dos Serviços de Telecomunicações de Valor acrescentado, aprovado pela Portaria n.º 160/94, de 22 de Março). Este conceito abrange um vasto leque de ofertas (chamadas em conferência, gravação e recolha de mensagens, acesso a concursos, serviços de vendas, linhas eróticas, etc.). As entidades que pretendam prestar serviços de valor acrescentado estão dependentes de autorização do Instituto das Comunicações de Portugal.

De acordo com o n.º 1 do art. 2.º do DL n.º 177/99, de 21 de Maio (regime de acesso e de exercício da actividade de prestador de serviços de áudio-texto), são serviços de áudio-texto os que "se suportam no serviço fixo de telefone ou em

---

[78] O ac. do TRE de 1 de Abril de 2004 (processo 2737/03-2) entendeu que o acesso ao serviço de telefone constitui um serviço público essencial com exclusão dos serviços de valor acrescentado já que estes últimos, divulgados através do serviço fixo de telefone ou em serviços telefónicos móveis, são dos mesmos diferenciáveis em razão do seu conteúdo e natureza específicos. Devido a tais especificidades, estes serviços estão sujeitos a regulamentação própria.
[79] Esta redacção resulta do art. 2.º da Lei n.º 51/2011, de 13 de Setembro.

serviços telefónicos móveis e que são destes diferenciáveis em razão do seu conteúdo e natureza específicos". Por outro lado, *são serviços de valor acrescentado baseados no envio de mensagem os "serviços da sociedade de informação prestados através de mensagem suportada em serviços de comunicações electrónicas que impliquem o pagamento pelo consumidor, de forma imediata ou diferida, de um valor adicional sobre o preço do serviço de comunicações electrónicas, como retribuição pela prestação do conteúdo transmitido, designadamente pelo serviço de informação, entretenimento ou outro"* (n.º 2 do art. 2.º).

A ANACOM definiu cinco indicativos para diferentes serviços: 601 (para os serviços de áudio-texto em geral, ou seja, para todos os que não tenham um indicativo específico – por exemplo, "as linhas da amizade"), 607 (para os serviços de televoto e sondagens), 608 (para os serviços de vendas – marketing, angariação de fundos sem fins de caridade, gravação e divulgação de mensagens comerciais, *etc.*), 646 (para os serviços de concursos, passatempos e divulgação dos respectivos resultados) e 648 (para os serviços de natureza erótica ou sexual). As chamadas para as linhas começadas por 601, 608, 646 ou 648 estão inicialmente barradas e só podem ser activadas após um pedido, por escrito, ao operador do serviço telefónico. Apenas os serviços de televoto (indicativo 607) estão automaticamente disponíveis.

A este propósito, sublinhe-se a obrigação que impende sobre as empresas *que oferecem redes de comunicações públicas ou serviços de comunicações electrónicas acessíveis ao público que sirvam de suporte à prestação de serviços de audiotexto de garantir, como regra, que o acesso a estes serviços se encontre barrado sem quaisquer encargos, só podendo aquele ser activado, genérica ou selectivamente, após pedido escrito efectuado pelos respectivos assinantes* (n.º 1 do art. 45.º da Lei das Comunicações Electrónicas). Esta regra é uma emanação do princípio geral fixado no n.º 4 do art. 9.º da LDC segundo o qual "o consumidor não fica obrigado ao pagamento de bens ou serviços que não tenha prévia e expressamente encomendado ou solicitado, ou que não constitua cumprimento de contrato válido". A excepção a esta regra é o serviço de áudio-texto de televoto, cujo acesso é automaticamente facultado ao utilizador. O incumprimento da obrigação de barramento constitui contra-ordenação grave (art. 113.º, n.º 2, al. *p*) da Lei das Comunicações Electrónicas). Cabe ao prestador do serviço o ónus da prova da existência de pedido escrito. Não serve para prova desse facto a circunstância de o utente ter feito uma ligação e utilizar esse serviço[80]. Não exis-

---

[80] Ac. do STJ de 9 de Abril de 2002 (processo 01A4339): "o operador autorizado só pode facilitar o acesso aos serviços de valor acrescentado (SVA) se o utente o declarar expressamente. Cabe ao operador o ónus da prova de tal declaração. Não vale como tal, por não ter o significado de uma proposta de contrato, ainda que tácita, o facto de o utente ter feito uma ligação para um prestador de SVA".

tindo contrato escrito para utilização de serviços de áudio-texto, haverá nulidade por vício de forma (art. 220.º do CC), com a consequência de não ser devido qualquer pagamento do serviço de valor acrescentado que o utente tenha utilizado[81].

II. Uma vez que o serviço de áudio-texto não se encontra abrangido pela LSPE, não lhe será aplicável do art. 10.º *deste diploma, sobre prescrição*, estando estes créditos sujeitos ao prazo de prescrição comum previsto no CC[82]. Por outro lado, o prestador do serviço de telefone não tem legitimidade para se apresentar como titular do direito a facturação e cobrança de quantias referentes a comunicações de serviços de valor acrescentado. Com efeito, é à entidade prestadora dos serviços de valor acrescentado que a Lei comete o direito de cobrar os preços dos serviços por ela prestados aos clientes, para o que as operadoras de suporte lhes devem fornecer os elementos necessários à emissão das competentes facturas, excepto nos casos em que, de acordo com o contrato escrito celebrado entre ambas as entidades, se tenha convencionado que a execução da cobrança do serviço do valor acrescentado seja atribuída ao prestador dos serviços de suporte[83]. Assim, o pagamento dos serviços de áudio-texto pode ser exigido pelo prestador do serviço ou pelo

---

[81] Vide CALVÃO DA SILVA, *Serviços públicos essenciais: alterações à Lei n.º 23/96 pelas Leis n.os 12/2008 e 24/2008*, p. 169. A este propósito, o ac. do TRP de 15 de Maio de 2003 (processo 0332123) esclareceu que "enquanto a prestação de serviço de telefone fixo é um serviço público que ao Estado compete assegurar ou a quem o concessione, o serviço de audiotexto (SVA) visa meros propósitos de carácter comercial, exigindo-se manifestação expressa do assinante relativamente ao acesso. Assim, os créditos pela prestação dos serviços telefónicos prescrevem no prazo de 6 meses, já os citados pela prestação dos serviços de audiotexto prescrevem no prazo de 5 anos. Não tendo havido manifestação expressa do assinante ao acesso dos serviços de audiotexto, inexistindo, portanto, contrato, não é este responsável por qualquer pagamento que lhe venha a ser exigido". O mesmo tribunal, em ac. de 20 de Maio de 2004 (processo 0432327) entendeu que "estando apenas provado que o assinante celebrou um contrato de prestação de serviços de telecomunicações com o operador da rede de serviço público e não resultando provado que esse utente alguma vez tenha declarado expressamente que o operador lhe facilitasse o acesso aos SVA ou de audio-texto, sendo que essa prova incumbia à prestadora dos serviços, é evidente que não pode esta peticionar do assinante o pagamento das quantias ou custos resultantes da utilização dos referidos S.V.A.". Vide ainda o ac. do TRC de 22 de Maio de 2002 (processo 890/2002). Contra este entendimento, o ac. do TRC de 2 de Outubro de 2001 (processo 1531/2001) entendeu que a nulidade do contrato implica que o utente restitua ao fornecedor o valor correspondente ao serviço de valor acrescentado prestado e não pago. Cremos que esta solução não pode ser admitida, pois constituiria um "prémio" para o prestador do serviço de áudio-texto, que seria recompensado pela prestação do serviço mesmo incumprindo a Lei.
[82] Neste sentido, o ac. do TRC de 2 de Outubro de 2001 (processo 1531/2001).
[83] Ac. do TRP de 20 de Junho de 2002 (processo 0230589) e ac. do TRL de 5 de Maio de 2005 (processo 9578/2004-8).

operador do serviço telefónico (fixo ou móvel), dependendo do que for acordado entre eles. Se a cobrança for feita pelo operador do serviço telefónico, os valores que dizem respeito aos serviços de áudio-texto (chamadas para números começados por 601, 607, 608, 646 ou 648) devem ser claramente separados na factura.

e) Serviços postais

I. Para além das modificações introduzidas nas als. c) e d) da Lei n.º 23/96, a Lei n.º 12/2008 veio ainda aditar três novas als., correspondentes a três novos serviços públicos essenciais: os serviços postais (al. e)), os serviços de recolha e tratamento de águas residuais (al. f)) e os serviços de gestão de resíduos sólidos urbanos (al. g)). As alterações ao elenco dos serviços públicos essenciais entraram em vigor no dia 26 de Maio de 2008 (art. 4.º da Lei n.º 12/2008).

II. A previsão da inclusão dos serviços postais no elenco dos serviços públicos essenciais já constava do n.º 2 do art. 13.º da Lei n.º 23/96 na sua versão primitiva. Como lembrava FERREIRA DE ALMEIDA a este propósito, os serviços postais são prestados fora do domicílio ou das instalações dos utentes e com diferentes graus de continuidade. O Autor ponderava a inclusão deste serviço conjuntamente com outros (os serviços de transportes públicos colectivos, os serviços bancários, de saúde e de educação) considerando que a extensão a estes serviços do regime da LSPE tinha de ser cautelosa. O Autor não encontrava, contudo, qualquer obstáculo a uma extensão parcial e conforme as particularidades de cada serviço[84].

Com a Lei n.º 12/2008 os serviços postais passaram a ser incluídos no âmbito de protecção da LSPE, à semelhança do que se passa na União Europeia, que considera este como um serviço de interesse geral, o que justifica uma protecção acrescida. O legislador passou a integrar os serviços postais no elenco dos serviços públicos essenciais por considerar que se justificava "a adequação a outros serviços integrados nas áreas de competência de reguladores de serviços essenciais" (Exposição de motivos do Projecto de Lei n.º 263/X)[85].

A satisfação das necessidades de serviços postais das populações e das entidades públicas e privadas dos diversos sectores de actividade implica a existência e disponibilidade de uma *oferta de serviço universal*, integrada por um conjunto de serviços postais de carácter essencial prestados *em todo o território nacional, de forma permanente*, em condições de qualidade adequada e a preços acessíveis para todos

---

[84] *Serviços públicos, contratos privados*, p. 141.
[85] *In* DAR II série A, n.º 115/X/1, de 1 de Junho de 2006, p. 7.

os utilizadores (art. 2.º, n.º 2, al. a) e art. 5.º da Lei n.º 102/99, de 26 de Julho, que define as bases gerais a que obedece o estabelecimento, gestão e exploração de serviços postais no território nacional, bem como os serviços internacionais com origem ou destino no território nacional). Por serviço postal entende-se a actividade que integra as operações de aceitação, tratamento, transporte e distribuição de serviços postais, designadamente, envios de correspondência, livros, catálogos, jornais e outras publicações periódicas e encomendas postais cujo peso não exceda 20 kg (art. 4.º, n.os 1 e 2, do mesmo diploma).

III. A inclusão dos serviços postais no elenco do art. 2.º da LSPE pode causar alguma estranheza. Com efeito, estes serviços não têm o carácter de continuidade que é característico dos demais serviços públicos essenciais. Na maioria dos serviços públicos essenciais estamos, do lado do prestador de serviços, perante uma prestação duradoura de execução continuada, enquanto do lado do utente estamos perante prestações periódicas ou com trato sucessivo. Isto raramente acontecerá na prestação de serviços postais, que tem um carácter mais esporádico e isolado. No entanto, esta qualificação pode ser útil, nomeadamente por esclarecer qual o regime aplicável à prescrição, *maxime* relativamente a utentes que usufruam dos serviços postais em sistema de pagamento através de factura mensal. Outra vantagem passa pela obrigação de pré-aviso da suspensão do serviço em caso de mora do utente, o que pode ser especialmente relevante no caso dos utentes que beneficiem do serviço de apartado postal[86].

IV. Quanto aos serviços postais, serão aplicáveis os seguintes diplomas: o DL n.º 176/88, de 18 de Maio (Regulamento do Serviço Público de Correios); o DL n.º 87/92, de 14 de Maio (transforma a empresa pública Correios e Telecomunicações de Portugal – CTT – em sociedade anónima de capitais exclusivamente públicos); a Lei n.º 102/99, de 26 de Julho; o DL n.º 448/99, de 4 de Novembro (Bases da concessão do serviço postal universal, a outorgar entre o Estado Português e os CTT - Correios de Portugal, S. A) e o Contrato de Concessão do Serviço Postal Universal assinado em 1 de Setembro de 2000 e alterado em 9 de Setembro de 2003[87]. A Entidade Reguladora é o ICP – Autoridade Nacional das Comunicações (ICP – ANACOM) – n.º 2 do art. 18.º da Lei n.º 102/99, de 26 de Julho.

---

[86] CARDOSO, Os serviços públicos essenciais: a sua problemática no ordenamento jurídico português, p. 105.
[87] Disponível no site da ANACOM em www.anacom.pt.

f) Serviço de recolha e tratamento de águas residuais

I. Outra das novidades trazidas pela Lei n.º 12/2008 foi a introdução de uma al. f) que passou a qualificar como serviço público essencial o serviço de recolha e tratamento de águas residuais. Esta alteração também entrou em vigor no dia 26 de Maio de 2008 (art. 4.º da Lei n.º 12/2008). De forma muito sucinta, o legislador justificou esta novidade, na Exposição de motivos da Lei n.º 263/X, referindo que se efectuava a adequação a outros serviços integrados nas áreas de competência de reguladores de serviços essenciais[88]. A qualificação dos serviços de recolha e tratamento de águas residuais como serviços públicos essenciais é de aplaudir uma vez que estes serviços desempenham um papel muito relevante na vida quotidiana dos cidadãos.

II. Incumbe aos municípios assegurar a provisão de serviços de drenagem e tratamento de águas residuais urbanas (al. b) do n.º 1 do art. 26.º da Lei n.º 159/99, de 14 de Setembro), sem prejuízo da possibilidade de criação de sistemas multimunicipais, de titularidade estatal. A prestação do serviço pode ser prosseguida através do modelo de *gestão directa*, através de serviços municipais ou municipalizados; através da *delegação em empresa constituída em parceria com o Estado*; através de modelo de gestão delegada em empresas do sector empresarial local; ou através de modelos de gestão concessionada (arts. 14.º e *ss*. do DL n.º 194/2009). O serviço de recolha e tratamento de águas residuais é prestado por uma entidade que actua sempre em situação de total monopólio (art. 4.º do DL n.º 194/2009). Também esta actividade constitui um serviço público de carácter estrutural, essencial ao bem-estar geral, à saúde pública e à segurança colectiva das populações, às actividades económicas e à protecção do ambiente, devendo pautar-se por princípios de universalidade no acesso, de continuidade e qualidade de serviço e de eficiência e equidade dos tarifários aplicados[89]. O art. 3.º do DL n.º 194/2009 qualifica a exploração e gestão dos sistemas de saneamento de águas residuais como serviços de interesse geral que visam a prossecução do interesse público, estando sujeitas a obrigações específicas de serviço público. A definição de "águas residuais" consta do n.º 2 do art. 2.º do DL n.º 152/97, de 19 de Junho (que transpôs para o Direito interno a Directiva n.º 91/271/CEE,

---

[88] *In* DAR II série A, n.º 115/X/1, de 1 de Junho de 2006, p. 7.
[89] Preâmbulo do DL n.º 194/2009, de 20 de Agosto.

do Conselho, de 21 de Maio de 1991, relativamente ao tratamento de águas residuais urbanas)[90].

III. Quanto ao serviço de recolha e tratamento de águas residuais, serão de ter em conta o DL n.º 379/93, de 5 de Novembro (regime de exploração e gestão dos sistemas multimunicipais e municipais de captação, tratamento e distribuição de água para consumo público, de recolha, tratamento e rejeição de efluentes e de recolha e tratamento de resíduos sólidos, com excepção dos arts. 6.º a 18.º, que foram revogados pelo n.º 1 do art. 79.º do DL n.º 194/2009, de 20 de Agosto); o Decreto Regulamentar n.º 23/95, de 23 de Agosto (Regulamento Geral dos Sistemas Públicos e Prediais de Distribuição de Água e de Drenagem de Águas Residuais); o DL n.º 152/97, de 19 de Junho; o DL n.º 194/2009, de 20 de Agosto (especialmente o Capítulo VII – relações com os utilizadores, arts. 59.º a 71.º); a Portaria n.º 34/2011, de 13 de Janeiro, bem como os respectivos Regulamentos Municipais. A Entidade Reguladora deste serviço é a Entidade Reguladora dos Serviços de Águas e Resíduos, I. P. (ERSAR) – art. 11.º do DL n.º 194/2009 e DL n.º 277/2009, de 2 de Outubro.

g) Serviços de gestão de resíduos sólidos urbanos

I. A Lei n.º 12/2008 passou também a incluir no âmbito objectivo de aplicação da LSPE os serviços de gestão de resíduos sólidos urbanos. Esta alteração entrou em vigor no dia 26 de Maio de 2008 (art. 4.º da Lei n.º 12/2008). Tal como acontece com os serviços postais e o serviço de recolha e tratamento de águas residuais, o legislador refere apenas, na Exposição de motivos da Lei n.º 263/X, que "se efectua a adequação a outros serviços integrados nas áreas de competência de reguladores de serviços essenciais"[91].

Os municípios encontram-se incumbidos de assegurar a provisão de serviços municipais de recolha e tratamento de resíduos sólidos urbanos (al. c) do n.º 1 do art. 26.º da Lei n.º 159/99, de 14 de Setembro), sem prejuízo da possibilidade de criação de sistemas multimunicipais, de titularidade estatal. A prestação do

---

[90] "«Águas residuais»: a) «Águas residuais domésticas»: as águas residuais de serviços e de instalações residenciais, essencialmente provenientes do metabolismo humano e de actividades domésticas; b) «Águas residuais industriais»: as águas residuais provenientes de qualquer tipo de actividade que não possam ser classificadas como águas residuais domésticas nem sejam águas pluviais; c) «Águas residuais urbanas»: as águas residuais domésticas ou a mistura destas com águas residuais industriais e ou com águas pluviais".
[91] *In* DAR II série A, n.º 115/X/1, de 1 de Junho de 2006, p. 7.

serviço pode ser prosseguida através do modelo de *gestão directa* do serviço, através das unidades orgânicas do município (serviços municipais ou municipalizados); através da *delegação em empresa constituída em parceria com o Estado*; através de modelo de gestão delegada em empresas do sector empresarial local; ou através de modelos de gestão concessionada (arts. 14.º e *ss*. do DL n.º 194/2009). O serviço de gestão de resíduos sólidos urbanos é prestado por uma entidade que actua sempre em situação de total monopólio (art. 4.º do DL n.º 194/2009), o que uma vez mais favorece a possibilidade da concretização de práticas abusivas ou menos correctas. A actividade de gestão de resíduos urbanos constitui um serviço público de carácter estrutural, essencial ao bem-estar geral, à saúde pública e à segurança colectiva das populações, às actividades económicas e à protecção do ambiente. Este serviço deve pautar-se por princípios de universalidade no acesso, de continuidade e qualidade de serviço e de eficiência e equidade dos tarifários aplicados[92]. O art. 3.º do DL n.º 194/2009, de 20 de Agosto, também qualifica a exploração e gestão dos sistemas de gestão de resíduos urbanos como serviços de interesse geral que visam a prossecução do interesse público, estando sujeitas a obrigações específicas de serviço público.

II. Quanto ao serviço de gestão de resíduos sólidos urbanos, serão aplicáveis o DL n.º 379/93, de 5 de Novembro (com excepção dos arts. 6.º a 18.º, que foram revogados pelo n.º 1 do art. 79.º do DL n.º 194/2009, de 20 de Agosto); o DL n.º 194/2009, de 20 de Agosto (nomeadamente o Capítulo VII – relações com os utilizadores, arts. 59.º a 71.º); a Portaria n.º 34/2011, de 13 de Janeiro, e os respectivos Regulamentos Municipais. A Entidade Reguladora deste serviço é igualmente a Entidade Reguladora dos Serviços de Águas e Resíduos, I. P. (ERSAR) – art. 11.º do DL n.º 194/2009 e DL n.º 277/2009, de 2 de Outubro.

N.º 3

Âmbito subjectivo – o utente

I. No n.º 3 do art. 1.º o legislador enuncia o conceito de "utente" dos serviços públicos essenciais, cuja protecção é o escopo do diploma. Para efeitos de aplica-

---

[92] Preâmbulo do DL n.º 194/2009, de 20 de Agosto.

ção da LSPE, considera-se utente a pessoa singular ou colectiva a quem o prestador do serviço se obriga a prestá-lo[93].

O conceito de "utente" não se confunde com o de "consumidor", em sentido próprio e estrito, tal como fixado pelo n.º 1 do art. 2.º da LDC: "todo aquele a quem sejam fornecidos bens, prestados serviços ou transmitidos quaisquer direitos, destinados a uso não profissional, por pessoa que exerça com carácter profissional uma actividade económica que vise a obtenção de benefícios". O legislador optou pela formalização de conceitos, abandonando a noção de consumidor, há muito disponível no nosso ordenamento jurídico, preferindo usar a de "utente", que tem maior amplitude. Este será o destinatário dos serviços, independentemente de quaisquer considerações materiais. O recurso ao conceito de utente é benéfico pois, nas palavras de MIRANDA BARBOSA, "estamos aqui libertos de alguns constrangimentos impostos pela lei de defesa do consumidor e pelo conceito em que ela se alicerça, e que serve, a um tempo, de sustentação e pólo aglutinador e unificador de todo o direito do consumo"[94].

Desde logo, o conceito de "utente" inclui expressamente quaisquer pessoas colectivas a quem o serviço seja prestado. O utente pode ser quer uma pessoa singular quer uma pessoa colectiva. Não se colocam nesta sede, deste modo, as dúvidas que geralmente se levantam acerca da possibilidade de as pessoas colectivas serem consideradas consumidores[95]. Por outro lado, na noção de utente não releva a qualidade de profissional do prestador do serviço e o destino a dar a este. A noção de consumidor é uma noção relacional. Só estaremos perante um consumidor quando no pólo oposto encontrarmos um profissional. Para além disso, é imperioso que aquele que pretendemos qualificar como consumidor destine os bens ou serviços fornecidos a um uso não profissional. Ora bem: é aqui que encontramos a grande divergência entre o conceito de consumidor e o conceito de utente. Relativamente ao utente, é irrelevante o destino que este vai dar ao bem ou serviço que lhe é fornecido. O conceito de utente não recorre a um critério finalista, ao contrário do que sucede com o conceito técnico de consumidor, aplicando-se independentemente da qualidade do utente e do destino que

---

[93] A redacção actual do n.º 3 resulta da alteração promovida pelo art. 1.º da Lei n.º 12/2008, de 26 de Fevereiro, tendo entrado em vigor em 26 de Maio de 2008. A alteração consistiu apenas na substituição da expressão "neste diploma" pela expressão "nesta lei".
[94] *Acerca do âmbito da Lei dos Serviços Públicos Essenciais: taxatividade ou carácter exemplificativo do artigo 1.º, n.º 2 da Lei n.º 23/96, de 26 de Julho?*, p. 410.
[95] Sobre o tema vide BAPTISTA DE OLIVEIRA, O conceito de consumidor, perspectivas nacional e comunitária, Coimbra, Almedina, 2009, pp. 61 *ss*.

este dê ao serviço. A tutela conferida pela Lei não se restringe ao consumidor em sentido restrito, abrangendo, além dos consumidores propriamente ditos, todos os demais beneficiários da prestação de serviços. A LSPE assenta, deste modo, numa formalização estrita de conceitos – "não tutela fracos ou consumidores: antes «utentes», pura e simplesmente definidos pela sua posição em determinada relação jurídica, independentemente das suas características pessoais, sociais ou económicas"[96]. O legislador pretende proteger não só o consumidor final mas qualquer utente[97]. O diploma tem, deste modo, uma "vocação universal por referência aos sujeitos abrangidos"[98].

O legislador poderia ter optado, é certo, por tutelar apenas o consumidor. Até seria compreensível que o tivesse feito, se tivermos em conta que a LSPE e a LDC foram discutidas em conjunto, distando poucos dias entre a publicação em Diário da República de cada um dos diplomas. Como refere MENEZES CORDEIRO, se esta tivesse sido a opção do legislador seria "«politicamente correcto» empolar todos os argumentos que pudessem ampliar o seu âmbito de aplicação ou que levassem à compressão dos direitos dos prestadores de serviços. Teríamos todo um pré-entendimento favorável aos destinatários dos serviços, com evidentes reflexos na interpretação, mercê do seu factor teleológico"[99]. Como adverte o mesmo Autor, questionando-se sobre o objectivo primordial da LSPE, temos de "procurar, na Lei, o sentido dos preceitos e reconstituir o seu funcionamento e as consequências da sua aplicação. Por exemplo: a interpretação que permita a prestação de serviços, sem pagamento, pelos utentes – ou por certos utentes – acabará por fazer repercutir nas pessoas cumpridoras os custos dos menos honestos. Isso não é proteger consumidores. A sindicância pelos resultados obriga a reponderar a interpretação efectuada"[100].

Acabou, no entanto, por prevalecer uma ideia alargada de "utente". Ainda assim, assiste razão a MENEZES CORDEIRO quando refere: "por certo que o objectivo último do legislador será a tutela dos fracos, dos desprotegidos e dos menos esclarecidos: o próprio Direito existe para evitar que, na sociedade, prevaleçam

---

[96] MENEZES CORDEIRO, *Da prescrição de créditos das entidades prestadoras de serviços públicos essenciais*, p. 326.
[97] Neste sentido, o próprio Relatório e parecer da Comissão de Assuntos Constitucionais, Direitos, Liberdades e Garantias sobre a Proposta de Lei n.º 20/VII, in DAR II série A, n.º 34/VII/1, de 13 de Abril de 1996, p. 614.
[98] MIRANDA BARBOSA, *Acerca do âmbito da Lei dos Serviços Públicos Essenciais: taxatividade ou carácter exemplificativo do artigo 1.º, n.º 2 da Lei n.º 23/96, de 26 de Julho?*, p. 413.
[99] *Da prescrição do pagamento dos denominados serviços públicos essenciais*, p. 773.
[100] Idem.

relações de força. Arriscamos, por isso, que apesar de tudo, a Lei n.º 23/96 visou mesmo proteger o consumidor privado, particularmente o pequeno consumidor. Mas optou por fazê-lo de modo indirecto: tutelando o utente em geral e assegurando o tal elevado padrão de serviços. Entendeu o legislador que esta era a via mais acertada para conseguir bons resultados práticos"[101].

II. A LSPE não se dirige, como resulta do exposto, apenas aos consumidores, mas antes a todos aqueles que possam ser considerados como utentes: as pessoas singulares ou colectivas a quem os prestadores dos serviços se obrigam a prestá-los. Utente poderá ser, deste modo, o pequeno consumidor, a pequena, média ou grande empresa, a autarquia local ou o próprio Estado central. O legislador não pretendeu identificar o utente com o consumidor. Na verdade, e conforme consta da Exposição de motivos da Proposta de Lei que deu origem ao diploma, "a necessidade de proteger o utente é maior quando ele não passa de mero consumidor final. Mas isso não significa que o legislador deva restringir o âmbito deste diploma a tal situação. Encara-se o problema em termos gerais, independentemente da qualidade em que intervém o utente de serviços públicos essenciais, sem prejuízo de se reconhecer que é a protecção do consumidor a principal razão que justifica este diploma e de nele se consagrar uma protecção acrescida para o consumidor quando é caso disso"[102]. Como refere PINTO MONTEIRO, trata-se de uma situação que vai sendo frequente e com a qual se depara no domínio das cláusulas contratuais gerais, da responsabilidade do produtor e da publicidade, domínios nucleares de uma política de defesa do consumidor, mas em que as medidas legislativas consagradas não restringem o seu alcance às relações de consumo em sentido próprio[103]. Um bom exemplo da forma como o legislador, recortando diferentes conceitos, acaba por se dirigir a diferentes camadas subjectivas, às quais dedica uma tutela que varia na sua intensidade, consta do art. 6.º do DL n.º 29/2006, de 15 de Fevereiro (princípios gerais relativos à organização e funcionamento do sistema eléctrico nacional), que no n.º 1 define "consumidor" como "o cliente final de electricidade" mas refere, no n.º 2, que "no exercício das actividades abrangidas pelo presente decreto-lei, é assegurada a protecção dos consumidores (...), em particular aos consumidores abrangidos pela prestação de

---

[101] *Da prescrição do pagamento dos denominados serviços públicos essenciais*, p. 774 e *Da prescrição de créditos das entidades prestadoras de serviços públicos essenciais*, p. 295.
[102] *In* DAR II série A, n.º 33/VII/1, de 4 de Abril de 1996, p. 590.
[103] *A protecção do consumidor de serviços públicos essenciais*, p. 341.

serviços públicos considerados essenciais, nos termos da Lei n.º 23/96, de 26 de Julho". O mesmo acontece com o n.º 1 do art. 167.º do Regulamento de relações comerciais do sector eléctrico.

Segundo CALVÃO DA SILVA "o legislador não cinge a finalidade da lei à tutela do consumidor em sentido restrito – pessoa a quem um profissional forneça bens ou preste serviços para *uso não profissional*, portanto, *para uso privado, familiar ou doméstico* –, plenamente justificada pela ideia de desigualdade de poder (*bargaining power*) e pela desproporção de forças nas relações entre profissionais e consumidores. Pelo contrário, o alargamento de fronteiras da protecção do consumidor *homme faible* surge neste campo aberta e inequivocamente querido, mediante a extensão do fim das normas a todo e qualquer utente, pessoa singular ou mesmo *pessoa colectiva*, dos ditos serviços públicos elencados na lei, independentemente da qualidade em que o mesmo intervenha". Assim, "a tutela normalmente e justificadamente reservada a consumidores – pessoas singulares que em situação de fraqueza contratam com empresas ou outros profissionais o fornecimento de bens ou a prestação de serviços para fins não pertencentes ao âmbito da sua actividade profissional – aparece estendida pela Lei n.º 23/96 aos demais utilizadores de bens ou serviços públicos essenciais nela indicados"[104].

Em consequência, os utentes protegidos pela LSPE serão: "os particulares assinantes de telefone, de água, de electricidade ou de gás, para a residência pessoal ou familiar; *os profissionais* – profissionais liberais, como advogados, médicos, engenheiros, etc., ou qualquer outro profissional, por exemplo, comerciante em nome individual – assinantes dos mesmos bens ou serviços para escritório, consultório ou empresa, *qualquer pessoa colectiva*, nacional, estrangeira ou multinacional, pública ou privada, de fim religioso, de fim económico, de fim ideal, de fim social, sociedades, associações, fundações, partidos políticos, autarquias locais, embaixadas, Estado, etc., etc."[105].

O aresto do STJ de 29 de Abril de 2004 (processo 04B869) pronunciou-se sobre esta matéria, expendendo importantes considerações. De acordo com esta decisão, "atenta a finalidade da Lei n.º 23/96 (...), não se limita ela a regular as relações jurídicas estabelecidas para o fornecimento de tais serviços entre os pequenos consumidores-utentes, antes deve ter-se como alargada a todos os demais utilizadores de bens ou serviços públicos essenciais nela indicados, designadamente

---

[104] *Aplicação da Lei n.º 23/96 ao serviço móvel de telefone e natureza extintiva da prescrição referida no seu art. 10.º*, p. 140.
[105] *Idem*.

quando o consumidor da energia é uma empresa que fabrica e comercializa artigos de cerâmica". Como se pode ler no texto do aresto, "não pode aceitar-se a ideia de que o âmbito de aplicação das normas que integram a Lei n.º 23/96 se limita a regular as relações jurídicas estabelecidas para o fornecimento de tais serviços entre os pequenos consumidores-utentes, mormente pessoas singulares, e as entidades funcionalmente adstritas à obrigação de os prestarem. Protegidos têm de estar também os demais utilizadores de bens ou serviços públicos essenciais, designadamente, pessoas colectivas, tendo em conta a função económico-social que lhes cabe desempenhar".

As autarquias locais como utentes?

I. Como vimos, de acordo com o n.º 3 do art. 1.º da LSPE, para efeitos de aplicação do diploma considera-se utente a pessoa singular ou colectiva a quem o prestador do serviço se obriga a prestá-lo. Trata-se de um conceito amplo, que abrange quer as pessoas singulares quer as pessoas colectivas, não relevando para a noção o destino a dar ao bem ou serviço.

O conceito de utente pode, devido à sua largueza, criar algumas dificuldades. Um dos principais problemas que se pode levantar resulta da intervenção das autarquias locais em relações jurídicas qualificáveis como de prestação de serviços públicos essenciais. Com efeito, as autarquias locais podem aparecer neste tipo de relações em duas qualidades diferentes: enquanto utentes e enquanto prestadores de serviços. Para adequada resposta à questão, é mister elucidar os diferentes papéis que a autarquia local pode desempenhar e as diferentes consequências que daí resultam.

II. Muitas vezes a autarquia local relaciona-se com um prestador de serviços públicos essenciais na qualidade de verdadeira utente. Isto acontece, por exemplo, quando a autarquia local contrata a prestação do serviço de telefone ou do fornecimento de gás. Nestas hipóteses, a autarquia assume o papel de beneficiária directa e final do serviço público, relacionando-se com a contraparte na qualidade de utente. Será, deste modo, qualificada como "utente", nos termos e para os efeitos do disposto na LSPE[106].

No entanto, acontece também por vezes que a autarquia local intervém numa relação jurídica de prestação de serviços públicos essenciais numa outra quali-

---

[106] Assim, MAÇÃS, *São os municípios utentes de serviços públicos essenciais?*, in "Direito Regional e Local", n.º 4, Outubro/Dezembro 2008, p. 7.

dade: enquanto entidade responsável pela prestação do serviço. A questão que se coloca é a de saber se podemos qualificar a autarquia local, neste caso, como "utente" e conceder-lhe a tutela própria da LSPE.

MAÇÃS entende que nesta hipótese deve ser negada a qualificação de utente, por diversos motivos. De acordo com a Autora, "não obstante o âmbito alargado do conceito de utente para efeitos da Lei n.º 23/96, é preciso ter presente que tal conceito não pode deixar de se considerar limitado pelo fim visado ou a razão de ser da protecção conferida aos utentes. O sentido e alcance do conceito não pode alhear-se de que, no fundo, a tutela conferida pela lei é justificada pela ideia de desigualdade de poder e pela desproporção de forças nas relações entre profissionais e consumidores. Na verdade, a *ratio* da Lei n.º 23/96 foi a consagração de especiais mecanismos de protecção do utilizador que adquire estes serviços para satisfazer as suas próprias necessidades (...), encontrando-se numa posição de especial dependência e fragilidade face ao prestador do serviço". No seu entender, "sendo o município, ele próprio garante e responsável da prestação do serviço, ainda que o tenha concessionado, não poderá exigir a aplicação do regime protector da Lei n.º 23/96, uma vez que o utente, neste caso, será o munícipe, pessoa singular ou colectiva, destine-se o serviço a uso doméstico ou profissional"[107].

A Autora cita como exemplo paradigmático desta situação o das relações que se estabelecem entre as entidades gestoras dos sistemas multimunicipais de águas e resíduos (atribuídos por concessão a empresas públicas ou a sociedades de capitais exclusiva ou maioritariamente públicas) com os municípios utilizadores. As dúvidas resultam do facto de estes utilizadores serem, também eles, fornecedores/distribuidores desse mesmo serviço prestado pelo sistema municipal[108]. Analisando a legislação aplicável a este sector dos serviços públicos essenciais, a Autora conclui que os municípios utilizadores, ainda que estejam ligados à entidade concessionária do sistema multimunicipal por um contrato de fornecimento, não podem ser qualificados como utentes para os efeitos da LSPE. Na sua opinião, a que aderimos, "no quadro do arranjo institucional criado para cada sistema multimunicipal, os municípios utilizadores não deixam de ser os responsáveis pela prestação do serviço público de distribuição de água aos respectivos munícipes, que emergem aqui como consumidores finais".

---

[107] *Idem.*
[108] Vide São os municípios utentes de serviços públicos essenciais?, pp. 7 *ss* e a abundante legislação aí referida.

Com efeito, "a relação entre municípios utilizadores e empresa concessionária, ainda que regulada pelo contrato de fornecimento previamente outorgado entre ambos, é mais uma relação de parceria (e não de dependência) na prestação do serviço público essencial ao prestador final". A Autora conclui: "na relação entre entidade gestora de sistemas multimunicipais e utilizadores do sistema em «alta» não se verifica a tal fragilidade que caracteriza a relação entre consumidor e fornecedor de serviço que vimos estar igualmente presente na relação entre utente e prestador de serviços essenciais"[109].

A Autora aduz ainda outro argumento: "resulta igualmente do quadro legal dos sistemas multimunicipais que o regime do contrato de fornecimento, que rege as relações entre entidade gestora e os municípios utilizadores, há-de ser o que resulta fundamentalmente do clausulado do contrato de concessão, que constitui a matriz em que assenta um dado sistema multimunicipal. Clausulado aquele cujo regime obedece a preocupações de natureza diversa das que subjazem à Lei n.º 23/96, tais como a necessidade de garantir a conclusão das infra-estruturas da «baixa» e o equilíbrio económico das concessões"[110]. A Autora conclui, e bem, que este regime legal torna impraticável a aplicação da generalidade das disposições da LSPE, nomeadamente o art. 2.º (que consagra o direito de participação, fazendo apelo a associações representativas de utentes), o art. 4.º (que regula o direito de informação, tendo em vista a posição de dependência do utente, conferindo-lhe mais garantias nesta matéria) e o art. 5.º (quanto à suspensão do fornecimento). Os municípios utilizadores de um sistema multimunicipal não podem ser considerados utentes nos termos e para os efeitos da LSPE. Deste modo, o regime a aplicar nas relações entre o município utilizador e a entidade gestora é o do respectivo contrato de fornecimento, enquadrado pelo contrato de concessão, e não o da LSPE.

Através da Lei n.º 12/2008, o legislador aditou um n.º 4 ao art. 1.º. De acordo com o preceito, considera-se como prestador dos serviços abrangidos pela LSPE "toda a entidade pública ou privada que preste ao utente qualquer dos serviços referidos no n.º 2, independentemente da sua natureza jurídica, do título a que o faça ou da existência ou não de contrato de concessão". MAÇÃS entende que esta norma, ao apresentar uma noção de prestador de serviço, não introduziu disciplina inovadora, uma vez que a mesma já se entendia subjacente à economia da Lei n.º 23/96. Em consonância, a Autora defende que a entidade gestora

---

[109] *Idem*, p. 8.
[110] *Idem*, pp. 8 s.

do sistema multimunicipal pode ser qualificada como prestador de serviços, tal como o utilizador do sistema em "alta". Este último também pode ser qualificado como prestador do serviço uma vez que recebe o bem essencial para também ele o distribuir, aí sim, a verdadeiros utentes. Por sua vez, a entidade gestora do sistema multimunicipal só será prestador de serviços se, e na medida em que, o destinatário dos mesmos tenha em vista a satisfação das suas próprias necessidades. Somente neste caso este merecerá a mesma protecção que teria se fosse servido pela entidade gestora do sistema municipal, protecção esta consagrada na LSPE[111]. Deste modo, a *ratio* da LSPE não é a protecção de qualquer uma das partes no relacionamento entre gestor do sistema multimunicipal e o utilizador do sistema em "alta" mas antes a protecção da relação entre o prestador e o utente que tenha em vista a satisfação das suas próprias necessidades, profissionais ou domésticas.

III. A jurisprudência também se tem pronunciado neste sentido. O acórdão do STA de 3 de Novembro de 2004 (processo 033/04) debruçou-se sobre um caso em que se discutia se um Município poderia ser qualificado como "utente" do serviço público essencial de fornecimento de energia eléctrica. O Tribunal entendeu que o Município "não é o *utente* e muito menos o *consumidor final* do serviço público de fornecimento de energia eléctrica para iluminação pública, prestado pela Autora. A Ré é antes a responsável por esse serviço público, que tem de garantir aos munícipes e cuja gestão transferiu para a Autora, através de um contrato de concessão. (...) as relações entre a Autora e a Ré, no âmbito do referido contrato de concessão, não são as de um mero utente para com o fornecedor do serviço público, mas as do titular do serviço público para com o concessionário para o qual transferiu a gestão do mesmo. Não é, afinal, à Ré, como consumidor, que o serviço público aqui em causa se destina, mas sim aos seus munícipes, cabendo aos órgãos municipais garantir essa prestação, através da concessionária (...)." De acordo com o aresto, o art. 2.º da LSPE estabelece "uma clara diferenciação entre os *utentes* dos serviços públicos essenciais abrangidos pelo diploma e definidos no n.º 3 do art. 1.º, por um lado, e as entidades obrigadas à satisfação desses serviços públicos essenciais, designadamente as *autarquias e os concessionários* desses serviços, por outro". Assim, o acórdão considerou que o art. 10.º da LSPE não se aplica a dívidas resultantes do fornecimento de energia eléctrica em baixa tensão, para iluminação pública, urbana ou rural, efectuado em cumprimento de um contrato de concessão de serviço público celebrado entre

---

[111] *São os municípios utentes de serviços públicos essenciais?*, p. 10.

o fornecedor de energia e o Município. Com efeito, as relações entre as partes, no âmbito do contrato de concessão, não são as de mero utente ou consumidor final mas as de titular do serviço público, para com o concessionário desse serviço, para o qual transferiu a gestão do mesmo[112].

IV. O cenário referido nos parágrafos anteriores não se confunde com um outro, que pode enganosamente parecer semelhante. A hipótese que colocámos *supra* pressupõe uma relação estabelecida entre a entidade concessionária do sistema multimunicipal e o município utilizador. Diferentemente se passam as coisas nos casos em que se estabelece uma relação entre aquela entidade gestora e os utilizadores que usufruem do serviço da mesma forma que os utilizadores dos sistemas municipais em baixa, ou seja, para fins próprios e para responder às suas necessidades quotidianas. Nesta hipótese, correspondente, por exemplo, ao Município que contrata com a entidade gestora o fornecimento de água a instalações municipais (*v.g.*, pavilhões desportivos, repartições públicas) água essa que, como é evidente, não será depois distribuída, mas sim consumida para os usos normais, o Município pode ser qualificado como utente[113]. Aqui o Município não surge nas suas vestes de fornecedor/distribuidor mas sim de destinatário final, já não aparece numa posição de parceria mas sim de dependência, podendo ser qualificado, *ipso facto*, como "utente".

---

[112] No parecer do Ministério Público junto aos autos pode ainda ler-se: "a noção de utente prevista nesse n.º 3, potencialmente abrangendo a R. Câmara enquanto pessoa colectiva e a quem a ora recorrente forneceu energia eléctrica, não pode ser dissociada do objectivo essencial consagrado na lei e que expressamente visava proteger o utente de serviços públicos essenciais. Acontece que não se me afigura que, para efeito de aplicabilidade do regime constante do diploma em causa, a R. Câmara possa ser qualificada como mero utente de serviço público essencial, já que ela própria é a garante e responsável da prestação do serviço de fornecimento de energia eléctrica pública à comunidade que serve, muito embora, na situação em apreço, tenha transferido para uma empresa privada a concretização dessa prestação. Daí que o regime previsto na Lei n.º 23/96 (...) apenas deva ser aplicado e proteger pessoas singulares e colectivas que usufruam do direito de exigir a prestação de serviços públicos essenciais e não as entidades públicas responsáveis por essa prestação, designadamente no domínio das relações entre estas e as concessionárias".

[113] Também assim, MAÇÃS, *São os municípios utentes de serviços públicos essenciais?*, p. 9, nota 16.

N.º 4

Âmbito subjectivo – o prestador dos serviços

I. O n.º 4 do art. 1.º da LSPE fornece a definição de "prestador dos serviços". Considera-se como prestador dos serviços abrangidos pelo diploma "toda a entidade pública ou privada que preste ao utente qualquer dos serviços referidos no n.º 2, independentemente da sua natureza jurídica, do título a que o faça ou da existência ou não de contrato de concessão". Este n.º foi aditado pelo art. 1.º da Lei n.º 12/2008, de 26 de Fevereiro, tendo entrado em vigor no dia 26 de Maio de 2008. Na sua redacção original a Lei n.º 23/96 não fornecia qualquer definição de "prestador de serviços". O objectivo do aditamento do n.º 4 foi, como resulta da Exposição de motivos do Projecto de Lei n.º 263/X, clarificar o âmbito do conceito de entidade prestadora do serviço[114]. A vontade histórica do legislador aponta, deste modo, para a mera intenção de esclarecer o conceito. O legislador pretendeu apenas clarificar o conceito de prestador de serviços e não alargá-lo. Neste sentido, CALVÃO DA SILVA entende que estamos perante uma norma *"sem alcance inovador, meramente enunciativa do conceito de entidade prestadora de serviço:* empresa pública ou empresa privada, sociedade anónima, sociedade unipessoal por quotas, entidade pública empresarial, concessionária, comercializadora licenciada, empresa municipal, intermunicipal ou empresa metropolitana, etc."[115]. Deste modo, deve entender-se que o conceito de prestador de serviço já tinha um conteúdo semelhante antes da alteração introduzida pela Lei n.º 12/2008. O preceito em causa, ao definir a noção de prestador de serviço, não introduz disciplina inovadora, uma vez que a mesma já se entendia subjacente à economia da Lei n.º 23/96. O legislador optou por manter a definição de utente de serviços públicos essenciais e introduziu a de prestador de serviços mas sem alterar a prática que tinha vigorado sobre o alcance deste conceito[116].

---

[114] *In* DAR II série A, n.º 115/X/1, de 1 de Junho de 2006, p. 7. Neste sentido, o deputado RENATO SAMPAIO, na apresentação do Projecto de Lei, referiu que "a introdução da noção de prestador de serviço tem como objectivo clarificar, em primeiro lugar, que um serviço público essencial não se define pela natureza do seu prestador e, em segundo lugar, tornar claro que todos os prestadores de serviços públicos essenciais se encontram sujeitos às respectivas obrigações" – *in* DAR I série n.º 60/X/2, de 16 de Março de 2007, p. 12.
[115] *Serviços públicos essenciais: alterações à Lei n.º 23/96 pelas Leis n.os 12/2008 e 24/2008*, p. 171.
[116] MAÇÃS, *São os municípios utentes de serviços públicos essenciais?*, p. 10.

O facto de estarmos perante um "serviço público" não significa necessariamente que seja o Estado ou uma entidade pública a prestar o serviço. Com efeito, e embora este seja um domínio tradicional do Estado, regiões autónomas, autarquias e empresas públicas, os serviços públicos essenciais podem ser prestados por empresas privadas a quem esses serviços hajam sido concessionados. A expressão "serviços públicos essenciais" utilizada pela Lei não pretende, deste modo, referir-se à titularidade estadual, ou seja, não configura uma noção subjectiva de serviço público[117]. Por isso mesmo, o n.º 4 do art. 1.º refere-se a "entidade pública ou privada" e alude ao (eventual) "contrato de concessão"; enquanto o art. 2.º fala em "entidades concessionárias" (n.º 1) e "empresas concessionárias (n.º 3).

Como se sabe, após o processo revolucionário de Abril de 1974 e a adesão à Comunidade Europeia, Portugal, tal como outros países, caminhou para uma era de consagração dos princípios da economia de mercado, assistindo-se à liberalização de sectores económicos que até aí eram do domínio exclusivo do Estado. Alguns serviços públicos essenciais passaram a poder ser prestados por entidades privadas, em regime de concorrência. Actualmente, entidades privadas preenchem o espaço antes reservado a estabelecimentos administrativos ou a empresas públicas. Para efeitos de aplicação da LSPE, será considerado como prestador do serviço qualquer entidade, de natureza pública ou privada, que preste um dos serviços referidos no n.º 2 do art. 1º. Para a qualificação como "prestador do serviço" não releva a natureza jurídica dessa entidade, o título a que o faz ou a existência (ou não) de um contrato de concessão.

II. O facto de a prestação de serviços públicos essenciais estar acometida a entidades privadas não dispensa estas de observar e respeitar as chamadas "obrigações de serviço público" e os princípios que lhe são característicos. São de destacar, desde logo, os seguintes princípios, decorrentes da natureza pública dos serviços em causa: *o princípio da universalidade* (que impõe um dever de contratar a qualquer prestador); *o princípio da continuidade*, que impõe que o fornecimento do serviço seja apenas suspenso em determinadas situações e cumpridos certos requisitos (art. 5.º) e o *princípio da qualidade*, que impõe a obediência a elevados padrões de qualidade (art. 7.º).

III. Para sabermos se estamos perante um "serviço público" devemos ter em conta o quadro normativo aplicável, indagando se esse serviço é aí qualificado como "público". Quando assim aconteça, devemos então recorrer à enumeração

---

[117] CALVÃO DA SILVA, Mercado e estado. Serviços de interesse económico geral, p. 115, nota 298.

fornecida pelo n.º 2 do art. 1.º da LSPE. Neste sentido, MENEZES CORDEIRO alerta que não são abrangidos pelo diploma quaisquer serviços de fornecimento de electricidade ou de água. O Autor exemplifica: o garagista que ceda o seu gerador, remuneradamente, não integra a LSPE, tal como não o faz o camionista que venda, com uma cisterna, água numa estância balneária[118].

A este propósito interessa mencionar o acórdão do TRL de 20 de Setembro de 2007 (processo 2369/2007-7). Este aresto debruçou-se sobre um caso em que o prestador do serviço era uma sociedade comercial que tinha celebrado com o cliente um contrato de fornecimento de gás. Do contrato resultava que sociedade comercial se obrigava a, entre outras coisas, fornecer ao cliente um mínimo de 250 toneladas/ano de gás de petróleo liquefeito (GPL), nos termos das Condições de Fornecimento e um máximo de 1.600 toneladas, sendo obrigação do cliente adquiri-lo. O fornecedor promoveu a montagem nas instalações do cliente de uma instalação exclusivamente destinada a conter e ministrar gases liquefeitos de petróleo aos aparelhos de consumo deste. Também resultava do contrato que o fornecimento de gás poderia ser feito por terceiro, o que retirava, desde logo, a feição de fornecimento em termos de monopólio regional, local ou nacional. O aresto entendeu que não tinha ficado demonstrado que o fornecedor fosse um concessionário de um serviço público de fornecimento de gás, não tendo sido alegados factos que permitissem caracterizar a sua actividade como de serviço público. Na verdade, o fornecedor importava e comercializava produtos derivados do petróleo, não se tendo demonstrado que o fizesse em regime de monopólio, não resultando que fosse um prestador de serviço público de fornecimento de gás sujeito aos princípios de universalidade, igualdade e continuidade mencionados na Exposição de Motivos da Proposta de Lei que deu origem à LSPE. No entender do acórdão, não estava minimamente caracterizado o "serviço público essencial", por parte quer da actividade do fornecedor quer da prestação em concreto dos autos, não sendo assim possível aplicar à situação em apreço a disciplina da LSPE.

V. A LSPE disciplina a relação que se estabelece entre o *prestador do serviço* e o *utente* do mesmo. São eles os sujeitos desta relação e é para a prestação de tais serviços que a Lei consagra regras especiais. No entanto, e para além disso, o diploma refere-se a outros sujeitos, nomeadamente quando consagra um direito de participação a favor das *organizações representativas dos utentes*, atribuindo-lhes, em certos

---

[118] MENEZES CORDEIRO, *Da prescrição do pagamento dos denominados serviços públicos essenciais*, p. 806 e *Da prescrição de créditos das entidades prestadoras de serviços públicos essenciais*, p. 327.

termos, o direito de serem consultadas quanto a determinados actos que venham a ser celebrados entre o Estado e as entidades concessionárias, bem como o direito de serem ouvidas relativamente à definição, por tais entidades, das grandes opções estratégicas (art. 2.º). Não estamos perante os sujeitos típicos da relação jurídica disciplinada pelo diploma (esses são o *utente* e o *prestador do serviço*) mas sim perante entidades que são titulares de uma posição *reflexa*, por serem titulares de um "direito de participação" que deriva do seu papel enquanto organizações representativas dos *utentes*. Como lembra PINTO MONTEIRO, "este direito de participação *extravasa* do quadro da relação de prestação de serviços, *surge* a montante desta e entre *sujeitos* que não são rigorosamente os mesmos que titulam essa relação"[119].

ARTIGO 2.º
DIREITO DE PARTICIPAÇÃO

1 – As organizações representativas dos utentes têm o direito de ser consultadas quanto aos actos de definição do enquadramento jurídico dos serviços públicos e demais actos de natureza genérica que venham a ser celebrados entre o Estado, as regiões autónomas ou as autarquias e as entidades concessionárias.

2 – Para esse efeito as entidades públicas que representem o Estado, as regiões autónomas ou as autarquias nos actos referidos no número anterior devem comunicar atempadamente às organizações representativas dos utentes os respectivos projectos e propostas, de forma que aquelas se possam pronunciar sobre estes no prazo que lhes for fixado e que não será inferior a 15 dias.

3 – As organizações referidas no n.º 1 têm ainda o direito de ser ouvidas relativamente à definição das grandes opções estratégicas das empresas concessionárias do serviço público, nos termos referidos no número anterior, desde que este serviço seja prestado em regime de monopólio.

ANOTAÇÃO (Mariana Pinheiro Almeida)

Este preceito mantém a sua redacção original, não suscitando especiais dificuldades. Ainda assim, sempre caberá realizar uma breve análise ao direito de participação no domínio dos serviços públicos essenciais.

Direito de participação

O direito de participação dos cidadãos encontra-se consagrado de forma bastante clara e inequívoca no art. 48.º da CRP: " todos os cidadãos têm o direito de tomar parte na vida política e na direcção dos assuntos públicos do país, direc-

---

[119] *A protecção do consumidor de serviços públicos essenciais*, p. 340.

tamente ou por intermédio de representantes livremente eleitos." Este direito, quando relacionado com o Direito do Consumo, em sentido amplo, encontra-se complementado no n.º 3 do art. 60.º do mesmo diploma: "as associações de consumidores e as cooperativas de consumo têm direito, nos termos da lei, ao apoio do Estado e a ser ouvidas sobre as questões que digam respeito à defesa dos consumidores, sendo-lhes reconhecida legitimidade processual para defesa dos seus associados ou de interesses colectivos ou difusos".

O n.º 3 do art. 52.º da Lei Fundamental vem aprofundar o exercício deste direito ao consagrar que "é conferido a todos, pessoalmente ou através de associações de defesa dos interesses em causa, o direito de acção popular nos casos e termos previstos na lei, incluindo o direito de requerer para o lesado ou lesados a correspondente indemnização, nomeadamente para, promover a prevenção, a cessação ou a perseguição judicial das infracções contra a saúde pública, *os direitos dos consumidores*, a qualidade de vida, a preservação do ambiente e do património cultural" bem como "*assegurar a defesa dos bens do Estado, das regiões autónomas e das autarquias locais*".

O DL n.º 558/99, de 17 de Dezembro (regime jurídico do sector empresarial do Estado e das empresas públicas), consagra expressamente que "o Estado *promoverá o desenvolvimento de formas de concertação com os utentes ou organizações representativas destes*, bem como da sua participação na definição dos objectivos das empresas públicas encarregadas da gestão de serviços de interesse económico geral" (n.º 1 do art. 22.º). O direito de participação dos utentes na definição dos objectivos das empresas públicas encarregadas da gestão de serviços de interesse económico geral será regulado por decreto-lei (n.º 2 do mesmo preceito).

O direito de "audição prévia" consiste, assim, no direito de auscultação prévia dos utentes perante a elaboração de políticas governamentais e de procedimentos regulamentares que possam pôr em causa os seus interesses específicos. Neste sentido, SOTTO MAIOR ensina que " a expressão participação refere-se às formas de concurso dos cidadãos, individual ou colectivamente organizados, na tomada de decisões, expressando a existência ou previsibilidade de formas de expressão institucional dos seus interesses, ultrapassando os esquemas tradicionais da democracia representativa"[120].

Assim sendo, ainda que em última análise o direito afecte cada cidadão de forma individual, trata-se de defender colectivamente ou de forma organizada

---

[120] SOTTO MAIOR, *O direito de acção popular na Constituição da República Portuguesa*, in "Documentação e Direito Comparado", n.º 75 e 76, 1998, p. 7.

interesses difusos e colectivos[121], que atingem um determinado público-alvo ou cidadão – o utente ou consumidor.

O direito de participação encontra-se igualmente previsto noutras escalas que não se subsumem apenas e só ao Direito do Consumo mas a outras áreas de interesse geral, nas quais a sociedade civil deverá deter um papel activo. É com base nesta premissa que o Livro Branco sobre a Governança Europeia impõe como princípio basilar de uma boa governança o princípio da participação, propondo uma abertura do processo de elaboração das políticas da União Europeia para que mais pessoas e mais organizações estejam envolvidas na sua concepção e realização, promovendo uma maior abertura e responsabilização de todos os envolvidos. Assim, "a nível da União Europeia, a Comissão deverá garantir que na elaboração de propostas políticas seja tomada em consideração a experiência e as condições regionais e locais. Para o efeito, deverá organizar um diálogo sistemático com as associações europeias e nacionais das administrações regionais e locais, respeitando mecanismos constitucionais e administrativos nacionais"[122].

O direito de participação está intimamente relacionado com um conceito de *cidadania* que nunca poderá ser olvidado, na medida em que esta engloba um conjunto de direitos e deveres do cidadão que deverão ser activamente exercidos, mediante o direito de participação. Não restam, por isso, dúvidas que a participação dos utentes/consumidores, cidadãos de forma geral, surgirá sempre como uma forma de conhecer as necessidades da sociedade civil bem como de lhe atribuir um certo nível de responsabilidade na construção de processos de decisão, reforçando a transparência da gestão do serviço público.

As organizações e a regulação sectorial

A LDC veio consagrar o direito de audição prévia, *maxime*, de participação dos consumidores, organizados ou representados por uma associação. Sem dúvida que este diploma se mostrou vanguardista no papel concedido a estas organiza-

---

[121] Para a distinção entre direitos difusos e colectivos, vide FROTA, RODRIGUES DE FREITAS e MADEIRA, Das Acções Colectivas em Portugal, no quadro do direito do consumo, Direcção Geral do Consumidor, Lisboa, 2007, p. 26: "Os direitos ou interesses colectivos são transindividuais, de natureza igualmente indivisível quanto ao seu objecto, referem-se a direitos de que seja titular grupo, categoria ou classe de pessoas ligadas entre si ou com a parte contrária por uma relação jurídica de base, v.g., por um contrato [...] Os interesses ou direitos difusos são, também, transindividuais, de natureza indivisível, quanto ao seu objecto ou seja, afectam directamente não os indivíduos singularmente considerados mas uma comunidade de interesses, de que são titulares pessoas indeterminadas ligadas por circunstâncias de facto".
[122] COM (2001) 428 Final, Bruxelas, 25 de Julho de 2001, p. 14.

ções, atribuindo-lhes funções de carácter activo e consequentemente interventivo nas políticas de gestão pública.

Sendo-lhes atribuída personalidade jurídica, estas associações sem fins lucrativos que visam prosseguir um único fim – o dos interesses dos consumidores em geral ou dos consumidores, enquanto seus associados – são detentoras de inúmeros direitos consagrados no art. 18.º da LDC, onde se destaca o direito a "representar os consumidores no processo de consulta e audição públicas a realizar no decurso de tomadas de decisão susceptíveis de afectar os direitos e interesses daqueles." (al. c))[123].

Do mesmo modo, CARDOSO afirma que "a importância deste direito de participação tem-se revelado extrema, pois como entidades que estão por dentro

---

[123] Cumprirá, de todo o modo, sublinhar os direitos que a estas associações são concedidos no âmbito do fim que prosseguem. São eles: direito ao estatuto de parceiro social em matérias que digam respeito à política de consumidores, nomeadamente traduzido na indicação de representantes para órgãos de consulta ou concertação que se ocupem da matéria; direito de antena na rádio e na televisão, nos mesmos termos das associações com estatuto de parceiro social; direito a solicitar, junto das autoridades administrativas ou judiciais competentes, a apreensão e retirada de bens do mercado ou a interdição de serviços lesivos dos direitos e interesses dos consumidores; direito a corrigir e a responder ao conteúdo de mensagens publicitárias relativas a bens e serviços postos no mercado, bem como a requerer, junto das autoridades competentes, que seja retirada do mercado publicidade enganosa ou abusiva; direito a consultar os processos e demais elementos existentes nas repartições e serviços públicos da administração central, regional ou local que contenham dados sobre as características de bens e serviços de consumo e de divulgar as informações necessárias à tutela dos interesses dos consumidores; direito a serem esclarecidas sobre a formação dos preços de bens e serviços, sempre que o solicitem; direito de participar nos processos de regulação de preços de fornecimento de bens e de prestações de serviços essenciais, nomeadamente nos domínios da água, energia, gás, transportes e telecomunicações, e a solicitar os esclarecimentos sobre as tarifas praticadas e a qualidade dos serviços, por forma a poderem pronunciar-se sobre elas; direito a solicitar aos laboratórios oficiais a realização de análises sobre a composição ou sobre o estado de conservação e demais características dos bens destinados ao consumo público e de tornarem públicos os correspondentes resultados, devendo o serviço ser prestado segundo tarifa que não ultrapasse o preço de custo; direito à presunção de boa fé das informações por elas prestadas; direito à acção popular; direito de queixa e denúncia, bem como direito de se constituírem como assistentes em sede de processo penal e a acompanharem o processo contra-ordenacional, quando o requeiram, apresentando memoriais, pareceres técnicos, sugestão de exames ou outras diligências de prova até que o processo esteja pronto para decisão final; direito à isenção do pagamento de custas, preparos e de imposto do selo, nos termos da Lei n.º 83/95, de 31 de Agosto; direito a receber apoio do Estado, através da administração central, regional e local, para a prossecução dos seus fins, nomeadamente no exercício da sua actividade no domínio da formação, informação e representação dos consumidores; direito a benefícios fiscais idênticos aos concedidos ou a conceder às instituições particulares de solidariedade social.

dos problemas do sector, as associações dos consumidores, têm assim a oportunidade de trazer os mesmos a discussão, e de transmitir uma visão prática para a sua resolução, junto dos órgãos do poder político, que estão por detrás da realização dos actos legislativos que regulam as matérias ligadas aos consumidores"[124].

Em Portugal existem várias associações e organizações que prosseguem este fim de forma genérica, como é o caso da Associação Portuguesa Para a Defesa do Consumidor (DECO), a União Geral dos Consumidores, a Associação Portuguesa do Direito do Consumo, a Associação dos Consumidores de Portugal e ainda a Federação Nacional de Cooperativas de Consumo, enquadrando-se esta última, numa forma diferente de organização – cooperativa; e de forma específica como o Automóvel Clube de Portugal.

Convirá sublinhar que de acordo com o preceito em análise, estas associações deverão ser ouvidas quando estejam em causa:
   i. actos de definição do enquadramento jurídico dos serviços públicos;
   ii. actos de natureza genérica que venham a ser celebrados entre o Estado, as regiões autónomas ou as autarquias e as entidades concessionadas;
   iii. opções estratégicas das empresas concessionárias do serviço público desde que este seja prestado em regime de monopólio.

Uma atenta análise sectorial permite verificar que as entidades reguladoras dos diferentes serviços públicos têm como obrigação estatutária e regulamentar a comunicação às associações de consumidores e outras organizações de eventuais alterações ou emissões regulamentares. Assim o estabelece o art. 11.º do DL n.º 309/2001, de 7 de Dezembro: "previamente à aprovação ou alteração de qualquer regulamento cuja emissão seja da sua competência, o ICP - ANACOM deve dar conhecimento ao ministro da tutela, às entidades concessionárias ou licenciadas, aos operadores, aos demais prestadores de serviços registados, *bem como às associações de consumidores de interesse genérico ou específico na área das comunicações*, facultando-lhes o acesso aos textos respectivos e disponibilizando-os no seu website".

No que à entidade reguladora do sector energético diz respeito, a participação e representação dos consumidores são asseguradas pela estrutura organizativa da ERSE, através dos seus Conselhos Consultivo e Conselho Tarifário, dos quais fazem parte membros e representantes dos consumidores. O direito à participação dos consumidores reflecte-se, ainda, através das consultas públicas da ERSE, designadamente no âmbito dos procedimentos regulamentares.

---

[124] Os serviços públicos essenciais: a sua problemática no ordenamento jurídico português, p. 35.

Também o n.º 3 do art. 62.º do DL n.º 194/2009, de 20 de Agosto (regime jurídico dos serviços municipais de abastecimento público de água, de saneamento de águas residuais urbanas e de gestão de resíduos urbanos) estabelece que mediante um projecto de regulamento a ser realizado pela entidade gestora, esta deverá promover um período de consulta pública do mesmo, de duração não inferior a 30 dias úteis, disponibilizado ao público no sítio da Internet, assegurando o direito de participação. Temos, assim, como exemplo, um período de auscultação prévia que impõe como limite mínimo 30 dias ao invés dos 15 ditados pelo n.º 2 do preceito em análise. Este é, sem dúvida, um caso, em que o legislador teve em consideração as especificidades e complexidade do desenvolvimento desta actividade, concedendo assim um período mais alargado de audição pública. Concluímos que o prazo de 15 dias é um prazo mínimo legalmente imposto e deverá ser respeitado, sem prejuízo de outros mais favoráveis que concederão aos utentes ou seus representantes a possibilidade de ponderarem todas as possíveis consequências na esfera jurídica dos principais interessados.

Do mesmo modo, a Lei da Água estabelece que competirá ao Estado português promover a participação activa das pessoas singulares e colectivas na execução da lei, bem como assegurar a divulgação das informações sobre as águas ao público em geral e em especial aos utilizadores de recursos hídricos (art. 84.º da Lei n.º 58/2005, de 29 de Dezembro).

O direito de participação e a acção colectiva

O direito de participação, ou direito de audição prévia, que nos propusemos analisar, não se esgota apenas e só na submissão de estratégias ou actos políticos à consideração dos utentes/consumidores, mas também no direito de acção perante eventuais lesões desses mesmos direitos ou interesses legalmente protegidos. É neste contexto que surge a acção colectiva, donde se destacam várias formas processuais de defesa de direitos de específicos sectores da sociedade, como é o caso dos utentes dos serviços públicos essenciais.

Falar de acção colectiva é o mesmo que falar na acção popular regulada pela Lei n.º 83/95, de 31 de Agosto; na acção inibitória consagrada no DL n.º 446/85, de 25 de Outubro (regula as cláusulas contratuais gerais), que existe para evitar a inserção de cláusulas abusivas em contratos, tipicamente, massificados, *maxime*, de adesão; e na acção inibitória preceituada no art. 10.º da LDC, que visa ser instrumentalizada para prevenir, corrigir ou fazer cessar práticas lesivas dos direitos dos consumidores. Este meio processual é também regulado pelo DL n.º 25/2004, de 8 de Julho.

Certo é que entre todos estes meios processuais nem todos são verdadeira e oportunamente utilizados para a defesa dos consumidores, sendo o mais recorrente aquele que resulta da LDC – a acção inibitória[125]. De facto, a LDC consagra nos seus arts. 10.º e 11.º a acção inibitória como meio processual idóneo para a defesa dos consumidores, nomeadamente para "prevenir, corrigir ou fazer cessar práticas lesivas ao direito do consumidor". Ela veio, assim, "concretizar uma ampliação do modelo de acção inibitória criado pela aplicação do diploma relativo às cláusulas contratuais gerais", já anteriormente referido[126].

A legitimidade para intentar este tipo de acções é concedida aos consumidores directamente lesados, às associações de consumidores, ao Ministério Público e ainda à Direcção Geral do Consumidor (art. 13.º da LDC).

Este meio processual de participação activa dos cidadãos revela-se de tal forma relevante que a União Europeia entendeu ser necessária a uniformização da sua regulação, através da Directiva 2009/22/CE de 23 de Abril de 2009. A utilização destes meios processuais tem vindo, porém, a verificar-se bastante inócua na medida em que, para além de ausência de recursos financeiros, existe um forte desconhecimento por parte da população sobre a possibilidade de a eles recorrerem. De acordo com o preceituado no considerando 3º da Directiva, "os mecanismos vigentes a nível nacional e comunitário para assegurar o cumprimento das referidas directivas nem sempre permitem que se ponha termo atempadamente às infracções lesivas dos interesses colectivos dos consumidores", pelo que sentiu-se uma forte necessidade em regular de forma uniforme este meio de acesso à justiça, por parte do utente/consumidor, em prol da defesa dos seus direitos previstos nas directivas de protecção dos mesmos.

ARTIGO 3.º
PRINCÍPIO GERAL

O prestador do serviço deve proceder de boa-fé e em conformidade com os ditames que decorram da natureza pública do serviço, tendo igualmente em conta a importância dos interesses dos utentes que se pretende proteger.

---

[125] Cfr. FROTA, RODRIGUES DE FREITAS e MADEIRA, *Das Acções Colectivas em Portugal, no quadro do direito do consumo.*
[126] Vide REIS MAZZEI, Tutela Colectiva em Portugal, Uma breve resenha, Verbo Jurídico, 2005, p. 25, disponível *online in* http://www.verbojuridico.com/doutrina/civil/tutelacolectiva.html.

ANOTAÇÃO (Mariana Pinheiro Almeida)
O princípio da boa-fé no Direito Civil – maxime, no Direito do Consumo.

O art. 3.º da LSPE mantém a sua redacção original. O princípio da boa-fé[127] surge no Direito Civil como princípio basilar na celebração dos contratos, razão pela qual encontramos a sua consagração legal nas suas diferentes etapas[128].

O art. 227.º do CC é claro: "quem negoceia com outrem para a conclusão de um contrato deve, tanto nos preliminares, como na formação dele proceder segundo as regras da *boa-fé*, sob pena de responder pelos danos que culposamente causar à outra parte." Deste preceito resulta evidente a *culpa in contrahendo*, conferindo o direito do utente à protecção dos seus interesses, segundo os ditames da boa-fé, *maxime*, da protecção, da transparência e da lealdade, nos preliminares e formação dos contratos.

De acordo com este instituto, "apesar de ainda não haver contrato [...] existe já na fase das negociações, uma relação efectiva entre as partes, relação essa que tem efeitos jurídicos próprios e justifica que entre elas nasçam deveres de uma conduta honesta, leal e correcta. Trata-se de uma *relação obrigacional sem dever primário de prestação*"[129].

Também o art. 334.º do mesmo diploma preceitua que se afigurará "ilegítimo o exercício de um direito, quando o titular exceda, manifestamente, os limites impostos pela *boa-fé*, pelos bons costumes ou pelo fim social ou económico

---

[127] De acordo com FONTES DA COSTA, "adoptando a formulação de Karl Larenz, o princípio da boa fé significa que todos devem guardar fidelidade à palavra dada e não frustrar ou abusar daquela confiança que constitui a base imprescindível das relações humanas" – *o dever pré-contratual de informação*, in "Revista da Faculdade de Direito da Universidade do Porto", n.º IV, 2007, p. 372.

[128] No entender de PETRINI BELMONE, "o Código Civil português preconiza a utilização do princípio da boa-fé no seu sentido objectivo, ou seja como verdadeira regra de conduta. Segundo a lei portuguesa, o princípio da boa-fé deve regrar todas as três etapas do desenvolvimento da relação contratual *(iter negotii)*, quais sejam a sua formação (art. 227.º, n.º 1), a integração (art. 239.º) e, ainda, a execução – etapa onde se dá o exercício dos direitos e o cumprimento das obrigações contratuais – (art. 762.º, n.º 2) – A redução do negócio jurídico e a protecção dos consumidores – uma perspectiva luso-brasileira, "Boletim da Faculdade de Direito", *Studia Iuridica*, n.º 74, 2003, p. 77.

[129] FONTES DA COSTA, o *dever pré-contratual de informação*, p. 370.

desse direito"[130] [131]. No mesmo sentido, dita o art. 437.º do CC que "se as circunstâncias em que as partes fundaram a decisão de contratar tiverem sofrido uma alteração anormal, tem a parte lesada direito à resolução do contrato, ou à modificação dele segundo juízos de equidade, desde que a exigência das obrigações por ela assumidas afecte gravemente os princípios da *boa-fé* e não esteja coberta pelos riscos próprios do contrato". A título de exemplo, entendemos que num contrato de prestação de serviços de comunicações electrónicas a um período de fidelização de 12 meses celebrado com uma determinada entidade que posteriormente é incorporada por outra, mediante fusão, criando um novo contrato ou um novo período de fidelização mais oneroso para o consumidor, configurará uma alteração das circunstâncias, concederá ao consumidor a possibilidade de resolver o contrato.

Finalmente e naquilo que à celebração e vigência do contrato diz respeito, o art. 762.º do CC preceitua que "no cumprimento da obrigação e no exercício do direito correspondentes, devem as partes proceder de boa-fé".

Perante esta sistematização relativa ao dever de boa-fé, que deverá estar presente em toda a vida do contrato, tenderíamos a defender a teoria dos deveres unitários de protecção de CANARIS mediante a qual "desde o início das nego-

---

[130] Concepção objectiva, na medida em que não será necessária a consciência de ultrapassagem dos limites da boa-fé mas apenas, a mera excedência desses limites, desde logo, ilegítima o direito a ser exercido – cfr. PIRES DE LIMA e ANTUNES VARELA, Código Civil Anotado, Volume I (arts. 1.º a 761.º), Coimbra, Coimbra Editora, 1987, pp. 298 e ss.

[131] O problema do instituto do abuso de direito é frequentemente colocado na compra e venda de bens de consumo com defeito, dentro do prazo de garantia. De facto, perante a desconformidade de um determinado produto será o vendedor obrigado a repor essa conformidade pela reparação, substituição, redução do preço ou ainda devolvendo o montante pago ao consumidor, quando este lança mão do direito de resolução contratual que lhe assiste (cfr. arts. 4.º, 5.º e 6.º do DL n.º 67/2003, de 8 de Abril). Entendemos que caso o consumidor queira exercer o direito de resolução contratual, preterindo todos os outros que a lei lhe concede, poderá estar a exceder os limites impostos pelo fim social do contrato e, possivelmente, da boa-fé. No mesmo sentido, vide a sentença de Julgados de Paz de Coimbra de 24 de Fevereiro de 2010 (processo 246/2009-JP): "de acordo com o instituto do abuso do direito, é ilegítimo o exercício de um direito, quando o titular exceda manifestamente os limites impostos pela boa fé, pelos bons costumes ou pelo fim social ou económico desse direito (art. 334.º do CC). Com efeito, o consumidor tem o poder-dever de seguir primeiramente e preferencialmente a via da reposição da conformidade devida (pela reparação ou substituição da coisa) sempre que possível e proporcionada, em nome da conservação do negócio jurídico, tão importante numa economia de contratação em cadeia, e só subsidiariamente o caminho da redução do preço ou resolução do contrato. Por outro lado, mas no mesmo sentido, o exercício dos direitos conferidos ao comprador deve obedecer a uma lógica de adequação e proporcionalidade entre a natureza e gravidade do defeito e o modo de efectivação da obrigação do vendedor."

ciações preliminares, constituir-se-ía, entre os intervenientes, um dever específico de protecção, derivado de uma situação de confiança suscitada e fundado, positivamente, na boa-fé: esse dever subsistiria com essa mesma natureza legal, durante a vigência do contrato (...)"[132].

Contudo, entendemos que este dever de protecção surge como corolário do princípio da boa-fé, que, no fundo lhe é implícito, tal como muitos outros (informação, aconselhamento, diligência). Concordamos, com SOUSA RIBEIRO, que o princípio da boa-fé postula uma norma valorativa a que o intérprete estará vinculado a preencher de acordo com as exigências de condutas correctas, honestas e leais, principalmente em contratos que pressupõem partes colocadas em posições desniveladas[133].

Em certo termo, a análise do art. 282.º do CC já nos remetia para situações de desequilíbrio negocial, não sendo, contudo, suficiente para acautelar os direitos do utente/consumidor perante os deveres de protecção, cuidado, transparência e diligência impostos às condutas das empresas na celebração de contratos assentes naqueles pressupostos. De facto, considerar usurário e por isso anulável o negócio celebrado por alguém que se aproveita da inexperiência ou situação de necessidade para daí obter benefícios excessivos (art. 282.º do CC) é, sem dúvida, o embrião da protecção de uma relação de consumo economicamente assimétrica. Porém, concomitantemente, há que prevenir e salvaguardar determinados comportamentos a observar naquela relação jurídica, como os deveres de protecção, de transparência, de informação e de esclarecimento ao longo do processo contratual.

O Direito do Consumo, na sua interpretação mais lata, que abrangerá também o Direito que regula os serviços públicos essenciais, consagra o princípio da boa-fé em muitos diplomas. Contudo encontra a sua consagração por excelência na LDC, designadamente no art. 9.º, quando preceitua: "o consumidor tem direito à protecção dos seus interesses económicos impondo-se nas relações jurídicas de consumo [...] a lealdade e a boa-fé, nos preliminares, na formação e ainda na vigência dos contratos". Daqui entendemos que o legislador quis proteger o consumidor das expectativas que lhe são criadas face a uma tomada de decisão que afectará a sua esfera patrimonial, consagrando num só preceito as conclusões retiradas dos arts. 227.º e 762.º do CC. Claramente estará em causa o surgimento

---

[132] *Apud* ROCHA e MENEZES CORDEIRO, Da boa-fé no Direito Civil, Coimbra, Almedina, 2007, pp. 635 *ss.*
[133] *O controlo do conteúdo dos contratos: Uma nova dimensão da boa-fé*, in III Congresso Nacional de Direito Civil, organizado pela Associação dos Magistrados do Paraná, 2005, pp. 5 e ss.

de relações onde a criação de expectativas e a partilha de informação estão bem patentes, pelo que será necessário acautelar a confiança que nelas é depositada, mediante a aplicação deste princípio.

De facto, tal obrigação numa relação jurídica de consumo prende-se com a massificação do comércio jurídico, mediante a qual os consumidores/utentes deixaram de ter a oportunidade de negociar os contratos, restando-lhes apenas a possibilidade de aderir ou não ao contrato que lhes é apresentado. Em termos práticos, ao contraente que não participa na elaboração do conteúdo contratual estará vedada a possibilidade de o alterar, sendo esta uma efectiva limitação à liberdade contratual, acautelada também pelo Regime das Cláusulas Contratuais Gerais (DL n.º 446/85, de 25 de Outubro). À luz deste diploma, todas as informações que não forem transmitidas ou comunicadas à contraparte consideram-se como não escritas, o mesmo será dizer que se considerarão excluídas do contrato, não podendo sequer ser alvo de apreciação de nulidade ou anulabilidade do seu conteúdo (arts. 4.º, 5.º, 6.º e 8.º). Mais preceitua o referido diploma que serão proibidas e neste caso, nulas, todas as cláusulas contrárias à boa-fé (art. 15.º).

Este regime prevê que o juiz deverá ter em atenção o *quadro negocial padronizado* para apreciar a violação do princípio da boa-fé na inclusão de certas cláusulas, mas isto só relativamente às cláusulas contratuais gerais *relativamente* proibidas, elencadas nos arts. 19.º e 20.º daquele diploma – que também se aplicarão às relações com consumidores finais. Este quadro negocial padronizado abrirá mais uma porta para a atendibilidade por parte do juiz à intencionalidade material subjacente à celebração dos contratos e permitirá analisar se aquele princípio valorativo estará ou não a ser violado[134] [135].

No que se refere à boa-fé a ser observada na vigência dos contratos, poderemos ponderar situações em que, a título de exemplo, existirá um dever de informação perante a actualização dos tarifários correspondentes aos serviços prestados, ou então o não levantamento de obstáculos ao exercício dos direitos de reparação,

---

[134] SOUSA RIBEIRO, *O controlo do conteúdo dos contratos: Uma nova dimensão da boa-fé*, p. 6: "compete, pois, à doutrina e à jurisprudência, em mediação concretizadora, extrair do princípio padrões de comportamentos operativos, ajustados aos diversificados contextos situacionais a que ele se aplica".

[135] FONTES DA COSTA (*O dever pré-contratual de informação*, p. 379) define o princípio da materialidade subjacente como "aquele que estabelece a obrigação de avaliar a conduta das partes nas relações pré-contratuais em termos materiais, ou seja, de acordo com as consequências que efectivamente acarretam e não em função da mera forma [...] proibindo-se nomeadamente a actuação gratuitamente danosa para terceiro e a actuação propiciadora de situações de grande desequilíbrio contratual".

substituição, redução do preço ou resolução de um contrato, face à venda de um produto defeituoso, alegando a má utilização do produto por parte do consumidor, que, inerte, em sede extrajudicial, não irá contrapor a prova pericial, tendencialmente parcial, produzida pela contraparte, nos termos que lhe é exigida (art. 799.º do CC).

Em suma, "não é possível em termos abstractos determinar áreas imunes à boa-fé, ela é susceptível de cobrir toda a zona da permissibilidade, actuando ou não consoante as circunstâncias"[136].

O princípio da boa-fé e a natureza pública do serviço

Antes de nos debruçarmos sobre o papel do princípio da boa-fé nos serviços públicos essenciais, cumprirá sempre cuidar de que "serviço público" estamos a tratar.

Serviço público essencial, conceito tratado pelo próprio diploma, transmite só e apenas uma noção de serviços de natureza universal, cujo cidadão, utente, consumidor, nunca poderá prescindir e não necessariamente um serviço que seja prestado pelo Estado ou por uma empresa pública a ele pertencente, pelo que há autores que por essa mesma razão preferem denominá-los serviços de interesse geral. São assim serviços que se regem, essencialmente, por um princípio da universalidade que garante a sua disponibilização a todos os utentes no território nacional.

De acordo com o Livro Verde sobre Serviços de Interesse Geral, "o princípio da *universalidade* estabelece o direito de cada cidadão aceder a certos serviços considerados essenciais e impõe às indústrias obrigações no sentido de garantirem a oferta de um dado serviço em determinadas condições, designadamente no que se refere à cobertura geográfica integral. Num contexto de mercado liberalizado, uma obrigação de serviço universal garante que cada indivíduo tem acesso ao serviço a um preço razoável e que a qualidade do mesmo é mantida e, quando necessário, melhorada"[137].

Ora, o princípio da boa-fé enquadra-se neste contexto exactamente quando relacionado com os princípios que subjazem aos serviços de interesse público. Na veste de regra de conduta em sentido objectivo, o princípio da boa-fé surge aqui como o comportamento a ser tido pelas prestadoras dos serviços aquando e durante a celebração de contratos que tenham por fim assegurar o bem-estar social dos consumidores e utentes que com elas negoceiam.

---

[136] ROCHA e MENEZES CORDEIRO, Da Boa-fé no Direito Civil, p. 649.
[137] COM (2003) 270 final, Bruxelas, 21 de Maio de 2003, p. 16.

Na esteira de MENEZES CORDEIRO, em análise da boa-fé como regra de conduta, ela "reduz a margem de discricionariedade da actuação privada, em função de objectivos externos [...] e exige numa atitude metodológica particular perante a realidade jurídica, a concretização material dos escopos visados"[138]. Assim, o princípio da boa-fé assume-se como princípio genérico que necessitará de ser concretizado de acordo com as circunstâncias concretas.

Ora, na presente análise cuida-se de serviços públicos essenciais que, por si só, visam interesses muitos específicos por parte dos utentes que, de acordo com o princípio da boa-fé, deverão ser acautelados. Em nosso entender, decorre do princípio da boa-fé a prossecução dos interesses públicos, *maxime*, deveres públicos, a saber: universalidade, igualdade, continuidade, adaptabilidade, qualidade e segurança e transparência. O mesmo será dizer que na sua actuação com os consumidores finais, as entidades prestadoras do serviço deverão ter em consideração todos os princípios inerentes ao serviço público e concretizarão a sua actuação e cumprimento dos mesmos com base no princípio da boa-fé.

Uma vez feito o apontamento ao princípio da universalidade, cumprirá agora cuidarmos dos outros princípios que com ele actuam na esfera dos serviços públicos. Assim, quanto ao *princípio da igualdade* será importante apenas sublinhar o facto de que todos os utentes deverão ter acesso aos serviços de igual forma ou, pelo menos, em condições de igualdade, sem que lhes seja negado por qualquer forma discriminatória.

No que ao *princípio da continuidade* diz respeito, entende a Comissão que certos serviços deverão garantir a sua prestação sem interrupção, ainda que no plano nacional este princípio deva ser complementado com o direito à greve e o respeito pelo Estado de Direito[139]. A título de exemplo, o princípio da continuidade encontra expressão no n.º 1 do art. 3.º da Directiva 97/67/CE, de 15 de Dezembro, que obriga os Estados-Membros a garantir uma *oferta permanente de serviços postais*. Também o n.º 2 do art. 3.º Directiva 2003/54/CE, de 26 de Junho, refere que os "Estados-Membros podem impor às empresas do sector da electricidade, no interesse económico geral, obrigações de serviço público em matéria de segurança, incluindo a segurança do fornecimento, *de regularidade*, qualidade e preço dos fornecimentos, assim como de protecção do ambiente, incluindo a eficiência energética e a protecção do clima. Essas obrigações devem ser claramente definidas, transparentes, não discriminatórias, verificáveis e garantir a igualdade de

---

[138] ROCHA e MENEZES CORDEIRO, Da Boa-fé no Direito Civil, p. 649.
[139] Cfr. Livro Verde sobre Serviços de Interesse Geral, p. 17.

acesso das empresas do sector da energia eléctrica da União Europeia aos consumidores nacionais".

O *princípio da adaptabilidade*, como o próprio nome indica, exige que estes serviços públicos essenciais se adaptem ao progresso técnico e tecnológico bem como a possíveis alterações sócio-económicas, tendo em consideração as necessidades específicas dos consumidores nestes sectores. Nesta sede, a Comissão também se pronunciou quanto à acessibilidade dos preços. De acordo com este conceito de adaptabilidade estará associada a exigência de um serviço de interesse económico geral que seja oferecido a um preço acessível para que todos possam dele beneficiar, criando mecanismos de isenções ou taxas sociais para camadas de utentes mais marginalizados ou em situações economicamente mais desfavorecidas[140].

Um exemplo do princípio da adaptabilidade é a criação da tarifa social de energia mediante a publicação do DL n.º 138-A/2010, de 28 de Dezembro (para os consumidores de energia eléctrica) e do DL n.º 101/2011 de 30 de Setembro (para os consumidores de gás natural). De acordo com estes diplomas, a tarifa social de energia será aplicada a consumidores/utentes que se encontrem numa situação economicamente vulnerável, devidamente comprovada pelos critérios estabelecidos pela Segurança Social[141] e consistirá num desconto directamente efectuado na tarifa de acesso às redes em baixa tensão normal, que deverá estar visível na facturação[142].

Naquilo que ao *princípio da qualidade de serviço e segurança* diz respeito, ainda que nos referiremos a ele posteriormente, cumpre traçar apenas as suas directrizes principais. Não bastará, de facto, que os utentes tenham acesso a um serviço de forma contínua e universal, mas o mesmo deverá estar em conformidade com as exigências que do serviço derivam e com as expectativas criadas pelo utente

---

[140] Livro Verde sobre Serviços de Interesse Geral, p. 18.
[141] Poderão assim ser requerentes desta taxa os detentores do complemento solidário para idosos, do rendimento social de inserção, do subsídio social de desemprego, do primeiro escalão do abono de família e da pensão social de invalidez mas que complementarmente sejam detentores de um contrato de fornecimento de energia eléctrica para uso doméstico, em habitação permanente e as suas instalações serem alimentadas em Baixa Tensão com potência contratada inferior ou igual a 4.6 kVa.
[142] A este respeito cumpre dedicar algumas palavras ao novo apoio social extraordinário criado para o consumidor de energia. Regulado pelo DL n.º 102/2011, de 30 de Setembro, o ASECE (Apoio Social Extraordinário de Consumidores de Energia) é calculado mediante a aplicação de um desconto em percentagem nas facturas de electricidade e de gás natural dos clientes finais elegíveis. Serão considerados clientes elegíveis os consumidores de energia eléctrica e gás natural economicamente vulneráveis, previstos taxativamente no DL n.º 138-A/2010, de 28 de Dezembro, e no DL n.º 101/2011, de 30 de Setembro.

aquando da sua contratação. Assim, este princípio sublinha a relevância dos serviços se adequarem às necessidades dos utentes conforme a utilização que deles irá ser realizada.

Finalmente, o *princípio da transparência* exige às prestadoras o dever de assegurar a informação de todos os procedimentos subjacentes à prestação do serviço em concreto, desde a fixação dos preços, possíveis alterações, formas de fornecimento, regulação, entre outros. A transparência é extremamente importante no procedimento de fixação de tarifas e preços.

Não restam por isso dúvidas que a boa-fé aqui pretendida pelo legislador protagoniza o seu alcance objectivo, enquanto regra de conduta, a ser tida em consideração pelas partes na celebração dos contratos. De facto, a boa-fé "enquanto objectivamente considerada configura uma cláusula geral dos contratos com a inerente elasticidade de que são dotados tais esquemas"[143] contratuais, consiste, por isso "num princípio norteador da conduta das partes, segundo critérios gerais de orientação [...] exigindo aos contratantes comportamentos correctos, honestos e leais em ordem à prossecução plena do fim contratual"[144]. Desta forma, impõe-se às partes uma postura de colaboração activa com vista à não frustração de expectativas, proporcionando, assim, a plena consciência do objecto das negociações.

Contudo, não será de todo conveniente negligenciar a possibilidade de incluir também nas relações de consumo um comportamento pautado pela boa-fé subjectiva, revendo-se a mesma na intenção dos contraentes. SHMIDT DA SILVA preconiza que a "boa-fé pode ser abordada em diferentes aspectos da vida social. Sob o aspecto psicológico, boa-fé é o estado de espírito de quem acredita estar a agir de acordo com as normas de conduta. Sob o ponto de vista ético, boa-fé significa lealdade, franqueza, honestidade, conformidade entre o que se pensa, o que se diz e o que se faz"[145]. De tal forma que "a indemnização devida pela parte que viola o princípio da boa-fé na fase preliminar da preparação ou conclusão do contrato, depende obviamente da natureza do dever acessório de conduta infringido"[146]. Tanto o art. 227.º do CC como o art. 15.º do Regime das Cláusulas Contratuais Gerais assim o referem, quando estão em causa valores e direitos como o da lealdade e o da informação.

---

[143] PETRINI BELMONE, A redução do negócio jurídico e a protecção dos consumidores – uma perspectiva luso-brasileira, p. 75.
[144] *Idem.*
[145] *Cláusula geral da boa-fé nos contratos de consumo*, in "Revista da Associação dos Juízes de Rio Grande do Sul – Ajuris", vol. 41, 1996, p. 142.
[146] ANTUNES VARELA, *Das Obrigações em Geral*, vol. I, Coimbra, Almedina, 2000, p. 271.

Em suma, podemos afirmar que numa relação contratual em que esteja em causa a prestação de um serviço público essencial, o princípio da boa-fé terá, necessariamente, de estar presente enquanto princípio básico das negociações. No entanto, como estamos perante contratos com determinadas especificidades, ele será complementado pelos deveres/princípios que desta relação fazem parte – da universalidade, continuidade, adaptabilidade, qualidade e segurança e transparência, a par dos deveres de informação, protecção, aconselhamento e diligência que decorrem intrinsecamente do princípio da boa-fé.

ARTIGO 4.º
DEVER DE INFORMAÇÃO

1 – O prestador do serviço deve informar, de forma clara e conveniente, a outra parte das condições em que o serviço é fornecido e prestar-lhe todos os esclarecimentos que se justifiquem, de acordo com as circunstâncias.

2 – O prestador do serviço informa directamente, de forma atempada e eficaz, os utentes sobre as tarifas aplicáveis pelos serviços prestados, disponibilizando-lhes informação clara e completa sobre essas tarifas.

3 – Os prestadores de serviços de comunicações electrónicas informam regularmente, de forma atempada e eficaz, os utentes sobre as tarifas aplicáveis aos serviços prestados, designadamente as respeitantes às redes fixa e móvel, ao acesso à Internet e à televisão por cabo.

ANOTAÇÃO (Mariana Pinheiro Almeida)

O normativo em análise sofreu uma alteração sistemática relativamente ao consagrado na Lei n.º 23/96.

Com a introdução da Lei n.º 12/2008, de 26 de Fevereiro, o legislador autonomizou o dever de informação sobre as tarifas e preços prestados que parecia apenas ser exigido às operadoras de serviços de telecomunicações. De acordo com a Lei alterada, o preceito era constituído apenas por dois artigos contendo a seguinte redacção:

1 – O prestador do serviço deve informar convenientemente a outra parte das condições em que o serviço é fornecido e prestar-lhe todos os esclarecimentos que se justifiquem, de acordo com as circunstâncias.

2 – Os operadores de serviços de telecomunicações informarão regularmente, de forma atempada e eficaz, os utentes sobre as tarifas aplicáveis aos serviços prestados, designadamente as respeitantes à comunicação entre a rede fixa e a rede móvel.

Bem andou o legislador na alteração efectuada. De facto, fácil seria entender que o dever de informação já decorre do princípio da boa-fé, como tivemos anteriormente oportunidade de referir, contudo julgamos que uma vez regulados serviços dotados de tal complexidade, sempre será relevante o destaque para a informação dos preços e tarifas praticados, não fossem eles, frequentemente, senão sempre, critérios para eventuais opções de compra e aquisição de bens e serviços.

Sublinhamos também a nova alusão aos serviços de Internet e televisão por cabo, enquanto serviços incluídos nas "comunicações electrónicas". Na verdade, o legislador teve em consideração as novas tecnologias associadas aos serviços de telecomunicações, dos quais os utentes dependem, atento à crescente evolução e tentativa de adaptação às denominadas Tecnologias de Informação e Comunicação.

Não raras as vezes são os consumidores deparados com contratos de adesão a serviços de comunicações electrónicas associados a serviço de internet e televisão, os comummente designados "packs". Eles surgem como autênticos contratos coligados mediante os quais o incumprimento por parte do utente do pagamento de um destes serviços concederá o direito à operadora de suspender todos os outros, de forma integral, se assim estiver estipulado. Desta forma, e ao consagrar uma regulação autónoma destes serviços o legislador alertou para a relevância da sua regulação na actual sociedade de consumo.

N.º 1

Dever de informação (geral) e princípio da liberdade contratual

O direito de informação dos consumidores/utentes é um direito constitucionalmente consagrado no art. 60.º da CRP. Este normativo não deixa de consagrar a protecção constitucional aos consumidores, estabelecendo regras que definem o papel do Estado no âmbito das políticas de carácter económico, social e cultural.

Ele decorre também da LDC quando consagra no art. 8.º: "o fornecedor de bens ou prestador de serviços deve, *tanto nas negociações como na celebração de um contrato, informar de forma clara, objectiva e adequada o consumidor*, nomeadamente, sobre características, composição e preço do bem ou serviço, bem como sobre o período de vigência do contrato, garantias, prazos de entrega e assistência após o negócio jurídico".

Sublinhe-se que este direito de informação encontra-se previsto em todos os ordenamentos jurídicos sendo, contudo, em alguns deles, mais específico relativamente ao momento em que deverá ser exercido, o que se afigurará mais protector naquilo que à defesa do consumidor diz respeito[147]. De facto, do preceito em análise não decorre, de forma expressa, um dever de informação pré-contratual. Contudo, e face ao princípio da boa-fé que lhe precede, entendemos que o legislador consagra este preceito com vista a proteger o consumidor/utente também na fase preliminar da celebração do contrato. O dever de informação surge a partir do momento em que o utente demonstra a intenção e interesse em contratar os serviços de determinado prestador. Esta informação reforça, por isso, e em nosso entender, não só um dever de informação contratual mas também um dever de informação pré-contratual, mediante o qual deverá ser transmitido ao futuro adquirente do serviço todas as vicissitudes do contrato a celebrar. Cremos, pois, que os serviços contratualizados têm por base uma linguagem efectivamente técnica e complexa, nada obsta à consagração de um dever de informação prévio que impenderá sobre estas operadoras de serviços numa fase pré-negocial.

Um olhar atento sobre a LSPE denota uma clara intenção do legislador em capacitar o utente das condições necessárias para, livre e conscientemente, exercer o direito de celebrar o contrato, ao abrigo do princípio da liberdade contratual, quando consagra a exigência de um maior detalhe de informação a prestar aos consumidores, "atentas as circunstâncias" do caso em concreto. O art. 6.º do DL n.º 446/85, de 25 de Outubro (cláusulas contratuais gerais elaboradas sem prévia negociação) reforça este dever de informação cuja extensão dependerá "das circunstâncias" com vista a tornar acessível ao público aderente a compreensão do seu conteúdo.

Parece-nos claro que o legislador, atento às "circunstâncias", considerou situações como as de estarmos perante contratos assentes numa *ligação corrente de negócios*[148], ou do destinatário se tratar de uma empresa ou de um consumi-

---

[147] A título de exemplo, no ordenamento jurídico francês o dever de informação é aperfeiçoado no art. L.111-1 do *Code de La Consommation*: "tout professionnel vendeur de biens ou prestataire de services doit, avant la conclusion du contrat, mettre le consommateur en mesure de connaître les caractéristiques essentielles du bien ou du service".

[148] SINDE MONTEIRO, Responsabilidade por Conselhos, Recomendações ou Informações, Coimbra, Almedina, 1989, p. 517: "se entre as partes se estabelece um comércio jurídico permanente, caracterizado pela disponibilidade para a celebração futura de novos negócios, parece razoável admitir que nasce ex lege, uma relação obrigacional especial, não originando deveres de prestação mas gerando deveres de lealdade e de protecção, de onde resulta que, se são dados conselhos, recomendações ou informações em relação com essa ligação negocial, deve ser observado o cuidado exigível no tráfico".

dor[149]. Partilhamos, por isso, a posição de MOREIRA DA SILVA quando afirma que "a ordem jurídica não pretende uma igualdade negocial absoluta como regra mas o desequilíbrio deve ser esclarecido e livremente aceite por quem o sofra"[150].

Estamos conscientes de que, face ao surgimento de amplos domínios e áreas industriais da sociedade moderna, eles só poderão existir e organizar-se juridicamente se a sua actividade massificada for exercida através de contratos da mesma natureza, celebrados com um público indeterminado. No entanto, a "liberdade contratual" subjacente à celebração dos contratos (nos termos do arts. 405.º e seguintes do CC) e compreendida no seu sentido mais literal e estrito, deverá ter na sua base contraentes munidos das mesmas "armas" de conhecimento no que toca ao contrato a celebrar, ainda que impulsionados por um princípio de autonomia privada. Não olvidemos que estamos perante relações de consumo caracterizadas por partes que se encontram numa situação de assimetria informacional e tendencialmente económica, pelo que o dever de informação torna-se essencial à declaração consciente da subscrição do contrato. Fácil será compreender que perante situações que pressuponham uma relação de consumo, as partes se situarão em planos e escalas contrárias, guiadas por factores endógenos distintos, o que conduzirá a um verdadeiro desnivelamento na interpretação do negócio.

Uma análise atenta à realidade fáctica corrobora a seguinte afirmação: se, por um lado estamos perante uma parte que visa obter o lucro, de forma objectiva, no exercício da sua actividade comercial, orientada por princípios eminentemente racionais, por outro, há que considerar a parte que recorre a estes serviços dos quais o seu quotidiano depende, eventualmente, guiada por fortes componentes emocionais (como é o caso das comunicações electrónicas). Concordamos com ALMENO DE SÁ quando afirma que surgirá um concreto "dever de informar quando a intencionalidade material subjacente exija de uma das partes determinado esclarecimento ou comunicação"[151]. O mesmo será dizer que, perante a contextualização material em que a situação em concreto assenta –

---

[149] PINTO MONTEIRO, *Contratos de Adesão e Cláusulas Contratuais Gerais, in* "EDC", n.º 3, 2001, p. 140: "é claro que o conteúdo deste dever de informação, bem como os termos por que deve ser feita a comunicação prévia das cláusulas contratuais gerais dependem das circunstâncias, sendo de considerar, designadamente, o facto de existirem já anteriores relações contratuais ou de o aderente ser uma empresa ou um simples consumidor final".

[150] Da responsabilidade Pré-Contratual pela violação dos Deveres de Informação, Coimbra, Almedina, 2006, pp. 119 *ss*.

[151] Direito Bancário, Coimbra, Coimbra Editora, 2008, p. 73.

assimetria informacional e económica das partes – surgirá um concreto dever de informação.

Regulação sectorial do dever de informação

Os serviços públicos essenciais têm por base contratos de difícil leitura, nomeadamente, contratos de fornecimento de energia eléctrica, gás natural e canalizado, água (e saneamento), comunicações electrónicas, serviços postais, recolha e tratamento de águas residuais e gestão de resíduos sólidos, que exigem a adesão a cláusulas contratuais com linguagem muita técnica e específica, pelo que o dever de informação imposto aos prestadores dos serviços permitirá ao utente compreender o modo de funcionamento destes serviços.

Assim o confirma a autora VIEIRA MARTINS, quando afirma que as "assimetrias de informação consubstanciam uma verdadeira falha de mercado"[152]. Citando ARMSTRONG, a Autora enfatiza que a "informação diz-se assimétrica porque a percepção que consumidores e produtores têm sobre as características do bem e/ou serviço é diferente. Este tipo de situação acontece quando, por exemplo, as empresas fornecem produtos e/ou serviços relativamente aos quais existem características que os consumidores desconhecem, antes da compra, ou até depois do consumo," demonstrando a evidente necessidade de regulação sectorial daquela informação, com vista a atenuar este desequilíbrio[153].

Sublinhamos que para cada um dos serviços elencados na LSPE existe uma regulação sectorial deste dever de informação e que deverá ser aplicada, de acordo com o seu art. 14.º. Este ressalva todas as disposições legais que, em concreto, se mostrem mais favoráveis ao utente.

Assim, o art. 49.º da Lei das Finanças Locais (Lei n.º 2/2007) exige que os municípios publiquem, quer em papel, quer em local visível da sede, quer *online*, um conjunto de informação que vá ao encontro de uma maior transparência de informação aos cidadãos.

Também o DL n.º 194/2009, de 20 de Agosto, que regula as actividades de abastecimento público de água, saneamento e gestão de resíduos urbanos, impõe às entidades gestoras do serviço o *dever geral de informar os utentes, de forma clara e conveniente*, sobre as condições do serviço, exigindo um especial dever de informação naquilo que aos tarifários diz respeito (n.º 1 do art. 61.º). Neste seguimento, as

---

[152] VIEIRA MARTINS, Regulação Económica no Sector das Águas, Promoção da Concorrência e Sustentabilidade Tarifária, Coimbra, 2007, p. 69.
[153] *Idem*.

entidades prestadoras do serviço devem dispor de um serviço de Internet, actualizado onde seja disponibilizada a informação sobre:
a) A identificação da entidade gestora, suas atribuições e âmbito de actuação
b) Estatutos e contrato relativo à gestão do sistema e suas alterações
c) Relatório e contas
d) Regulamentos do serviço
e) Tarifários
f) Condições contratuais relativas à prestação dos serviços aos utilizadores
g) Resultados de qualidade da água
h) Interrupções de serviço
i) Contactos e horários de atendimento.

As operadoras prestadoras do serviço de energia eléctrica e gás natural também estão sujeitas a este dever de informação, de forma regulada e especificada, tal como o exigem o Regulamento de Relações Comerciais do Sector Eléctrico e o Regulamento de Relações Comerciais do Gás Natural. Os arts. 172.º do Regulamento de Relações Comerciais do Sector Eléctrico e 193.º do Regulamento de Relações Comerciais do Gás Natural elencam todas as essenciais e necessárias informações que deverão constar do contrato celebrado entre os comercializadores e os clientes, designadamente as relativas:
a) À identidade e ao endereço do comercializador
b) Aos serviços fornecidos, níveis de qualidade desses serviços e ainda à data do início do fornecimento
c) Aos serviços de manutenção
d) À possibilidade de registo como cliente com necessidades especiais
e) Aos meios através dos quais poderá ser obtida informação actualizada sobre as tarifas, preços e outros eventuais encargos
f) À duração, condições de renovação e termo do contrato.
g) Aos indicadores e padrões de qualidade de serviço aplicáveis
h) Aos prazos máximos de resposta e pedidos de informação e reclamações de serviços associados.
i) Aos meios a utilizar para resolução de eventuais conflitos.

A Lei n.º 102/99, de 26 de Julho, que estabelece as bases gerais a que obedece o estabelecimento, gestão e exploração de serviços postais no território nacional, bem como os serviços internacionais com origem ou destino no território nacional consagra, no art. 8.º, que o mencionado serviço, enquanto serviço universal, deverá assegurar a informação ao público relativa às condições e preços dos serviços[154].

Resulta, por isso, clara a preocupação em regular de forma sectorial o dever de informação a ser observado por parte das entidades que prestam estes serviços universais.

N.º 2

Dever de informação sobre as tarifas e preços

Esta obrigação vem como que reforçar o dever das entidades prestadoras de serviços de informar os "utentes" de forma "atempada e eficaz" sobre uma matéria de extrema importância para o seu património – as tarifas e preços dos serviços prestados.

Em nosso entender, o legislador quis salvaguardar o direito dos utentes dos serviços relativamente a facturação excessiva, evitando os "efeitos surpresa" que as mesmas poderiam criar ou causar no património daqueles. Consideramos que este normativo visa também proteger um interesse legalmente protegido, designadamente, o direito à protecção económica do consumidor consagrado no art. 9.º da LDC.

De acordo com o preceito em análise deverão as operadoras económicas, de forma "atempada" e "eficaz", informar os utentes sobre as tarifas. O mesmo será dizer que o período de antecedência da prestação de informação ao utente deverá ser razoável, tendo em conta o momento da celebração do contrato. Julgamos que o legislador, aqui, não quis apenas salvaguardar um direito a uma informação pré-contratual mas, antes, um dever que esteja presente em todo o período contratual, face às possíveis actualizações a que aquelas taxas e tarifas poderão estar sujeitas.

Nunca será demais sublinhar que a este direito à informação sobre tarifas e preços estará também associada uma certa iliteracia técnica por parte dos consumi-

---

[154] Cumprirá sublinhar que apenas se enquadram como serviços postais universais – serviços que devem ser contratados a quem o solicitar – aqueles que abrangem os envios dentro do país e os envios internacionais com origem de Portugal, de envios de correspondência, livros, catálogos, jornais e outras publicações periódicas até 2kg de peso, encomendas postais até 20kg de peso, envios registado até 2 kg e envios com valor declarado até 2kg de peso (excluem-se, por isso, todos os serviços postais acima daquele peso correio expresso, exploração de centros de troca de documentos, apartados, reexpedição de correspondência e retenção de correspondência).

dores. Como ensina VIEIRA MARTINS a respeito do serviço público de águas, "um outro tipo de assimetria de informação entre fornecedores dos serviços de águas e os consumidores resulta do formato das facturas, por vezes de difícil leitura e interpretação, o que restringe a utilidade da informação que o consumidor dispõe. Neste último caso, pode mesmo verificar-se o paradoxo de, pelo facto de constar das facturas informação sobre variados itens, o consumidor não conseguir, por exemplo, expurgar o efeito dos seus consumos nos valores a suportar a título de factura de serviços de águas"[155].

Cumprirá, por isso, sublinhar que para cada serviço considerado essencial à luz deste diploma, existirá uma regulação especial naquilo que aos preços e tarifas concerne, e que em alguns casos poderá vir a mostrar-se mais protectora para os utilizadores[156]. Neste seguimento, a Autoridade Nacional das Comunicações Electrónicas deliberou, em sede de conteúdo contratual dos serviços de comunicações electrónicas, que aquele deverá, de forma detalhada, estabelecer os preços e meios de obtenção de informação actualizada sobre todos os preços aplicáveis e os encargos de manutenção[157].

Também a Entidade Reguladora do Sector Energético publicou, em Agosto de 2008, um Regulamento do Tarifário do Sector Eléctrico e, em Fevereiro de 2010, o Regulamento do Tarifário do Gás Natural, que visam estabelecer as disposições aplicáveis: aos critérios e métodos para a formulação de tarifas e preços dos dois serviços a aplicar pelas entidades por ele abrangidas, à definição das tarifas reguladas e respectiva estrutura, ao seu processo de cálculo e determinação, aos procedimentos a adoptar para a sua fixação, alteração e publicitação, bem como às

---

[155] Regulação Económica no Sector das Águas, Promoção da Concorrência e Sustentabilidade Tarifária, p. 98.

[156] Sem, contudo, esquecer que cada sector terá também uma regulação especial para a fixação das tarifas a aplicar aos serviços que prestam.

[157] Deliberação de 11 de Dezembro de 2008 sobre Linhas de Orientação sobre o conteúdo mínimo a incluir nos contratos para a prestação de serviços de comunicações electrónicas. De acordo com esta deliberação, "o contrato deve conter as seguintes informações relativamente ao preço: tipo e níveis de preços aplicáveis à prestação do serviço objecto do contrato; modalidades de pagamento dos serviços ou informação de que estas modalidades são indicadas nas facturas; custo da instalação ou re-instalação dos serviços em causa, se aplicável; consumo mínimo mensal ou outro, se aplicável; custos de manutenção, quando aplicável; custos de aluguer de equipamento, quando aplicável; condições de atribuição de descontos e crédito, quando aplicáveis; horário normal e horário económico, quando aplicável e preços para estes horários; forma e/ou local onde pode ser obtida informação actualizada sobre os preços; custos de desinstalação, se aplicável, discriminando eventuais custos de reposição das condições anteriores à instalação: http://www.anacom.pt/render.jsp?contentId=406207.

obrigações das entidades do Sistema Nacional de Gás Natural, nomeadamente, em matéria de prestação de informação[158].

O DL n.º 172/2006, de 23 de Agosto, regula o Sistema Eléctrico Nacional, e vem também preceituar um dever de informação que deverá ser observado pela própria entidade reguladora dos serviços energéticos. Assim e nos termos do art. 50.º do mencionado diploma, "a ERSE deve publicitar no seu sítio na Internet os preços de referência relativos aos fornecimentos em BT dos comercializadores, podendo complementar esta publicitação com outros meios adequados, designadamente folhetos, tendo em vista informar os consumidores das diversas opções ao nível de preços existentes no mercado por forma a que estes, em cada momento, possam optar pelas melhores condições oferecidas pelo mercado".

A Entidade Reguladora dos Serviços, Águas e Resíduos, por sua vez, na Recomendação 2/2010 fixa os critérios de cálculo para a formação de tarifários aplicáveis aos utilizadores finais dos serviços públicos de abastecimento de água para consumo humano, de saneamento de águas residuais urbanas e de gestão de resíduos urbanos[159].

Em jeito de conclusão no que este ponto pertence, importará apenas sublinhar que perante esta divisão sectorial do dever de informação relativamente às taxas e tarifas aplicáveis, o utente tem, sem dúvida, assegurado o seu *direito à informação sobre a informação*. Contudo, arrogamo-nos no direito de formular uma pequena crítica, nomeadamente, quanto à possibilidade de utilização perversa do direito à informação, transformando-o num autêntico *direito à não informação* ou à *info-exclusão*.

Por vezes, a complexidade da informação conduz a inúmeras formas de assegurar a sua divulgação de forma transparente e clara, pelo que ao ser transmitida criará momentos de *information overload*, que acabarão por exaurir o utente, conduzindo-o a uma atitude de submissão aos serviços prestados sem estar atento às circunstâncias dos mesmos.

N.º 3

A autonomia normativa do dever de informação nas comunicações electrónicas

Para além de impor um verdadeiro dever de informação num serviço considerado actual – as telecomunicações – este preceito veio retomar e esclarecer a aplicabi-

---

[158] As informações sobre as tarifas aplicáveis em cada ano para clientes finais são fixadas pela entidade reguladora, ERSE, e estão disponíveis para consulta no site www.erse.pt.
[159] Acessível a partir de http://www.ersar.pt.

lidade do serviço público às comunicações electrónicas, designadamente, as respeitantes às redes fixa e móvel, internet e televisão por cabo. De facto, parece-nos que o "passo atrás" dado pelo legislador, ao retirar das comunicações electrónicas o serviço de telefone móvel, em virtude do consagrado no DL n.º 5/2004, de 10 de Fevereiro, veio então ser esclarecido por este diploma que expressamente o consagra no n.º 3 do art. 4.º, reascendendo-o a serviço público essencial[160].

O legislador teve assim em consideração as especificidades técnicas e a procura cada vez mais crescente deste tipo de serviço, que frequentemente onera os utentes com períodos de permanência *(maxime*, de fidelização) contratual entre 12 a 24 meses e que, consequentemente, exigirá um dever de informação especial[161].

Também assim entendeu o Julgado de Paz de Coimbra, em sentença de 6 de Fevereiro de 2009 (processo n.º 234/2008-JP). Estando em causa a prestação do serviço de internet com uma velocidade de 36Mb, o utente invocou a violação do direito à informação na medida em que a rede local se mostrava inadequada para suportar a velocidade declarada, conduzindo a uma velocidade bastante inferior. Conforme se pode ler na sentença, *constitui direito dos utilizadores de redes e serviços acessíveis ao público, designadamente, dispor, em tempo útil e previamente à celebração do contrato, de informação escrita sobre as condições de acesso e utilização do serviço (art. 39.º, n.º 1, al. a) da Lei n.º 5/2004). Por sua vez, as empresas que oferecem esses serviços de comunicações electrónicas estão obrigadas a publicar e disponibilizar aos utilizadores finais informações comparáveis, claras, completas e actualizadas sobre a qualidade de serviço que praticam (art. 40.º, n.º 1 da Lei 5/2004).* Tendo sido dados como provados os factos alegados pelo utente, nomeadamente, os factos relativos ao incumprimento, por parte da prestadora de serviço das obrigações de prestação de informações *relativas às diferentes tarifas que pratica de acordo com a velocidade de comunicações que efectivamente estava em condições de lhe disponibilizar [...] resulta daqui que a Demandada não cumpriu com as suas obrigações pré-contratuais, de informação e boa fé, e contratuais, por não cumprir a sua prestação nos termos em que livremente se obrigou, violando assim os arts. 3.º, 4.º, 7.º e 12.º da Lei 23/96".*

---

[160] Vide o que ficou dito na anotação à al. d) do n.º 2 do art. 1.º.
[161] Cfr. o DL n.º 56/2010, de 1 de Junho, que veio estabelecer limites à cobrança de quantias pela prestação do serviço de desbloqueamento de equipamentos destinados ao acesso a serviços de comunicações electrónicas – permitindo a utilização do equipamento para serviços de outros prestadores – bem como pela rescisão do contrato durante o período de fidelização. De notar que os períodos de fidelização celebrados após esta data nunca poderão ser superiores a 24 meses.

Existirá, também aqui, uma regulação sectorial do dever de informação consagrado, não só na LSPE, mas também noutros diplomas que regulam as comunicações electrónicas de forma mais detalhada.

O DL n.º 5/2004, de 10 de Fevereiro, ao introduzir um novo regime jurídico para as comunicações electrónicas (Internet, Telefone fixo e Televisão por cabo), veio como que fortalecer a protecção concedida aos utilizadores daqueles serviços bem como reforçar o papel da entidade que os regula – a ANACOM.

O diploma concedeu um direito à informação, especialmente protegido, designadamente, o direito de dispor em tempo útil da informação sobre as condições de acesso e utilização do serviço, de serem avisados com 15 dias de antecedência sobre a cessação da oferta a que eventualmente iriam aderir, de serem informados em tempo razoável da suspensão do serviço por falta de pagamento das facturas[162] bem como do direito de obterem factura detalhada quando assim o solicitarem.

Certa do grau de iliteracia electrónica[163] observado nos utentes que recorrem aos serviços de comunicações electrónicas e atendendo ao princípio consensualista que impera na celebração dos contratos, sem exigência de forma escrita, a Autoridade Nacional das Comunicações (ANACOM) criou algumas Linhas de Orientação sobre o conteúdo mínimo a incluir nos contratos para a prestação de serviços de comunicações electrónicas, a saber[164]:

a) A identidade e o endereço do fornecedor;
b) Os serviços fornecidos, os níveis de qualidade de serviço oferecidos, bem como o tempo necessário para a ligação inicial;
c) Os tipos de serviços de manutenção oferecidos;
d) Os detalhes dos preços e os meios de obtenção de informações actualizadas sobre todos os preços aplicáveis e os encargos de manutenção;

---

[162] Cumpre, contudo, sublinhar que a Lei n.º 12/2008, de 26 de Fevereiro, veio esclarecer este "tempo razoável" de informação sobre a suspensão do serviço por falta de pagamento do serviço. De facto, clarifica o art. 5.º que "em caso de mora do utente que justifique a suspensão do serviço, esta só poderá ocorrer após o utente ter sido advertido, por escrito, com a antecedência mínima de 10 dias relativamente à data em que ela venha a ter lugar."
[163] Num *ranking* de iliteracia electrónica, elaborado em 2004 pela Unidade de Informação Económica da *newsmagazine* "The Economist", Portugal aparece classificado na 24.ª posição, o que corresponde ao penúltimo lugar da tabela em termos de União Europeia – *in* http://www.setubalnarede.pt/content/index.php?action=articlesDetailFo&rec=1136.
[164] Deliberação de 11 de Dezembro de 2008 sobre Linhas de Orientação sobre o conteúdo mínimo a incluir nos contratos para a prestação de serviços de comunicações electrónicas, disponível no site www.anacom.pt.

e) A duração do contrato, as condições de renovação, suspensão e de cessação dos serviços e do contrato;
f) Os sistemas de indemnização ou de reembolso dos assinantes, aplicáveis em caso de incumprimento dos níveis de qualidade de serviço previstos no contrato;
g) O método para iniciar os processos de resolução de litígios nos termos do art. 107.º da Lei n.º 5/2004, de 10 de Fevereiro;
h) As condições em que é disponibilizada a facturação detalhada;
i) Indicação expressa da vontade do assinante sobre a inclusão ou não dos respectivos elementos pessoais nas listas telefónicas e sua divulgação através dos serviços informativos, envolvendo ou não a sua transmissão a terceiros, nos termos da legislação relativa à protecção de dados pessoais.

Mais sublinha a mencionada Deliberação que dos contratos que impliquem a submissão a um período de fidelização deverão constar os seguintes aspectos:
a) A justificação do período de fidelização pela concessão de contrapartidas ou benefícios ao cliente, designadamente, como resultado da subsidiação de equipamento, de custos de angariação ou de custos de activação do serviço ou de descontos contratados;
b) A duração do período de fidelização;
c) Caso a contrapartida consista num equipamento que esteja bloqueado, indicação do custo do desbloqueio;
d) A indicação de um meio simples e expedito através do qual o cliente possa, a todo o momento, saber quando se conclui o período de fidelização e qual o valor que terá que pagar se rescindir antecipadamente o contrato;
e) A indicação da forma de cálculo do valor que o cliente deve pagar em caso de rescisão antecipada do contrato e
f) Cláusula que estipule que em caso de pagamento do valor dos benefícios que foram inicialmente concedidos, no final do período de permanência ou em caso de rescisão antecipada do contrato, o cliente tem direito ao desbloqueio do equipamento pelo preço que constar inicialmente do contrato e que não lhe pode ser exigido a nenhum título qualquer quantia suplementar.

Destarte, concluímos pela preocupação do legislador e das autoridades administrativas em capacitarem o utente das condições para celebrar um contrato de prestação deste tipo de serviço, de forma livre e esclarecida, com a garantia de que sobre as operadoras impenderá um dever de informação bastante regulado e fiscalizado[165].

ARTIGO 5.º
SUSPENSÃO DO FORNECIMENTO DO SERVIÇO PÚBLICO

1 – A prestação do serviço não pode ser suspensa sem pré-aviso adequado, salvo caso fortuito ou de força maior.

2 – Em caso de mora do utente que justifique a suspensão do serviço, esta só poderá ocorrer após o utente ter sido advertido, por escrito, com a antecedência mínima de 10 dias relativamente à data em que ela venha a ter lugar.

3 – A advertência a que se refere o número anterior, para além de justificar o motivo da suspensão, deve informar o utente dos meios que tem ao seu dispor para evitar a suspensão do serviço e, bem assim, para a retoma do mesmo, sem prejuízo de poder fazer valer os direitos que lhe assistam nos termos gerais.

4 – A prestação do serviço público não pode ser suspensa em consequência de falta de pagamento de qualquer outro serviço, ainda que incluído na mesma factura, salvo se forem funcionalmente indissociáveis.

5 – ... (Revogado.)

ANOTAÇÃO (Fernando Dias Simões)

N.º 1

Princípio da continuidade

I. O n.º 1 do art. 5.º da LSPE estabelece o princípio geral de que a prestação do serviço não pode ser suspensa sem pré-aviso adequado, salvo caso fortuito ou de força maior. A este propósito podia ler-se na Exposição de motivos da Proposta de Lei n.º 20/VII: "após se consagrar um princípio geral, assente na boa fé e na natureza dos serviços abrangidos por este diploma, bem como o dever de infor-

---

[165] Neste contexto, cumprirá sublinhar que, de acordo com o n.º 8 do art. 48.º da Lei das Comunicações Electrónicas (alterado pelo n.º 1 do art. 4.º da Lei n.º 51/2011, de 13 de Setembro) as empresas que oferecem redes de comunicações públicas ou serviços de comunicações electrónicas acessíveis ao público devem depositar na ANACOM e na Direcção-Geral do Consumidor um exemplar dos contratos que envolvam, ainda que parcialmente, a adesão a cláusulas contratuais gerais que utilizem para a oferta de redes e serviços. Vide ainda os incisos 9 e 10 da mesma norma.

mação a cargo dos prestadores dos serviços públicos essenciais, procura reagir-se contra práticas e atitudes prejudiciais para os utentes, como a suspensão do serviço sem pré-aviso adequado (...)"[166].

Esta norma resulta do chamado *princípio da continuidade*, um dos princípios fundamentais que decorrem da natureza pública e essencial dos serviços previstos na LSPE. De acordo com GOUVEIA este princípio "traduz-se pela necessidade de impor normas claras de que o fornecimento dos serviços de interesse geral não seja interrompido sem justificação atempada, salvo casos de força maior ou em circunstâncias precisamente definidas"[167]. Deste modo, a prestação do serviço deve ser assegurada de forma regular e contínua, sem interrupções ou suspensões. O princípio da continuidade implica que o serviço seja prestado de modo contínuo, permanente e fiável. Isto implica uma garantia contra a ausência de ligação ou de continuidade. Trata-se, no fundo, de uma emanação do princípio da pontualidade no cumprimento dos contratos, consagrado no art. 406.º, n.º 1, do CC ("o contrato deve ser pontualmente cumprido, e só pode modificar-se ou extinguir-se por mútuo consentimento dos contraentes ou nos casos admitidos na lei").

II. O n.º em análise diz respeito às situações em que a suspensão da prestação do serviço tem origem em problemas de ordem funcional, afectando vários utentes. Estamos perante aqueles casos em que o prestador do serviço se vê forçado a suspender a prestação do serviço, mesmo não existindo qualquer incumprimento por parte dos utentes afectados. Nesta hipótese o fornecimento do serviço terá de ser suspenso, por motivos justificados. O prestador do serviço deve prevenir os utentes, informando-os da suspensão que vai ocorrer, mediante pré-aviso adequado, salvo a ocorrência de caso fortuito ou de força maior. A obrigação de avisar prévia e adequadamente os utentes de que o serviço vai ser suspenso deriva do dever de informação fixado no art. 4.º do diploma. Assim, podemos dizer que não só incumbe ao prestador do serviço "informar, de forma clara e conveniente, a outra parte das condições em que o serviço é fornecido e prestar-lhe todos os esclarecimentos que se justifiquem, de acordo com as circunstâncias" (n.º 1 do art. 4.º) mas também informar os utentes de que a prestação do serviço vai ser suspensa, através de pré-aviso adequado, tendo em conta as circunstâncias (n.º 1 do art. 5.º). A prestação do serviço não poderá ser suspensa sem que exista um pré-aviso adequado, o que coloca o problema de saber o que é que se considera

---

[166] *In* DAR II série A, n.º 33/VII/1, de 4 de Abril de 1996, p. 591.
[167] Os serviços de interesse geral em Portugal, p. 29.

como sendo um "pré-aviso adequado". Qual a antecedência do pré-aviso? Qual o meio a utilizar? Não parece de exigir que haja uma notificação formal de cada utente, bastando a afixação de avisos em locais públicos ou a publicação de anúncios nos jornais. Se a suspensão do serviço for programada com antecedência suficiente poderá inclusive fazer-se constar o pré-aviso de suspensão das facturas que são enviadas aos utentes.

FERREIRA DE ALMEIDA entende que o legislador deveria circunscrever o âmbito das circunstâncias em que é admissível a suspensão com pré-aviso[168]. Tendo em conta o carácter algo vago do preceito, o Autor considera que o princípio da pontualidade foi consagrado "em termos algo frouxos que ficam aquém do que resultaria da aplicação do princípio da pontualidade no cumprimento dos contratos". No seu entender, o preceito parece admitir que o fornecedor possa livremente suspender o serviço, desde que emita «pré-aviso adequado». Desta forma, "a lei deveria ser mais exigente ou mais clara, delimitando, primeiro, o quadro das situações em que a suspensão é admissível e exigindo, depois, que, nessas situações e apenas nessas, o fornecedor anuncie previamente a suspensão"[169].

III. A única hipótese em que o serviço pode ser suspenso mesmo sem que exista qualquer pré-aviso adequado é nas situações de *caso fortuito* ou *força maior*. Nestes casos, o carácter inesperado do caso fortuito ou de força maior impede, pela natureza das coisas, o aviso prévio em relação à suspensão – esta verifica-se inadvertidamente. A correcta interpretação do preceito exige, deste modo, a elucidação do que se deve entender como *caso fortuito* (facto não imputável ao prestador do serviço? Facto de terceiro?) e *força maior* (desastre natural? Estado de sítio?).

---

[168] *Serviços públicos, contratos privados*, p. 143. Na discussão da Proposta de Lei n.º 20/VII na generalidade o deputado RIBEIRO DA COSTA referiu: "o (...) artigo 5º, n.º 1, prevê que a prestação do serviço público não pode ser suspensa sem pré-aviso adequado, salvo caso fortuito ou de força maior. Abstraindo-me agora da existência de catástrofes naturais ou de acidentes causados por acção humana, o que é que o Governo entende por caso fortuito e de força maior? O que quero saber é se a necessidade de obras ou de reparações urgentes integra este circunstancialismo". Em resposta, a Ministra do Ambiente referiu: "um caso fortuito é um caso não programável. Portanto, tudo aquilo que for previamente estimável que vai acontecer — por exemplo, obras ou coisas parecidas — deverá levar a que o consumidor seja avisado. Um tubo de água que rebenta não é programável, é, sim, um caso fortuito, um acidente. Penso que, para além do senso comum, há aqui matéria suficiente que permite fazer a distinção entre casos fortuitos e casos previsíveis ou programáveis. A obrigação que se está aqui a criar é a de, sendo previsível ou programável, avisar o consumidor sobre isso" – *in* DAR I série, n.º 56/VII/1, de 12 de Abril de 1996, pp. 24 s.

[169] *Serviços públicos, contratos privados*, p. 138.

A análise do direito dos utentes à continuidade da prestação do serviço e do problema da definição das circunstâncias em que esse mesmo serviço pode ser suspenso de forma lícita ou justificada não pode, como é evidente, deixar de ter em conta a legislação sectorial existente sobre cada um dos serviços qualificados como essenciais pela LSPE. Com efeito, este diploma fixa, em termos *gerais*, o princípio da continuidade, o qual depois é *concretizado* em relação a cada um dos serviços abrangidos, tendo em conta a especificidade técnica dos serviços em causa. Como é evidente, numa norma de cariz geral como a LSPE o legislador não podia, sob pena de cair em incoerências e imprecisões, fixar de forma geral, numa lógica *one size fits all*, regras que seriam aplicáveis indiscriminadamente aos serviços previstos no n.º 2 do art. 1.º. Assim, será de conjugar a leitura do n.º 1 do art. 5.º, que proíbe a suspensão do serviço sem pré-aviso adequado, excepto em evento de caso fortuito ou de força maior, com a análise de outros diplomas, de cariz sectorial, que tenham por objecto a disciplina de cada uma das relações de fornecimento de serviços públicos qualificados como essenciais pela LSPE.

Assim, por exemplo, no DL n.º 194/2009, de 20 de Agosto (regime jurídico dos serviços municipais de *abastecimento público de água*, de *saneamento de águas residuais* e de *gestão de resíduos urbanos*), o legislador ocupou-se directamente deste problema, dedicando um extenso preceito (art. 60.º) ao direito dos utentes à continuidade do serviço. Os diversos motivos que podem justificar a suspensão de cada um desses serviços são tratados em n.ºs diferentes, obviamente tendo em linha de conta as especificidades técnicas de cada um deles. Assim, de acordo com o n.º 1, o abastecimento de água aos utilizadores deve ser assegurado de forma contínua, só podendo ser interrompido no caso de se verificar alguma das situações previstas no preceito[170]. O mesmo se passa com a recolha de águas residuais urbanas aos utilizadores, que só pode ser interrompida no caso de se

---

[170] São as seguintes as situações previstas: "deterioração na qualidade da água distribuída ou previsão da sua ocorrência iminente; ausência de condições de salubridade no sistema predial; trabalhos de reparação ou substituição de ramais de ligação, quando não seja possível recorrer a ligações temporárias; trabalhos de reparação ou substituição do sistema público ou dos sistemas prediais, sempre que exijam essa suspensão; casos fortuitos ou de força maior; detecção de ligações clandestinas ao sistema público; anomalias ou irregularidades no sistema predial detectadas pela entidade gestora no âmbito de inspecções ao mesmo; mora do utilizador no pagamento dos consumos realizados, sem prejuízo da necessidade de aviso prévio, nos termos previstos na legislação aplicável".

verificar alguma das situações previstas no n.º 2 do art. 60.º[171]. Já no caso da recolha indiferenciada e selectiva de resíduos urbanos o legislador não foi capaz de ser mais concreto, referindo apenas que o serviço apenas pode ser interrompido em casos fortuitos ou de força maior (n.º 3). O legislador enuncia uma definição no art. seguinte: "são considerados casos fortuitos ou de força maior, os acontecimentos imprevisíveis ou inevitáveis que impeçam a continuidade do serviço, apesar de tomadas pela entidade gestora as precauções normalmente exigíveis, não se considerando as greves como casos de força maior".

Para além disso, o legislador estabelece o que entende como um "pré-aviso adequado": "a entidade gestora deve comunicar aos utilizadores com uma antecedência mínima de 48 horas qualquer interrupção programada no abastecimento de água ou na recolha de águas residuais urbanas" (n.º 5). Nos casos em que ocorra qualquer interrupção não programada no abastecimento de água aos utilizadores, a entidade gestora do serviço deve informar os utilizadores que o solicitem da duração estimada da interrupção, sem prejuízo da disponibilização desta informação no respectivo sítio da Internet e da utilização de meios de comunicação social, e, no caso de utilizadores especiais, tais como hospitais, tomar diligências específicas no sentido de mitigar o impacte dessa interrupção (n.º 6). Por fim, e de acordo com o n.º 7 do art. 60.º, "em qualquer caso, a entidade gestora do serviço deve mobilizar todos os meios adequados à reposição do serviço no menor período de tempo possível e tomar todas as medidas que estiverem ao seu alcance para minimizar os inconvenientes e os incómodos causados aos utilizadores dos serviços". A falta de comunicação prévia aos utilizadores sobre interrupções programadas no abastecimento de água ou na recolha de águas residuais, nos termos previstos no n.º 5 do art. 60.º, constitui contra-ordenação (art. 72.º, n.º 1, al. f) do DL n.º 149/2009).

No serviço de fornecimento de energia eléctrica o legislador também se pronuncia expressamente sobre os motivos que podem justificar a suspensão do serviço. Devem ser tidas em conta, neste âmbito, as disposições dos arts. 45.º e

---

[171] "Trabalhos de reparação ou substituição de ramais de ligação, quando não seja possível recorrer a ligações temporárias; casos fortuitos ou de força maior; detecção de ligações clandestinas ao sistema público, uma vez decorrido prazo razoável definido pela entidade gestora para a regularização da situação; verificação de descargas com características de qualidade em violação dos parâmetros legais e regulamentares aplicáveis, uma vez decorrido prazo razoável definido pela entidade gestora para a regularização da situação; mora do utilizador no pagamento da utilização do serviço quando não seja possível a interrupção do serviço de abastecimento de água e sem prejuízo da necessidade de aviso prévio, nos termos previstos na legislação aplicável".

seguintes do Regulamento de relações comerciais do sector eléctrico[172]. No serviço de fornecimento de gás natural serão aplicáveis os arts. 45.º e seguintes do Regulamento de relações comerciais do sector do gás natural[173].

N.º 2

Suspensão em caso de mora do utente

I. De acordo com este preceito, "em caso de mora do utente que justifique a suspensão do serviço, esta só poderá ocorrer após o utente ter sido advertido, por escrito, com a antecedência mínima de 10 dias relativamente à data em que ela venha a ter lugar". Esta regra decorre ainda do *princípio da continuidade*, que exige que o fornecimento do serviço não possa ser interrompido em caso de simples mora do utente no pagamento do mesmo. É também uma decorrência do princípio da protecção dos interesses económicos do utente (art. 60.º, n.º 1 da CRP), atendendo aos graves prejuízos que uma suspensão inadvertida do serviço lhe pode trazer.

Deste modo, enquanto o n.º 1 do art. tem em vista a suspensão motivada por razões funcionais, que afecta *múltiplos utentes* em situação de *cumprimento*, o n.º 2 refere-se à *suspensão individual*, motivada pelo *incumprimento* de um determinado utente. De acordo com o princípio da pontualidade no cumprimento dos contratos, fixado no art. 406.º do CC, cabe ao utente pagar o valor da factura, através de uma das formas de pagamento colocadas ao seu dispor, até à data que nela for fixada, para que não tenha de vir a suportar uma penalização moratória ou o risco da suspensão do fornecimento. O utente considera-se interpelado extrajudicialmente para cumprir com a apresentação da factura, de acordo com o n.º 1 do art. 805.º do CC. Quando, por causa que lhe seja imputável, a prestação do preço facturado não seja efectuada no tempo devido, isto é, até à data-limite fixada na factura, o utente considera-se constituído em *mora debendi* (n.º 2 do art. 804.º do CC) e na obrigação de indemnizar os danos causados ao credor, correspondentes aos juros legais ou convencionais (art. 804.º, n.º 1 e art. 806.º do CC).

II. A suspensão da prestação do serviço em caso de mora do utente é em princípio válida, no quadro do instituto da "excepção de não cumprimento do contrato".

---

[172] Despacho n.º 20218/2009, de 7 de Setembro, publicado no DR II série, n.º 173, de 7 de Setembro.
[173] Despacho n.º 4878/2010, de 18 de Março, publicado no DR II série, n.º 54, de 18 de Março.

É certo que a *exceptio non adimpleti contractus*, tal como se encontra prevista no n.º 1 do art. 428.º do CC, pressupõe a simultaneidade de cumprimento das obrigações recíprocas de ambos os contraentes, que servem de causa uma à outra. Mas, pela própria natureza da obrigação, essa simultaneidade de cumprimento não existe nos contratos de execução sucessiva – como é geralmente o caso dos serviços públicos essenciais – em que a obrigação de uma parte é de cumprimento contínuo e a obrigação da outra parte é periódica ou fraccionada. Nestes casos CALVÃO DA SILVA defende que "a exceptio não pode ser exercida pelo contraente que está obrigado a cumprir, "rectius", a começar a cumprir em primeiro lugar, mas já pode ser oposta pela parte cuja prestação deva ser realizada depois. Por exemplo, no contrato de fornecimento em que existam prazos diferentes para as prestações das duas partes, nomeadamente fornecimento diário por parte de A e pagamento correspondente mensal por parte de B, se A não cumpre como deve em primeiro lugar não poderá invocar a exceptio. Mas se A cumpre o primeiro mês e B não paga, então A já pode suspender o fornecimento posterior até que B pague ou ofereça o pagamento"[174].

Embora o prestador do serviço possa invocar a excepção de não cumprimento do contrato, existem especialidades a ter em conta: o serviço só pode ser suspenso quando a situação de mora o justificar, sendo necessário advertir o utente. A aplicação conjunta do art. 428.º do CC e do n.º 2 do art. 5.º da LSPE significa, deste modo, que nos contratos abrangidos por este diploma a simples mora do utente/devedor, ainda que culposa, não confere ao prestador do serviço/credor a possibilidade de invocar a excepção de incumprimento, sem que antes tenha procedido a uma notificação admonitória[175]. Assim, caso o prestador do serviço pretenda suspendê-lo, e deste modo exercer a excepção de não cumprimento do contrato, terá previamente de advertir o utente, por escrito, com a antecedência mínima de 10 dias relativamente à data em que a suspensão do serviço se venha a efectivar.

Embora a mora do utente que justifica a suspensão do serviço esteja geralmente relacionada com o incumprimento da sua *obrigação principal* (o pagamento das facturas) deve ter-se em conta que podem ser outras as prestações em falta a consubstanciar a mora (*obrigações acessórias* ou *complementares*). Com efeito, o legislador fala genericamente em "mora do utente que justifique a suspensão do serviço" – e esta mora pode referir-se ao não cumprimento de outras obrigações

---

[174] Cumprimento e sanção pecuniária compulsória, Coimbra, Almedina, 1987, p. 331, nota 599.
[175] FERREIRA DE ALMEIDA, *Serviços públicos, contratos privados*, p. 139.

que impendem sobre o utente. Esta diversidade de motivos que podem justificar a suspensão do serviço é salientada pelo próprio n.º 3 do art. 5.º quando refere que a advertência deve "justificar o motivo da suspensão". Deste modo, temos de atender ao elenco de obrigações que impendem sobre o utente de cada serviço público essencial, para sabermos quais os comportamentos, acções ou omissões, que podem motivar a suspensão do serviço. Assim, por exemplo, no caso dos serviços de fornecimento de água, de recolha e tratamento de águas residuais e de gestão de resíduos sólidos urbanos o n.º 3 do art. 67.º do DL n.º 194/2009 estabelece que o utente deve facultar o acesso da entidade gestora ao instrumento de medição, com uma frequência mínima de duas vezes por ano e com um distanciamento máximo entre duas leituras consecutivas de oito meses, quando este se encontre localizado no interior do prédio servido. Ora, de acordo com o n.º 4 do mesmo preceito, sempre que, por indisponibilidade do utilizador, se revele por duas vezes impossível o acesso ao instrumento de medição por parte da entidade gestora, esta deve avisar o utilizador, por carta registada ou meio equivalente, da data e intervalo horário, com amplitude máxima de duas horas, de terceira deslocação a fazer para o efeito, assim como da *cominação da suspensão do fornecimento no caso de não ser possível a leitura*. Neste caso a suspensão do serviço é motivada pela mora no cumprimento da obrigação de facultar o acesso ao instrumento de medição e não pela mora no pagamento de facturas em atraso.

Em relação ao serviço de fornecimento de energia eléctrica, os arts. 51.º e 202.º do Regulamento de relações comerciais do sector eléctrico também prevêem as situações em que a prestação do serviço pode ser suspensa por facto imputável ao utente. O mesmo acontece, em relação ao serviço de fornecimento de gás natural, nos arts. 52.º e 223.º do Regulamento de relações comerciais do sector do gás natural.

III. Os moldes em que se pode processar a suspensão da prestação do serviço estiveram sempre no centro das preocupações dos utentes. Com efeito, tendo em conta o carácter essencial e indispensável destes serviços, é necessário regular de forma expressa e adequada em que condições pode o prestador do serviço invocar a *exceptio non adimpletio contratus* e suspender a sua prestação. Não seria admissível que, numa relação pela sua própria natureza dada a desequilíbrios de forças entre os contraentes, pudesse o sujeito com maior poder negocial suspender, de forma inadvertida ou inesperada, o cumprimento da sua obrigação, apenas com base no incumprimento momentâneo por parte do utente. Caso a Lei não fixasse um período mínimo de pré-aviso, suficientemente adequado, poderia o prestador do serviço proceder à suspensão com base num prazo bagatelar de incumprimento, o que constituiria, sem dúvida, uma situação de abuso de direito (art. 334.º do CC). O legislador pretende, deste modo, proteger a confiança do utente em que o serviço será efectivamente prestado, desde que cumpra as suas obrigações (desde logo, e à cabeça, a obrigação de pagamento do serviço). Por outro lado, fica fixado de forma expressa que o prestador do serviço não pode arbitrariamente suspender ou *cortar* o serviço a que se obrigou contratualmente com o utente, sem que cumpra as formalidades prescritas nos n.ºs 2 e 3 do art. 5.º da LSPE.

IV. Na Proposta de Lei n.º 20/VII lia-se: "em caso de mora do utente que justifique a suspensão do serviço, esta só poderá ocorrer após o utente ter sido notificado por escrito com a antecedência mínima de oito dias relativamente à data em que ela venha a ter lugar". A única diferença para a redacção que tomou a forma de Lei foi, deste modo, a substituição da expressão "ter sido notificado por escrito" por "ter sido advertido, por escrito". Assim, parece que o legislador não se quis comprometer com a exigência de uma *notificação* formal, bastando a simples *advertência*, por escrito. O legislador exige uma advertência escrita ao invés de uma notificação, que, mesmo sendo por escrito, sempre tem um significado mais solene.

Note-se que na versão original da LSPE o legislador considerou razoável um prazo de pré-aviso de *oito dias*, prazo que foi alargado para *dez dias* com a Lei n.º 12/2008. Trata-se de uma medida que visa tutelar os interesses do utente de forma mais vigorosa. O prazo de dez dias corre seguido, uma vez que o legislador não se refere a "dias úteis", sendo aplicável o disposto no art. 279.º do CC. Tal prazo conta-se, naturalmente, a partir da recepção do pré-aviso pelo utente (art. 224.º do CC). Uma vez que o legislador não esclareceu que tipo de advertência escrita deve ser esta (se deve ser por correio registado ou se basta uma carta simples), pode questionar-se se a este prazo de dez dias acresce algum prazo de dilação. Cremos que o prestador do serviço deve adicionar ao prazo de dez dias os três dias normais de dilação do correio. A referência lacónica a uma "advertência escrita" não responde ao problema em termos de prova. O prestador do serviço terá mais dificuldade em fazer prova da data em que foi recepcionado o pré-aviso se o tiver feito por carta simples. Da lei não resulta a exigência de uma forma específica para esta advertência, pelo que em princípio o prestador do serviço recorrerá ao correio simples para advertir o utente. Seria talvez mais aconselhável, por razões de segurança e de prova, que a lei exigisse algum formalismo especial (carta registada com ou sem aviso de recepção). No entanto, provavelmente o legislador optou por não sobrecarregar os prestadores de serviços com os custos do registo postal, custos que podem parecer irrelevantes mas que assumem um peso considerável em processos de massa como é o caso. Sublinhe-se, porém, que ao deixar ao prestador do serviço a livre escolha da forma da notificação o legislador lhe deixou também uma espécie de "presente envenenado", pois cabe ao prestador do serviço a prova de todos os factos relativos ao cumprimento das suas obrigações e ao desenvolvimento de diligências decorrentes da prestação dos serviços a que se refere a LSPE (n.º 1 do art. 11.º).

A não referência do legislador da LSPE à forma da advertência escrita não impede, como é natural, a existência de disposições mais exigentes noutros diplomas. Assim, por exemplo, sempre que, por indisponibilidade do utente, se revele por duas vezes impossível o acesso ao instrumento de medição por parte do prestador de serviços de fornecimento de água, de recolha e tratamento de águas residuais ou de gestão de resíduos sólidos urbanos, este deve avisar o utilizador, por *carta registada ou meio equivalente*, da data e intervalo horário, com amplitude máxima de duas horas, de terceira deslocação a fazer para o efeito, assim como da cominação da suspensão do fornecimento no caso de não ser possível a leitura (n.º 4 do art. 67.º do DL n.º 194/2009).

Considerando o dever de proceder de acordo com a boa fé que impende sobre o prestador do serviço, em conformidade com os ditames que decorrem da natureza pública do serviço e tendo em conta a importância dos interesses dos utentes (art. 3.º), princípio da boa fé que poderá ser tido em consideração para apreciação da atitude do prestador do serviço, e tendo em linha de conta que o prestador do serviço só pode suspender a prestação do serviço em caso de mora do utente que *justifique* a suspensão do serviço, entendemos que o prestador de serviço não deve suspender o fornecimento sempre que esteja pendente uma reclamação do utente relativa, por exemplo, a uma factura em atraso. Este foi, aliás, o regime acolhido pelo art. 68.º do DL n.º 194/2009, de 20 de Agosto, cujo n.º 1 prescreve que "a apresentação de reclamação escrita alegando erros de medição do consumo de água suspende o prazo de pagamento da respectiva factura caso o utilizador solicite a verificação extraordinária do contador após ter sido informado da tarifa aplicável".

Mais uma vez, sublinhe-se o papel de "Lei-quadro" que a LSPE assume em relação à regulamentação de cada um dos serviços públicos por si abrangidos, fixando regras mínimas de carácter geral, sem prejuízo da existência de normas específicas relativas a cada um dos serviços, eventualmente mais favoráveis ao utente (art. 14.º da LSPE). Assim, será de conjugar a leitura do n.º 2 do art. 5.º, que proíbe a suspensão do serviço justificada por mora do utente sem que este tenha sido advertido, por escrito, com a antecedência mínima de dez dias relativamente à data em que venha a operar a suspensão, com a análise de outros diplomas de natureza sectorial, que até podem estabelecer regras mais favoráveis ao utente.

Assim, por exemplo, o n.º 1 do art. 202.º do Regulamento de relações comerciais do sector eléctrico especifica em que situações pode o prestador do serviço interromper o fornecimento de energia eléctrica por facto imputável ao cliente. O legislador esclarece ainda os requisitos que deve cumprir o pré-aviso (n.º 3 e n.º 4). Criam-se ainda algumas regras específicas: no caso dos clientes em baixa tensão, a interrupção do fornecimento por facto imputável ao cliente não pode ter lugar no último dia útil da semana ou na véspera de um feriado (n.º 5). Por outro lado, a falta de pagamento dos montantes apurados em resultado de acerto de facturação (previsto no n.º 4 do art. 196.º) não deve permitir a interrupção do fornecimento de energia eléctrica quando seja invocada a prescrição ou caducidade (n.º 6). Soluções semelhantes foram adoptadas no art. 223.º do Regulamento de relações comerciais do sector do gás natural. Por outro lado, o n.º 1 do art. 52.º da Lei n.º 5/2004 dispõe que "as empresas que oferecem redes de comunicações públicas ou serviços de comunicações electrónicas acessíveis ao público apenas podem suspender a prestação dos serviços que prestam após pré-aviso adequado ao assinante, salvo caso fortuito ou de força maior". O n.º 2 refere que "em caso de não pagamento de facturas, a suspensão apenas pode ocorrer após advertência por escrito ao assinante, com a antecedência mínima de 10 dias, que justifique o motivo da suspensão e informe o assinante dos meios ao seu dispor para a evitar". Para além isso, acrescenta o n.º 4 do mesmo art.: "durante o período de suspensão e até à extinção do serviço, deve ser garantido ao assinante o acesso a chamadas que não impliquem pagamento, nomeadamente as realizadas para o número único de emergência europeu". Mais uma vez, temos de ter presentes certas especificidades próprias de cada serviço considerado pela LSPE como essencial, cuja disciplina não pode ser apartada de uma análise sistemática e global (neste caso, tendo presente a existência de um dever de manter disponível uma funcionalidade do serviço de telefone – a possibilidade de realizar chamadas para o número de emergência).

V. Como é sabido, o legislador confere ao credor, para além do recurso à excepção de não cumprimento, um outro meio de reacção perante o incumprimento das obrigações da contraparte – a resolução do contrato (art. 432.º do CC). Tal como ocorre na generalidade das situações de incumprimento, o prestador de serviços públicos essenciais não é obrigado a suportar indefinidamente uma situação de mora, podendo converter a mora em *incumprimento definitivo* (art. 808.º do CC) para efeitos de resolução do contrato (art. 801.º do CC). A resolução do contrato pode fazer-se mediante declaração à outra parte (art. 436.º do CC).

Caso se verifique uma situação de incumprimento em que assista ao prestador do serviço o direito de resolver o contrato, teremos de ter presente o quadro legal que rege esse serviço em concreto, e do qual a LSPE é apenas o corpo legislativo *mínimo* e *comum*, funcionando como uma "Lei-quadro" ou "Lei de bases" dos serviços públicos essenciais. Assim, por exemplo, no âmbito do serviço telefónico o n.º 5 do art. 52.º da Lei n.º 5/2004 refere que "*a extinção do serviço por não pagamento de facturas apenas pode ter lugar quando a dívida seja exigível e após aviso adequado, de oito dias, ao assinante*". Este pré-aviso não se confunde com a advertência relativa à suspensão do serviço. Está em causa uma nova advertência ao utente, desta vez alertando-o de que, em caso de manutenção da situação de incumprimento, converterá a suspensão em resolução do contrato (basicamente, da simples suspensão passará para a extinção definitiva do serviço).

Neste sentido, o acórdão do TRL de 24 de Junho de 2008 (processo 5185/2008-7) entendeu que a mera desactivação dos serviços de telefone, com fundamento na falta de pagamento das prestações acordadas, não equivale à declaração de resolução do contrato. O acórdão do TRL de 20 de Outubro de 2009 (processo 698/06.6TJLSB.L1-7) também sublinhou que a desactivação do serviço, só por si, não opera a resolução do contrato. Ainda sobre este assunto, o mesmo tribunal emitiu o acórdão de 22 de Junho de 2010 (processo 4078/05.2TJLSB.L1-7): "a existência de mora (...), baseada na falta de pagamento das facturas (...) não era susceptível de, por si só, se transformar em incumprimento definitivo. Era, pois, necessária a alegação e prova, por parte da A., da sua perda de interesse na prestação e a interpelação da Ré, com fixação de prazo para cumprimento e com a expressa indicação da cominação, no caso, o incumprimento definitivo do contrato". O tribunal lembrou ainda que "são institutos distintos, o que determinou a suspensão da activação dos serviços telefónicos e o que poderia determinar o da rescisão do contrato. O facto de se ter verificado o primeiro deles (...), não determina a verificação do segundo deles e, muito menos, se pode afirmar que a simples verificação da suspensão dos serviços funciona como o cumprimento da interpelação admonitória (...)"[176]. No mesmo sentido, o acórdão do TRC de 9 de Novembro de 2010 (processo 439405/08.6YIPRT.C1) esclareceu que a "desac-

---

[176] Vide ainda o ac. do TRL de 4 de Maio de 2010 (processo 7094/04.8TJLSB.L1-7).

tivação" dos serviços de telefone móvel implica a suspensão dos serviços mas não equivale à extinção do contrato firmado entre a prestadora de tal serviço e o respectivo utente.

N.º 3

Conteúdo do pré-aviso

I. O n.º 3 do art. 5º esclarece que o pré-aviso de suspensão do serviço, para além de ter de ser feito com uma antecedência mínima de 10 dias relativamente à data em que ela venha a ter lugar, deve cumprir alguns requisitos adicionais. Assim, para além de justificar o motivo da suspensão, a advertência deve informar o utente dos meios que tem ao seu dispor para evitar a suspensão do serviço e, bem assim, para a retoma do mesmo. Tudo isto sem prejuízo de o prestador do serviço poder fazer valer os direitos que lhe assistam nos termos gerais.

O pré-aviso deve ter um conteúdo informativo. Assim, em primeiro lugar, o aviso prévio deve ser fundamentado, isto é, deve enunciar qual o motivo da suspensão anunciada – ou seja, deve ser uma advertência *motivada*. O prestador do serviço deve informar qual é o motivo da suspensão, nomeadamente, qual a obrigação que impende sobre o utente que não foi por este cumprida (designadamente, a obrigação de pagamento das facturas ou quaisquer outras obrigações acessórias ou complementares), dando conhecimento ao utente das implicações legais resultantes desse incumprimento, nomeadamente que tal atitude poderá levar à efectiva suspensão do serviço. Por outro lado, a advertência deve ter um conteúdo, digamos assim, *pedagógico* e *preventivo*, indicando quais os meios de que o utente dispõe para regularizar a situação e evitar a suspensão. Assim, no caso de não pagamento de facturas, o pré-aviso deve indicar o motivo da suspensão (o não pagamento da importância monetária até à data-limite fixada na factura enviada) a partir de um determinado dia, sc até essa data o montante devido não for liquidado por um dos meios de pagamento possíveis (transferência bancária, rede de caixas de multibanco, cheque, *etc.*), bem como a indicação da taxa de restabelecimento do serviço eventualmente aplicável (não bastando a mera remissão para o tarifário em vigor) se a suspensão vier a ter lugar e posteriormente a factura for liquidada, e eventualmente a fixação de uma indemnização moratória[177]. Caso a suspensão seja motivada pelo incumprimento de outras obrigações, o prestador

---

[177] CALVÃO DA SILVA, *Aplicação da Lei n.º 23/96 ao serviço móvel de telefone e natureza extintiva da prescrição referida no seu art. 10.º*, p. 148.

do serviço deve informar quais os meios que o utente tem ao seu dispor para evitar a suspensão do serviço e, bem assim, para a retoma do mesmo, consoante as circunstâncias. Assim, por exemplo, em caso de não cumprimento da obrigação de facultar o acesso ao instrumento de medição quando esse se encontre localizado no interior do prédio servido, o prestador do serviço deve informar o utente da data e intervalo horário, com amplitude máxima de duas horas, da deslocação que irá fazer para o efeito (n.º 4 do art. 67.º do DL n.º 64/2009).

Estamos perante mais uma emanação do dever de informação fixado no art. 4.º da LSPE. Recorde-se que de acordo com o n.º 1 desta norma "o prestador do serviço deve informar, de forma clara e conveniente, a outra parte das condições em que o serviço é fornecido e prestar-lhe todos os esclarecimentos que se justifiquem, de acordo com as circunstâncias". Seria inaceitável que um utente recebesse um pré-aviso de suspensão do serviço sem que lhe fossem indicados os motivos ponderosos que levam o prestador a ter de proceder de tal forma. Até porque, caso tais motivos sejam infundados, o utente terá a possibilidade de contestar a suspensão do serviço, demonstrando a inexistência de mora que justifique a suspensão do serviço. O legislador pretendeu claramente proteger o utente, que perante uma situação de incumprimento poderá ainda resolver de forma simples a situação, sem que sofra demais consequências legais. Deste modo, a entidade não poderá simplesmente avançar com a suspensão do serviço, tendo ainda assim de dar um prazo mais alargado ao utente para proceder à devida regularização da falta, independentemente de existir culpa ou não nesta actuação do mesmo. O mais fácil para o prestador do serviço será adoptar um formulário específico para pré-avisos de suspensão do serviço, certificando-se de que esse modelo reúne, de forma clara e expressa, todos os elementos informativos exigidos legalmente.

II. Como já se referiu, de acordo com o n.º 1 do art. 11.º da LSPE "cabe ao prestador do serviço a prova de todos os factos relativos ao cumprimento das suas obrigações e ao desenvolvimento de diligências decorrentes da prestação dos serviços a que se refere a presente lei". Deste modo, cabe ao prestador do serviço provar que notificou devidamente o utente, preenchendo todos os requisitos exigidos pelo n.º 2 e n.º 3 do art. 5.º. Caso não consiga efectuar a prova do cumprimento de todos os seus deveres, o prestador do serviço poderá ver-se impossibilitado de aplicar outras consequências ou penalidades estabelecidas legal ou convencionalmente. Assim, por exemplo, ao prestador de serviços que não tenha feito prova do cumprimento de todos os seus deveres de comunicação estará vedada a cobrança de valores eventualmente aplicáveis pela reposição do serviço que entretanto tenha sido indevidamente suspenso ou de outras penalizações decorrentes da mora do utente. Com efeito, nestas situações o utente poderá sempre alegar que não recebeu qualquer pré-aviso, ou que o pré-aviso que recebeu não preenchia os requisitos legalmente exigidos quanto à sua antecedência em relação à suspensão do serviço ou quanto ao seu conteúdo. O legislador exige um comportamento diligente e cauteloso por parte do prestador do serviço, disciplinando de forma bastante rigorosa o envio de comunicações aos utentes.

Como já referimos, o legislador não esclareceu que tipo de advertência escrita deve ser esta – se deve ser por correio registado ou se basta uma carta simples. O prestador do serviço terá maior dificuldade em fazer prova do envio do pré-aviso se o tiver feito por carta simples. Atendendo ao facto de que impende sobre si o ónus da prova do envio em condições adequadas do pré-aviso, e tendo em conta as consequências que podem resultar de uma suspensão ilegal do serviço (e dos prejuízos que pode ser chamado a reparar, em tal hipótese) será preferível recorrer ao envio de carta registada (com ou sem aviso de recepção), por uma questão de cautela e para facilitar a prova. Recorde-se, a este propósito, que no n.º 4 do art. 67.º do DL n.º 194/2009 o legislador foi mais longe, exigindo que a advertência seja feita *carta registada ou meio equivalente*. Neste caso a prova do cumprimento das obrigações que impendem sobre o prestador do serviço surge facilitada.

III. A suspensão da prestação do serviço sem observância dos formalismos previstos no n.º 2 e no n.º 3 do art. 5.º é ilegal e ilegítima, assumindo-se como violadora do direito do utente à prestação contínua do serviço e facultando-lhe, em consequência, o uso dos meios legais de reacção contra essa violação. Para mais, não é ao utente que incumbe o ónus de demonstrar a violação dos deveres do prestador do serviço. Pelo contrário, é a este que incumbe guardar e exibir meios de prova do cumprimento dos deveres que lhe são impostos. Caso não consiga preencher o ónus probatório que sobre si impende, o prestador de serviço arrisca-se a ver o utente recorrer, com sucesso, aos meios gerais para tutela do seu direito, nomeadamente, e atendendo à urgência na reposição do serviço, a providências cautelares. Neste sentido, o acórdão do TRL de 19 de Março de 1998 (processo 0068472) entendeu que "o corte do telefone, e a consequente suspensão do serviço que obsta ao exercício do direito de uso não só no momento em que se verifica, mas também nos momentos posteriores traduzindo uma lesão continuada daquele direito de uso, iniciada com o corte do telefone e protelada no tempo, enquanto a ligação não foi reactivada, o que pode justificar a instrução de providência cautelar tendente a obter tal reactivação".

N.º 4

Proibição de suspensão de serviços funcionalmente dissociáveis

I. De acordo com o n.º 4 do art. 5.º da LSPE, "a prestação do serviço público não pode ser suspensa em consequência de falta de pagamento de qualquer outro serviço, ainda que incluído na mesma factura, salvo se forem funcionalmente indissociáveis". Este n.º está directamente ligado com o art. 6.º, que consagra o direito do utente à quitação parcial. De acordo com este preceito, "não pode ser recusado o pagamento de um serviço público, ainda que facturado juntamente com outros, tendo o utente direito a que lhe seja dada quitação daquele". A única excepção a este "direito de quitação parcial" é justamente a prevista na parte final do n.º 4 do art. 5.º. Assim, se o utente questionar o prestador do serviço acerca da licitude de um preço ou de uma taxa, relativa a um serviço que consta na factura, não pode ser impedido de pagar a parte da factura relativa a outro serviço dissociável daquele, igualmente constante da factura, evitando deste modo que o serviço cujo valor pagou e não contestou venha a ser suspenso por falta de pagamento. Deste modo, a única situação em que o prestador do serviço pode licitamente suspender a prestação do serviço, escorado na falta de pagamento de qualquer outro serviço (ainda que incluído na mesma factura), é quando esses dois serviços forem indissociáveis, do ponto de vista funcional. O exercício da excepção de não cumprimento do contrato depende, neste caso, da análise do conceito de "serviços funcionalmente indissociáveis".

II. O que é um *serviço funcionalmente indissociável* deve ser apreciado casuisticamente. O acórdão do STA de 10 de Setembro de 2009 (processo 0463/09) pronunciou-se sobre o conceito de serviços públicos essenciais funcionalmente indissociáveis. O aresto cita um parecer do Professor FREITAS DO AMARAL, junto aos autos, em que se refere: "dois serviços públicos são funcionalmente indissociáveis se, à luz da experiência comum, o funcionamento de um deles requer, em termos normais, a associação ou presença complementar do outro; pelo contrário, dois serviços não são funcionalmente indissociáveis se o funcionamento de um deles nenhuma ou reduzida associação tiver com o funcionamento de outro". Para além disso, é citado um parecer da Provedoria de Justiça em que se refere: "ao referir-se à prestação de serviços funcionalmente indissociáveis, o art. 5.º, n.º 4 da Lei 23/96 de 26 de Julho, refere-se a uma indissociabilidade dos mecanismos postos em acção com o objectivo de prestar os variados serviços, de tal modo que, se o accionamento de um mecanismo importar o accionamento de outro, então sim, estaremos em presença de serviços funcionalmente indissociáveis. Por outras palavras, poderá também dizer-se que, se forem funcionalmente indissociáveis, a cessação da prestação de um dos serviços significará necessariamente a cessação da prestação do outro (...). Assim, e a *contrario sensu*, sempre que a cessação de um serviço não implique a cessação do outro estamos perante serviços dissociáveis, razão pela qual não poderá ser recusado o direito à quitação parcial".

No caso em apreço, o tribunal entendeu que era injustificável a cobrança de uma taxa devida pelo saneamento básico juntamente com a factura do consumo da água da rede, se o utente não beneficiava do serviço de saneamento básico. Neste aresto, mais do que a existência de dois serviços *funcionalmente indissociáveis*, o problema consistia verdadeiramente na cobrança de uma taxa por um *serviço que não estava a ser prestado* (o saneamento básico), ainda que fosse exigida conjuntamente com o preço do serviço de fornecimento de água (que estava efectivamente a ser prestado), quer os dois serviços fossem funcionalmente indissociáveis ou não. É evidente que não pode ser cobrada uma taxa por um serviço que não está a ser prestado ainda que, em termos operacionais, esse serviço seja funcionalmente indissociável de outro e sejam conjuntamente facturados.

Tem sido geralmente entendido que são funcionalmente indissociáveis os serviços de fornecimento de água e de tratamento de águas residuais, uma vez que a taxa de tratamento de águas residuais varia em função do consumo de água efectuado[178]. Com efeito, sempre que um prédio esteja ligado aos sistemas públicos de água e de saneamento, o consumo de água gera necessariamente águas residuais, pelo que os dois serviços são funcionalmente indissociáveis. Referindo-se à "taxa de saneamento", a Portaria n.º 399/85, de 28 de Junho, autorizou a EPAL – Empresa Pública das Águas Livres a cobrar conjuntamente com os consumos de água da sua zona de distribuição a tarifa de saneamento fixada pela Câmara Municipal de Lisboa, prescrevendo que "a cobrança das importâncias facturadas pela EPAL relativas a consumos de água não pode ser dissociada da cobrança, em simultâneo, dos valores correspondentes à tarifa de saneamento". Repare-se que não nos referimos aqui à exigência de uma parcela fixa e de uma parcela variável devidas pela prestação do mesmo serviço. Nesta hipótese não se pode falar em quitação parcial de uma ou outra parcela, pois ambas respeitam *ao mesmo serviço*. Questão diferente, de que trataremos quando analisarmos o art. 8.º, é saber se

---

[178] COSTA PINTO, Serviços públicos essenciais: algumas respostas às dúvidas mais frequentes, p. 13.

aquelas taxas fixas são lícitas. O problema de que cuida o n.º 4 do art. 5.º não é o da licitude das taxas ou preços (fixos ou variáveis) exigidos ao utente *pelo mesmo serviço* mas sim do direito a quitação parcial relativamente ao pagamento de taxas devidas por serviços *diferentes* e *dissociáveis*.

São considerados serviços dissociáveis dos serviços de fornecimento de água os serviços de gestão de resíduos sólidos urbanos. Caso sejam facturadas taxas relativamente a estes serviços ("taxa de recolha de lixo") conjuntamente com o serviço de fornecimento de água, pode o utente recusar o seu pagamento, sem que o prestador do serviço possa suspender o fornecimento da água. Com efeito, embora o volume de água consumido seja usado, na maioria das vezes, como indicador para o cálculo da taxa de resíduos sólidos, os dois serviços são funcionalmente dissociáveis. Se é certo que os dois serviços podem ser facturados conjuntamente, por uma questão de conveniência e de economia de meios, não deixa de ser verdade que o prestador do serviço não pode suspender o fornecimento da água em virtude do não pagamento do serviço de gestão de resíduos sólidos urbanos, uma vez que estamos perante serviços funcionalmente dissociáveis[179].

Deve igualmente entender-se que o serviço de telefone é funcionalmente dissociável do serviço de internet[180]. O n.º 3 do art. 52.º da Lei das Comunicações electrónicas (Lei n.º 5/2004) estabelece que *"o assinante tem a faculdade de pagar e obter quitação de apenas parte das quantias constantes da factura, devendo, sempre que tecnicamente possível, a suspensão limitar-se ao serviço em causa, excepto em situações de fraude ou de pagamento sistematicamente atrasado ou em falta".*

Também se devem considerar como serviços funcionalmente dissociável, em relação ao telefone, os serviços de valor acrescentado. Como vimos, são serviços de telecomunicações de valor acrescentado "os que, tendo como único suporte os serviços fundamentais ou complementares, não exigem infra-estruturas próprias e são diferenciáveis em relação aos próprios serviços que lhes servem de suporte" (art. 2.º do Regulamento de Exploração dos Serviços de Telecomunicações de Valor acrescentado, aprovado pela Portaria n.º 160/94, de 22 de Março). Não restam dúvidas de que estes serviços são diferenciáveis e funcionalmente dissociáveis. Deste modo, o utente pode recusar-se a pagar o serviço de telecomunicações de valor acrescentado, pagando apenas o serviço de telefone, sem

---

[179] *Idem*.
[180] COSTA PINTO, Serviços públicos essenciais: algumas respostas às dúvidas mais frequentes, p. 37.

que isso possa dar lugar à suspensão da prestação do serviço telefónico[181]. A *ratio legis* do preceito é assegurar a continuidade da prestação do serviço público essencial sempre que o utente o pague e protegê-lo de situações em que, por ter sucumbido à tentação de assinar outros e modernos serviços ou facilidades de serviço abundantemente oferecidos pelas empresas, depois não disponha de meios para os pagar, pondo em causa não só a prestação de serviços complementares (e eventualmente fúteis ou dispensáveis) mas também essenciais. Está deste modo subjacente a este preceito da LSPE o sobreendividamento do utente com serviços não essenciais[182].

Estamos perante um serviço funcionalmente dissociável, sem sombra de dúvidas, no caso da chamada contribuição para o áudio-visual (também conhecida como "taxa de radiofusão" ou "taxa da rádio"). Esta contribuição encontra-se prevista na Lei n.º 30/2003, de 22 de Agosto, que aprovou o modelo de financiamento do serviço público de radiodifusão e de televisão. O financiamento do serviço público de radiodifusão é assegurado por meio da cobrança da contribuição para o áudio-visual (n.º 2 do art. 1.º). A contribuição para o áudio-visual constitui o correspectivo do serviço público de radiodifusão e de televisão, assentando num princípio geral de equivalência (n.º 1 do art. 3.º). A contribuição incide sobre o fornecimento de energia eléctrica, sendo devida mensalmente pelos respectivos consumidores (n.º 2 do mesmo art.). Estão previstas algumas isenções (art. 4.º). A cobrança é feita conjuntamente com o serviço de fornecimento de energia eléctrica por mera comodidade, utilizando o mecanismo da substituição tributária: a contribuição é liquidada através das empresas comercializadoras de electricidade, incluindo as de último recurso, ou através das empresas distribuidoras de electricidade, quando estas a distribuam directamente ao consumidor, sendo cobrada juntamente com o preço relativo ao seu fornecimento ou comercialização (n.º 1 do art. 5.º). O valor da contribuição deve ser discriminado de modo autónomo na factura respeitante ao fornecimento de energia eléctrica (n.º 2). À liquidação, cobrança e pagamento da contribuição aplica-se subsidiariamente o disposto na Lei Geral Tributária e no Código de Procedimento e de Processo Tributário (n.º 4 do art. 5.º).

Tendo em atenção o princípio geral fixado no n.º 4 do art. 5.º da LSPE, seria defensável que o utente pudesse recusar-se a pagar a "contribuição para o áudio-

---

[181] *Idem*, p. 34.
[182] CALVÃO DA SILVA, *Aplicação da Lei n.º 23/96 ao serviço móvel de telefone e natureza extintiva da prescrição referida no seu art. 10.º*, p. 149.

-visual" sem que isso implicasse a suspensão do serviço de fornecimento de electricidade[183]. Uma vez que os dois serviços são perfeitamente dissociáveis, não poderia haver suspensão da prestação do serviço devido ao não pagamento da contribuição. Não faria sentido que o prestador do serviço de fornecimento de energia eléctrica pudesse suspender o fornecimento devido ao não pagamento da contribuição para o áudio-visual, que não tem qualquer associação funcional com aquele. No entanto, o n.º 5 do art. 5.º da Lei n.º 30/2003 estabelece que "as empresas distribuidoras e as empresas comercializadoras de electricidade, incluindo as de último recurso, não podem emitir facturas respeitantes ao seu fornecimento nem aceitar o respectivo pagamento por parte dos consumidores sem que ao preço seja somado o valor da contribuição para o áudio-visual". Na alteração que o art. 8.º da LSPE sofreu por força da Lei n.º 12/2008 o legislador até teve o cuidado de esclarecer que "é proibida a cobrança aos utentes de qualquer taxa que não tenha uma correspondência directa com um encargo em que a entidade prestadora do serviço efectivamente incorra, com excepção da contribuição para o audiovisual" (al. c) do n.º 2 do art. 8.º). Da leitura conjugada destes dois preceitos resulta que o fornecedor do serviço de energia eléctrica pode e deve exigir o pagamento conjunto dos valores devidos pelo fornecimento e da contribuição para o áudio-visual. Mais: o fornecedor não pode mesmo emitir quaisquer facturas respeitantes ao seu fornecimento nem aceitar o respectivo pagamento por parte dos consumidores sem que ao preço seja somado o valor da contribuição para o áudio-visual. No que concerne ao pagamento da contribuição, o que o legislador deixa bem claro, nos dois diplomas, é que não existe direito a quitação parcial – os dois serviços, embora funcionalmente dissociáveis, devem ser cobrados conjuntamente.

O art. 5.º da LSPE, que ora analisamos, refere-se à suspensão do fornecimento do serviço público e não ao seu pagamento. Nem deste preceito, nem do art. 5.º da Lei n.º 30/2003 resulta qualquer referência à eventual suspensão do serviço em caso de não pagamento da contribuição para o áudio-visual. No entanto, na prática o não pagamento da contribuição irá ter o mesmo resultado. Uma vez que não existe direito a quitação parcial, o utente não poderá requerer o pagamento apenas do valor devido pelo fornecimento de energia eléctrica, deixando de lado a contribuição para o áudio-visual. Deste modo, por não pagamento do fornecimento de energia eléctrica (que até poderia estar disposto a pagar, mas cujo recebimento foi recusado pelo prestador do serviço, em cumprimento do que lhe é imposto

---

[183] Assim, FROTA, *A tutela do consumidor de produtos e serviços públicos essenciais na Europa*, pp. 24 s.

pela Lei n.º 30/2003) o utente está sujeito à suspensão da prestação do serviço de fornecimento de energia eléctrica, mesmo sabendo-se que este é funcionalmente dissociável da contribuição para o áudio-visual. Ao exigir o pagamento "em bloco" e vedar o pagamento parcial, o legislador faz incorrer o utente na mesma sanção – a suspensão da prestação do serviço de energia eléctrica. Parece-nos que, mesmo tendo em atenção o facto de estarmos perante uma contribuição, cujo credor é o Estado, deveria ter sido levado em conta o cariz essencial do fornecimento de energia eléctrica para a vida quotidiana do utente, com uma relevância perfeitamente distinta do serviço público de radiodifusão e de televisão que o Estado pretende financiar com aquela contribuição. Com efeito, o "serviço público" de radiodifusão e de televisão não é um "serviço público essencial". Cominar o não pagamento da contribuição para o áudio-visual com a suspensão do fornecimento da electricidade parece-nos excessivo e injustificado. Na verdade, não se permite nem se ordena a suspensão do fornecimento de energia eléctrica aos contribuintes que não tenham procedido ao pagamento do Imposto sobre o Rendimento, ainda que o montante em dívida seja milhares de vezes superior ao valor da contribuição para o áudio--visual, que é relativamente diminuto (art. 4.º da Lei n.º 30/2003)...

Admissibilidade da suspensão por não cumprimento de outro contrato

I. A LSPE parte sempre do princípio de que existe apenas um contrato de prestação de serviços públicos essenciais entre cada prestador do serviço e cada utente. Pode acontecer, porém, que o mesmo utente tenha mais do que um contrato com o mesmo prestador de serviços. Isto sucede com frequência em relação ao serviço telefónico ou aos serviços de fornecimento de água, de energia eléctrica, de gás, de recolha e tratamento de águas residuais ou de gestão de resíduos sólidos urbanos, quando o utente seja proprietário de mais do que uma habitação. Caso o prestador do serviço apresente as facturas relativas aos diversos contratos de prestação de serviços, e o utente apenas pague uma (ou algumas) das facturas, e não outras, a suspensão do serviço apenas poderá recair sobre os contratos em que a obrigação de pagamento não tenha sido cumprida, não afectando os restantes. Esta é a consequência da sinalagmaticidade funcional subjacente à excepção de não cumprimento do contrato, em que estão em causa a interdependência e a correspectividade das recíprocas obrigações nascidas do contrato bilateral. Se o utente não paga, o prestador de serviços (e credor) pode suspender o cumprimento da sua obrigação, dada a ausência de contrapartida e reciprocidade que liga causalmente a prestação debitória e a prestação creditória, como meio de conservação do equilíbrio sinalagmático. No entanto, no que diz respeito aos contratos em que se verifiquem a reciprocidade e correspectividade de prestação e contraprestação contratuais não haverá mora e, portanto, justificação para a excepção de não cumprimento do contrato[184].

Idêntica solução deve ser adoptada no caso de pedido de celebração de novos contratos de fornecimento pelo mesmo utente. Verdadeira e substantivamente estarão em causa novos contratos, a que corresponderão facturas próprias. Sempre que assim aconteça, a situação não se altera: afinal, cada contrato é independente em relação aos outros. Na medida em que o utente pague as respectivas facturas, o credor recebe a contraprestação dos serviços por si prestados, não tendo, por isso, fundamento para a suspensão do contrato[185].

A este propósito, o art. 46.º da Lei das comunicações electrónicas (Lei n.º 5/2004) prevê um regime próprio, que excepciona em alguns casos a obrigação geral de contratar. De acordo com o n.º 1 deste preceito, "as empresas que oferecem redes e serviços de comunicações electrónicas ficam habilitadas por esta lei, directamente ou por intermédio das suas associações representativas, a criar e a gerir mecanismos que permitam identificar os assinantes que não tenham satisfeito as suas obrigações de pagamento relativamente aos contratos celebrados, nomeadamente através da criação de uma base de dados partilhada". Em consequência da elaboração dessa base de dados, as empresas que oferecem redes e serviços de comunicações electrónicas podem recusar a celebração de um contrato relativamente a um assinante que tenha quantias em dívida respeitantes a contratos anteriores celebrados com a mesma ou outra empresa, salvo se o assinante tiver invocado excepção de não cumprimento do contrato ou tiver reclamado ou impugnado a facturação apresentada (n.º 5 do mesmo art.). Nesta hipótese, existe uma espécie de "lista negra" dos utentes incumpridores, que confere aos prestadores dos serviços o direito de se recusarem a celebrar o contrato de prestação de serviços, precavendo-se contra utentes relapsos e contra o chamado *shopping around*, em que o utente se tornava cliente de várias operadoras de telecomunicações, acumulando dívidas em todas elas. Neste momento, apenas constam desta lista os devedores com dívidas superiores a 20 % da remuneração mínima mensal garantida (art. 46.º, n.º 4, al. a)).

Repare-se, no entanto, que este regime não é aplicável aos prestadores de "serviço universal", os quais não podem recusar-se a contratar neste âmbito, sem prejuízo do direito de exigir a prestação de garantias (n.º 6 do art. 46.º da Lei n.º

---

[184] CALVÃO DA SILVA, *Aplicação da Lei n.º 23/96 ao serviço móvel de telefone e natureza extintiva da prescrição referida no seu art. 10.º*, pp. 149 s.
[185] *Idem*, p. 150.

5/2004). O âmbito do serviço universal é o seguinte: *ligação a uma rede de comunicações pública num local fixo e a prestação de um serviço telefónico acessível ao público através daquela ligação;* disponibilização de uma lista telefónica completa e de um serviço completo de informações de listas; oferta adequada de postos públicos (art. 87.º da Lei n.º 5/2004). Neste tipo de serviços, atento o seu carácter de serviço universal, não é lícito ao prestador do serviço recusar a celebração de um contrato relativamente a um utente que tenha quantias em dívida respeitantes a contratos anteriores celebrados com o mesmo ou outro prestador de serviços.

No âmbito do fornecimento de energia eléctrica, o n.º 6 do art. 163.º do Regulamento de relações comerciais do sector eléctrico estabelece que "a existência de valores em dívida para com o operador da rede a que a instalação consumidora do cliente se encontra ligada, ou para com um comercializador de último recurso, que não tenham sido contestadas junto de tribunais ou de entidades com competência para a resolução extrajudicial de conflitos, impede este de escolher um outro fornecedor de energia eléctrica". Um regime idêntico foi adoptado no n.º 7 do art. 172.º do Regulamento de relações comerciais do sector do gás natural.

II. O acórdão do TC n.º 685/2004, de 30 de Novembro de 2004, pronunciou-se sobre a constitucionalidade do art. 69.º do Regulamento para o Serviço de Abastecimento de Água, publicado pela Portaria n.º 10.716, de 24 de Julho de 1944. O art. em causa estabelecia que a EPAL – Empresa Pública de Águas de Lisboa tinha "o direito de negar ou interromper o fornecimento de água, quando pedido por entidade que deva ser considerada interposta pessoa em relação do devedor abrangido pela alínea *d*) do artigo 65.º, mesmo quando o fornecimento seja solicitado ou esteja sendo feito em domicílio ou local diferente daquele a que se referir a dívida". Por sua vez, o art. 65.º do mesmo diploma determinava na al. d) que "a Companhia pode interromper o fornecimento de água nos seguintes casos: por falta de pagamento das contas de consumo e de aluguer do contador e de outras que sejam devidas à Companhia, pela prestação ou execução de quaisquer serviços ou obras que tenham sido requisitados pelo respectivo consumidor ou cujos encargos a este pertençam, nos termos deste regulamento, e ainda por falta de pagamento da importância correspondente à taxa de fiança (Portaria de 3 de Fevereiro de 1944)". O problema que se apresentava perante o Tribunal Constitucional era o de saber se a norma em causa violava os princípios da igualdade (art. 13.º da CRP), o direito à saúde e qualidade de vida, bem como a liberdade de iniciativa (arts. 64.º e 65.º da CRP). Na prática, tratava-se de saber se a empresa que fornece a água a um utente que cumpre regularmente o seu contrato num local de consumo pode legitimamente privar desse fornecimento o utente pelo simples facto de este faltar ao pagamento de contas de consumo ou outras contas devidas à mesma empresa noutro local de consumo.

O acórdão começou por sublinhar: "dois aspectos intrinsecamente associados são determinantes para a solução da questão suscitada: o facto de o recorrente ser afectado relativamente a prestações a que tem direito perante certa entidade, no âmbito de um contrato, por força do incumprimento de um outro contrato com a mesma entidade e o facto de estar aqui em causa o fornecimento de água pela única entidade que, monopolisticamente, o pode fazer numa certa área geográfica". O acórdão defende que "se o primeiro aspecto poderia enfraquecer, de algum modo, a pretensão a que não fossem afectados os direitos contratuais do consumidor, devido a uma remota semelhança com uma excepção de cumprimento de um contrato (artigo 428º do Código Civil) e por poder configurar um modo atípico de realização de um interesse em relações contratuais múltiplas e complexas, já a conexão com o segundo aspecto impede uma tal colocação do problema. Na verdade, o fornecimento (aliás monopolístico) de um bem essencial à vida como a água não é legitimamente passível de uma afectação apenas por causa da repercussão de uma relação contratual sobre uma outra, em termos coercivos ou sancionatórios, independentemente de tal poder ser justificado noutras situações, o que aqui não cabe analisar. A Constituição assegura um conjunto de direitos que visam a protecção de uma vida com as necessárias condições humanas, de saúde e de qualidade ambiental (artigos 64º, 65º e 66º), para a efectivação dos quais o acesso ao fornecimento de água é essencial. Não pode, assim, o acesso ao consumo da água e às condições ambientais e de qualidade de vida por ela proporcionadas estar sujeita a uma pura lógica de protecção empresarial, orientada por meios de pressão sobre os consumidores que ultrapassem a exigibilidade do estrito cumprimento dos seus contratos. Entende, assim, este Tribunal que os valores associados ao acesso ao consumo de água prevalecem de tal modo sobre a importância económica dos meios de pressão sobre os consumidores em falta que acarretam a desproporcionalidade de utilização de meios desse tipo no âmbito de contratos regularmente cumpridos por esses mesmos consumidores. Estando, assim, em causa bens e direitos de uma natureza muito especial relativamente à vida, saúde, qualidade de vida e do ambiente, colide com os critérios de proporcionalidade na afectação de direitos e adequação, ínsitos no artigo 18º da Constituição, a utilização de medidas coactivas ou de uma estratégia sancionatória dos consumidores de água que cumprem regularmente um contrato, exclusivamente por força do não cumprimento de um outro contrato do mesmo tipo noutro local, relativamente ao qual são naturalmente accionáveis todas as respostas que o incumprimento contratual justifica". Em consequência, o Tribunal considerou inconstitucional a norma contida articuladamente nos arts. 65.º, al. d) e 69.º da Portaria n.º 10.716, de 24 de Julho de 1944, por violação dos arts. 64.º, 65.º, 66.º e 18.º da CRP[186].

---

[186] Os Conselheiros PAULO MOTA PINTO e BENJAMIM RODRIGUES votaram vencido, juntando declaração de voto. MOTA PINTO entendeu que a norma em causa "não viola as normas constitucionais invocadas no presente acórdão, pois a previsão desses «direitos sociais» não obsta a que o fornecimento de água seja objecto de um contrato oneroso, cujo não cumprimento pelo cliente tem como consequência, nos termos gerais, a interrupção do abastecimento. Nem o invocado carácter "monopolístico", numa certa área geográfica, do fornecimento do bem em causa, nem a natureza de bem essencial à vida – como é a da água – impedem que o seu fornecimento seja oneroso e que o não cumprimento do contrato de fornecimento tenha como consequência a interrupção do abastecimento pela empresa em causa (o dever de contratar com a generalidade das pessoas, sem poder seleccionar os clientes, que deve entender-se impender sobre as entidades que prestam, em exclusividade, serviços essenciais à vida, não depõe no sentido de um afrouxamento dos mecanismos de tutela contratual da empresa obrigada a contratar)". Na sua opinião a suspensão do fornecimento de água num local, em consequência do cumprimento de outro contrato de fornecimento de água noutro local, celebrado com o mesmo cliente, não viola qualquer norma ou princípio constitucional. Quanto ao Conselheiro BENJAMIM RODRIGUES, entendeu que ao contrário do que o acórdão parecia pressupor, "não se está perante um efeito jurídico que não possa até ser conformado pelas partes, aquando da celebração de qualquer dos contratos (primeiro ou segundo). Embora a sua natureza de efeito jurídico advenha, no caso, do facto de ter fonte legal, o que é certo é que esse efeito cumpre uma função de natureza estritamente convencional na medida em que a sua previsão pode resultar de um acordo negocial, ainda que sob a forma de contrato de adesão, firmado entre as partes, pois tende a levar a parte contratante a cumprir todos os contratos de fornecimento ajustados com o mesmo fornecedor. No fundo, o efeito é o mesmo que as partes poderiam prever num contrato em que acertassem que os preços advindos de vários contratos de fornecimento dos mesmos bens ou até de outros seriam pagos em regime de conta corrente cujo saldo se vencesse mensalmente ou em outro período ou datas acertadas. De resto, a circunstância de os efeitos de um contrato se repercutirem em outro contrato não tem em si nada de anómalo. Tal é o que acontecerá, em regra, em muitas situações que subjazem à possibilidade legal de invocação da compensação de créditos. Sendo assim, situando esse efeito no âmbito da autonomia e da liberdade contratual será nesse campo que se deve questionar a sua conformidade constitucional. O que importará então saber é se a previsão legal de um tal efeito ao qual o consumidor da água adere por força do contrato de fornecimento de água ofende de modo intolerável o princípio da dignidade humana e o princípio da autonomia e da liberdade de contratar, pelo cariz de preponderância que manifestam de uma parte sobre a outra. Ora, não vemos que essa pergunta mereça uma resposta positiva. Desde logo, porque não tem o mínimo sentido útil a convocação do regime dito (no acórdão) monopolístico em que é realizada a prestação material de fornecimento de água. (...) Constitui facto evidente que o fornecimento de água corresponde a um serviço de utilidade pública ou de interesse económico geral na medida em que visa a satisfação de uma necessidade pública, quer porque atinge *todos* os membros da comunidade social e política em *todos* os momentos históricos, quer porque a prestação por ele realizada se revela imprescindível para a manutenção da vida humana e para a saúde e determinante para a qualidade de vida e a qualidade do ambiente e do urbanismo.

A retoma da prestação do serviço – a exigência de caução

I. Tradicionalmente, aquando da celebração de um contrato de prestação de serviços públicos essenciais era exigida ao utente a prestação de uma garantia. Estávamos perante a exigência de prestação de uma *caução*, admissível nos termos gerais (art. 623.º e *ss* do CC).

O DL n.º 195/99, de 8 de Junho, veio estabelecer o regime aplicável às cauções nos contratos previstos na LSPE, tendo entrado em vigor no dia 6 de Setembro de 1999 (art. 7.º do diploma). Como se refere no preâmbulo do diploma, este visava essencialmente "regular a exigência da prestação de cauções, como condição contratual para a ligação domiciliária de serviços públicos essenciais", por se constatar que "a prática da exigência de caução para acesso ao serviço tem sido desvirtuada pelos operadores, não sendo, por exemplo, accionada em caso de incumprimento do consumidor que implique o corte do fornecimento, aparentando antes ser uma forma menos clara de financiamento das empresas".

O diploma aplica-se aos contratos de fornecimento de serviços públicos essenciais mencionados no n.º 2 do art. 1.º da LSPE em que sejam parte *consumidores*, tal como definidos no n.º 1 do art. 2.º da LDC, qualquer que seja o fornecedor e a forma do respectivo fornecimento (n.º 1 do art. 1.º). Em relação a estes utentes (os

Mas se é assim, torna-se necessário que o legislador, cumprindo o dever de legislar decorrente da delegação conferida pelos preceitos constitucionais que prevêem os referidos direitos sociais, preveja mecanismos que assegurem o cumprimento do princípio da universalidade do acesso a esses bens, neste se incluindo a inadmissibilidade legal da possibilidade de escolha do contraente e de recusa de contratar, possível relativamente a outros bens, e do princípio de qualidade elevada, normativamente definida, afastando critérios de padrões mínimos ou até de critérios médios. Tais princípios opõem-se do ponto de vista económico-financeiro. (...) A solução a que chegou o acórdão não resiste ao teste do princípio da igualdade (art.º 13º da CRP) no acesso aos direitos sociais em causa, a menos que esteja implícito nele – o que nos custa a admitir, pois em *ultima ratio* pressuporia que o fornecedor fosse constitucionalmente obrigado a garantir gratuitamente o fornecimento da água e estar o sujeito privado obrigado a cumprir ele, *em vez do Estado*, os direitos sociais – que o corte de fornecimento também seria uma solução normativa constitucionalmente censurável naqueles casos em que o consumidor tenha apenas *um* contrato de fornecimento de água relativo a *um único* local de fornecimento, cumpridas que sejam, igualmente, as exigências de prévia e atempada notificação para proceder ao pagamento dos consumos efectuados. Ora, com verdade, não vemos que a maior capacidade económica de acesso aos bens satisfazentes de direitos sociais, indiciada nos casos de existência de dois contratos de fornecimento a dois locais diferentes de consumo, se possa mostrar como fundamento material bastante para justificar a diferença de tratamento dentro das exigências constitucionais postuladas pelo princípio da igualdade. Teremos então, na lógica do acórdão, que a solução de constitucionalidade do regime legal de acesso aos bens materiais satisfazentes dos direitos sociais em causa será diferente consoante se seja consumidor contraente para prestação do mesmo bem material em apenas um ou em mais do que um contrato de fornecimento. É juízo a que não conseguimos aderir".

consumidores em sentido estrito), é proibida a exigência de prestação de caução, sob qualquer forma ou denominação, para garantir o cumprimento de obrigações decorrentes do fornecimento dos serviços públicos essenciais (n.º 2 do art. 1.º). O legislador esclareceu ainda que o disposto no art. 1.º é aplicável às autarquias locais (n.º 3). Inicialmente o serviço de telefone foi excluído do âmbito de aplicação do DL n.º 195/99, por força do n.º 2 do art. 127.º da Lei das Comunicações Electrónicas (Lei n.º 5/2004, de 10 de Fevereiro). Tal exclusão já não se verifica actualmente, pois entretanto o n.º 2 do art. 127.º foi revogado (al. a) do n.º 1 do art. 8.º da Lei n.º 51/2011, de 13 de Setembro). Deste modo, a partir do dia 14 de Setembro de 2011 (dia de entrada em vigor da nova redacção da Lei das Comunicações Electrónicas), o serviço de telefone encontra-se incluído no âmbito de aplicação do DL n.º 195/99.

O diploma de 1999 veio vedar a possibilidade de exigência de prestação de caução para garantia do cumprimento das obrigações decorrentes do fornecimento de serviços públicos essenciais, mas apenas nos contratos celebrados entre prestadores de serviços e *consumidores*, no rigoroso sentido técnico fixado n.º 1 do art. 2.º da LDC. Em relação aos utentes que não sejam *consumidores*, é admissível a exigência de prestação de caução.

A prestação de caução poderá ser exigida, porém, se posteriormente à celebração do contrato, e na sequência da utilização da *exceptio non adimpleti contractus*, o consumidor, cumprindo a dívida, requer ou solicita o restabelecimento do fornecimento do bem ou da prestação do serviço, sem optar pela transferência bancária como forma de pagamento dos bens ou serviços. Com efeito, de acordo com o art. 2.º do DL n.º 195/99, os fornecedores dos serviços públicos essenciais podem exigir a prestação de caução nas situações de restabelecimento de fornecimento, na sequência de interrupção decorrente de incumprimento contratual imputável ao consumidor (n.º 1). A caução poderá ser prestada em numerário, cheque ou transferência electrónica ou através de garantia bancária ou seguro-caução (n.º 2). Parece que nada impede, porém, o recurso a outra modalidade de garantia, por exemplo, a fiança[187]. O valor e a forma de cálculo das cauções serão fixados pelas entidades reguladoras dos diferentes serviços públicos essenciais ou, na sua falta, pelas entidades públicas responsáveis pela supervisão ou controlo dos respectivos sectores de actividade (n.º 3). Cessa, porém, a possibilidade de exigência de caução ao consumidor se, regularizada a dívida objecto do incum-

---

[187] Assim, CALVÃO DA SILVA, *Aplicação da Lei n.º 23/96 ao serviço móvel de telefone e natureza extintiva da prescrição referida no seu art. 10.º*, p. 151, nota 17.

primento, o consumidor optar pela transferência bancária como forma de pagamento dos serviços (n.º 4). Sempre que o consumidor que haja prestado caução opte posteriormente pela transferência bancária como forma de pagamento, a caução prestada será devolvida (n.º 5).

Tendo sido prestada caução, é necessário ter em conta o disposto no art. 3.º do DL n.º 195/99. Desde logo, o prestador do serviço deve utilizar o valor da caução para satisfação dos valores em dívida (n.º 1). Uma vez accionada a caução, o fornecedor pode exigir a sua reconstituição ou o seu reforço em prazo não inferior a 10 dias úteis, por escrito, de acordo com as regras fixadas pelas Entidades Reguladoras dos diferentes serviços públicos essenciais ou, na sua falta, pelas entidades públicas responsáveis pela supervisão ou controlo dos respectivos sectores de actividade (n.º 2). Sublinhe-se que a utilização da caução, nos termos acima mencionados, impede o fornecedor de exercer o direito de interrupção do fornecimento, ainda que o montante da caução não seja suficiente para a liquidação integral do débito, de acordo com o n.º 3 do art. 3.º. Deste modo, o prestador do serviço não pode exercer a excepção de não cumprimento do contrato (suspensão ou interrupção do fornecimento do bem ou da prestação do serviço), ainda que o montante da caução seja insuficiente para a liquidação integral do débito.

De acordo com o n.º 4 do art. 3.º, se o consumidor, na sequência da interpelação a que se refere o n.º 2 (exigência de reconstituição ou reforço da caução, em prazo não inferior a 10 dias úteis, por escrito), não vier a reconstituir ou reforçar a caução, o prestador do serviço poderá interromper o fornecimento. Estamos perante uma aplicação concreta do regime contemplado no art. 429.º do CC (insolvência ou diminuição das garantias), que confere ao prestador do serviço a faculdade de recusar a respectiva prestação (*exceptio non adimpleti contractus*) enquanto o utente não der garantias de cumprimento se, posteriormente ao contrato, se verificar alguma das circunstâncias que importam a perda do benefício do prazo, prevista no art. 780.º do CC: *a insolvência do devedor,* ainda que não declarada judicialmente, e a *diminuição das garantias do crédito ou não prestação das garantias prometidas*[188].

Findo o contrato de fornecimento, por qualquer das formas legal ou contratualmente estabelecidas, a caução prestada é restituída ao consumidor, deduzida dos montantes eventualmente em dívida (n.º 1 do art. 4.º). A quantia a restituir será actualizada em relação à data da sua última alteração, com base no índice anual de preços ao consumidor, publicado pelo Instituto Nacional de Estatística

---

[188] *Idem*, p. 151.

(n.º 2 da mesma norma). De acordo com o art. 5.º, a caução prestada nos termos do diploma considera-se válida até ao termo ou resolução do contrato de fornecimento, qualquer que seja a entidade que, até essa data, forneça ou venha a fornecer o serviço em causa, ainda que não se trate daquela com quem o consumidor contratou inicialmente o fornecimento, podendo o consumidor exigir dessa entidade a sua restituição.

Quanto às cauções prestadas anteriormente à entrada em vigor do DL n.º 195/99, deve atender-se ao disposto no art. 6.º. O DL n.º 195/99 foi alterado pelo DL n.º 100/2007, de 2 de Abril, que veio estabelecer um prazo para os consumidores reclamarem o valor das cauções junto das entidades prestadoras de serviços públicos essenciais e dar uma solução às situações em que a caução não foi reclamada ou restituída. Devem ainda ser tidos em conta o Despacho n.º 18578/2007, de 20 de Agosto (procede à fixação do prazo e das condições a observar na elaboração da lista dos consumidores do serviço público de fornecimento de água a quem a caução não foi restituída); o Despacho n.º 18837/2007, de 22 de Agosto (aprova regras de restituição das cauções para os consumidores de electricidade e gás natural); o Despacho n.º 32515/2008, de 22 de Dezembro (cauções no serviço de fornecimento de gases de petróleo liquefeito – GPL), a Portaria n.º 1340/2008, de 26 de Novembro (cria o Fundo para a promoção dos Direitos dos Consumidores) e a Portaria n.º 48/2009, de 25 de Maio (cria o Fundo do Serviço de Defesa do Consumidor).

N.º 5 (Revogado)

O n.º 5 do art. 5.º da LSPE foi revogado pelo art. 1.º da Lei n.º 12/2008, de 26 de Fevereiro, o que se compreende, pois continha uma norma que deixou de fazer sentido ("sem prejuízo do disposto no número anterior, o Governo regulamentará, mediante decreto-lei, no prazo de 120 dias, as questões relativas aos serviços de valor acrescentado". A propósito destes serviços, vide os já citados DL n.º 177/99, de 21 de Maio (regula o regime de acesso e de exercício da actividade de prestador de serviços de áudio-texto) e o Regulamento de Exploração dos Serviços de Telecomunicações de Valor acrescentado (aprovado pela Portaria n.º 160/94, de 22 de Março).

ARTIGO 6.º
DIREITO A QUITAÇÃO PARCIAL

Não pode ser recusado o pagamento de um serviço público, ainda que facturado juntamente com outros, tendo o utente direito a que lhe seja dada quitação daquele, salvo o disposto na parte final do n.º 4 do artigo anterior.

ANOTAÇÃO (Fernando Dias Simões)

I. O art. 6.º da LSPE mantém a sua redacção originária. De acordo com este preceito, não pode ser recusado o pagamento de um serviço público, ainda que seja facturado juntamente com outros, tendo o utente direito a que lhe seja dada quitação daquele. A única excepção a este direito de "quitação parcial" é a prevista na parte final do n.º 4 do art. 5.º – quando os serviços forem funcionalmente indissociáveis.

O direito a quitação parcial visa impedir que o utente seja obrigado a pagar *simultaneamente* serviços facturados em conjunto, apesar de não existir entre esses serviços uma relação funcional que o justifique. Este direito constitui ainda uma emanação do princípio da protecção dos interesses económicos do utente. O utente tem direito, deste modo, a pagar a parte da factura com a qual concorda e a pôr em causa a parte restante, sem que tal o faça incorrer em mora em relação ao serviço que foi efectivamente pago. Deste modo, o utente tem direito não só à quitação parcial como, igualmente, a exigir que determinado serviço seja prestado, ainda que não tenha pago o outro serviço incluído na mesma factura (n.º 4 do art. 5.º). A este propósito, podia ler-se na Exposição de motivos da Proposta de Lei n.º 20/VII: "após se consagrar um princípio geral, assente na boa fé e na natureza dos serviços abrangidos por este diploma, bem como o dever de informação a cargo dos prestadores dos serviços públicos essenciais, procura reagir-se contra práticas e atitudes prejudiciais para os utentes, como a (...) recusa do direito à quitação parcial"[189]. A *ratio legis* do preceito é, portanto, assegurar o cumprimento do princípio da continuidade na prestação do serviço, e proteger o utente contra as suas próprias *fraquezas*. Concordamos, deste modo, com CALVÃO DA SILVA quando refere que o que está subjacente a este preceito é o não sobreendividamento do utente com outros produtos ou serviços não essenciais, de maneira a permitir-lhe continuar a ser servido, embora em diferendo com determinada parte da factura que lhe foi apresentada[190].

---

[189] *In* DAR II série A, n.º 33/VII/1, de 4 de Abril de 1996, p. 591.
[190] CALVÃO DA SILVA, *Aplicação da Lei n.º 23/96 ao serviço móvel de telefone e natureza extintiva da prescrição referida no seu art. 10.º*, p. 149.

Quando proceda ao pagamento da obrigação pecuniária que sobre si impende, o utente tem direito a exigir quitação, podendo até recusar o pagamento enquanto esta não lhe for dada (art. 787.º do CC). O que o art. 6.º da LSPE vem esclarecer é que o utente goza ainda da faculdade de pagar apenas o serviço público essencial, facturado juntamente com outros serviços ou facilidades dele dissociáveis, e de exigir a correspondente *quitação parcial*.

II. O legislador reconheceu que a recusa do direito à *quitação parcial*, exceptuados os casos de serviços funcionalmente indissociáveis, constituía uma prática prejudicial para os direitos dos utentes. Com efeito, tal recusa constituía um modo de pressão tendente à satisfação plena dos montantes facturados, ficando o utente desprovido de meios de prova do cumprimento parcial da factura nos casos em que a facturação conjunta lesasse os seus interesses ou direitos através de parcelas inexigíveis ou de manifesta ou duvidosa legalidade[191].

Em bom rigor, como esclarece FERREIRA DE ALMEIDA, não estamos perante um verdadeiro "direito à quitação parcial" nem perante um benefício especial. No seu entender, "práticas diferentes, que fazem depender o fornecimento de um serviço do pagamento de um outro, tendo o pagamento desses serviços fontes obrigacionais separadas (...) é que são anómalas, abusivas e desconformes com as regras de direito comum sobre a correcta interpretação do princípio da integralidade do pagamento (Código Civil, art. 763.º, n.º 1)"[192].

III. O não pagamento de um serviço indicado na factura não constitui motivo justificado para recusar o pagamento relativo a outro serviço facturado conjuntamente, que seja funcionalmente dissociável, nem legitima a suspensão do serviço efectivamente pago (n.º 4 do art. 5.º). Se o utente receber uma factura relativa a um serviço que discrimina outro serviço funcionalmente dissociável daquele, o utente tem direito a pagar somente parte da factura, e a exigir a respectiva quitação parcial. Dito de outro modo, o único caso em que o prestador do serviço pode recusar o pagamento de um serviço público, não existindo direito a quitação parcial, é na hipótese de o serviço em causa ser funcionalmente indissociável de outro serviço cujo pagamento está em falta. Neste caso o pagamento tem de ser feito na sua integralidade, impondo-se o pagamento *in totum* da factura.

---

[191] FROTA, *Os serviços de interesse geral e o princípio fundamental da protecção dos interesses económicos do consumidor*, p. 137.
[192] FERREIRA DE ALMEIDA, *Serviços públicos, contratos privados*, p. 138.

Deve ser tido em conta, deste modo, o conceito de "serviços funcionalmente indissociáveis". Remetemos aqui para as considerações que tecemos a propósito do n.º 4 do art. 5.º.

Como também já referimos, embora a "contribuição para o áudio-visual" seja funcionalmente dissociável do serviço de fornecimento de electricidade, não existe direito a quitação parcial neste caso, por força do n.º 5 do art. 5.º da Lei n.º 30/2003 ("as empresas distribuidoras e as empresas comercializadoras de electricidade, incluindo as de último recurso, não podem emitir facturas respeitantes ao seu fornecimento nem aceitar o respectivo pagamento por parte dos consumidores sem que ao preço seja somado o valor da contribuição para o áudio-visual"). Neste caso o legislador deixou bem claro que não existe direito a quitação parcial – os dois serviços, embora funcionalmente dissociáveis, devem ser cobrados conjuntamente.

ARTIGO 7.º
PADRÕES DE QUALIDADE

A prestação de qualquer serviço deverá obedecer a elevados padrões de qualidade, neles devendo incluir-se o grau de satisfação dos utentes, especialmente quando a fixação do preço varie em função destes padrões.

ANOTAÇÃO (Mariana Pinheiro Almeida)

O preceito em apreço não sofreu qualquer alteração desde a sua versão original.

A qualidade de serviço

De acordo com o considerando 1.3 do Anexo do Livro Verde sobre os serviços de interesse geral, o "acompanhamento e o cumprimento das exigências de qualidade por parte das autoridades públicas tornou-se um elemento fundamental na regulamentação dos serviços públicos de interesse geral"[193], pelo que a qualidade é de tal forma relevante que constitui a razão de ser da prestação da obrigação de serviço público, submetida a uma estrita fiscalização e regulamentação[194].

---

[193] Livro Verde sobre os serviços de interesse geral, COM (2003) 270 final, Bruxelas, 21 de Maio de 2003, p. 40. Nesta sede, foi elaborada legislação comunitária sobre padrões de qualidade, designadamente, naquilo que à segurança, correcção e transparência da facturação, cobertura territorial e protecção contra cortes de fornecimento ou serviço, diz respeito. Em todo o caso, os Estados-Membros deverão fixar regras e normas de qualidade.
[194] Relativamente aos padrões de qualidade nos contratos de consumo vide FERREIRA DE ALMEIDA, Contratos II. Conteúdo. Contratos de troca, Coimbra, Almedina, 2007, pp. 78 *ss.*

Como o próprio nome indica, "qualidade" é o "conjunto de atributos e características de uma entidade ou produto [ou serviço] que determinam a sua aptidão para satisfazer necessidades e expectativas da sociedade"[195]. A qualidade de um serviço revela-se, sem dúvida, determinante para a competitividade entre os agentes económicos bem como para assegurar as condições de vida e escolhas económicas realizadas pelos utentes dos serviços e dos consumidores em particular[196].

Tendo em consideração a essencialidade deste factor nas transacções comerciais, e face a uma sociedade eminentemente consumista e tendencialmente "consumerista"[197], foi criado um organismo capaz de credenciar a qualidade dos serviços e produtos – o Instituto Português de Qualidade (IPQ). A actuação do IPQ desenvolve-se pela gestão e coordenação de um sistema nacional de qualidade (Sistema Português de Qualidade) bem como pela implementação de actividades que visem contribuir para que os agentes económicos possam melhorar a sua actuação e credibilidade no mercado. Actualmente, o IPQ tem como missão "promover a qualidade em Portugal assumindo-se como um agente privilegiado de mudança no país, ao nível da economia interna e da competitividade internacional"[198].

Os índices de qualidade de serviço sectorial

O Sistema Português de Qualidade (SPQ) tem como principal objectivo garantir a qualidade das ofertas empresariais através de três subsistemas[199] – normaliza-

---

[195] Noção fornecida pelo DL n.º 140/2004, de 8 de Junho, designadamente, pela al. j) do art. 4º.
[196] FERREIRA DE ALMEIDA, Contratos II. Conteúdo. Contratos de troca, pp. 78 ss: "nas concepções modernas sobre a qualidade aferida ao contrato impõe-se a distinção entre a qualidade da coisa como deve ser, segundo o contrato [...] e a qualidade da coisa como é no acto de cumprimento".
[197] "Consumerismo" distingue-se de "consumismo" na medida em que aquele revela uma responsabilidade social do consumidor mediante a opção de determinado comportamento económico e consumista. O consumidor consumerista revela-se um adquirente de produtos e serviços ponderado, razoável e exigente.
[198] Vide SOUSA, *SPQ Sistema Português de Qualidade*, Cadernos Técnicos do CATIM, 2008, disponível *online em* www.catim.pt/Catim/PDFS/SPQ.pdf, p. 6.
[199] Nos termos da art. 4.º do DL n.º 140/2004, de 8 de Junho, o subsistema da metrologia "garante o rigor e a exactidão das medições realizadas, assegurando a sua comparabilidade e rastreabilidade, a nível nacional e internacional, e a realização, manutenção e desenvolvimento dos padrões das unidades de medida" (al. m) do art. 4º), o subsistema da normalização "enquadra as actividades de elaboração de normas e outros documentos de carácter normativo de âmbito nacional, europeu e internacional" (al. n) do art. 4º) e o subsistema de qualificação "enquadra as actividades da acreditação, da certificação e outras de reconhecimento de competências e de avaliação da conformidade, no âmbito do SPQ" (al. o) do art. 4º), ou seja visa garantir a conformidade dos produtos e serviços.

ção, metrologia e qualificação – que se apresentam como instrumentos jurídicos "de uma política que visa a adaptação dos produtos às exigências sociais"[200] e mediante a intervenção articulada e dinâmica das várias entidades que prosseguem aquele objectivo[201], como é o caso da Entidade Reguladora dos Serviços Energéticos (ERSE), da Autoridade Nacional das Comunicações (ANACOM) e Entidade Reguladora dos Serviços de Águas e Resíduos (ERSAR).

Com efeito, os vários sectores que fazem parte dos denominados "serviços públicos essenciais" são submetidos a uma avaliação da qualidade por parte da entidade que os regula e fiscaliza. Esta entidade ou organização irá avaliar a qualidade do serviço de cada operador tendo em consideração determinados indicadores padronizados e a obediência a normas nacional e internacionalmente fixadas para o efeito de qualificação[202]. Cumprirá, então, esclarecer aquilo que diz respeito à qualidade dos serviços de electricidade, comunicações electrónicas, serviços postais, águas e resíduos urbanos.

No sector de *serviços energéticos* e *gás natural*, foram publicados o Regulamento de Qualidade de Serviço do Sector Energético e o Regulamento de Qualidade de Serviço do Gás Natural.

Eles apresentam-se como meios que vêm estabelecer os padrões de qualidade relacionados com a continuidade do serviço (número e duração de interrupções de funcionamento), qualidade da onda de tensão (amplitude, forma da onda e simetria trifásico da tensão) e qualidade comercial (atendimento, informação, assistência, e avaliação da satisfação de clientes)[203]. No caso de violação dos padrões individuais de continuidade do serviço ou de qualidade comercial, a enti-

---

[200] Vide CALVÃO DA SILVA, Responsabilidade civil do produtor, Coimbra, Almedina, 1999, p. 81.
[201] Vide SOUSA, *SPQ Sistema Português de Qualidade*, pp. 10 ss: "Sistema Português de Qualidade é o conjunto integrado de entidades e organizações interrelacionadas e interactuantes que, seguindo princípios, regras e procedimentos aceites internacionalmente congrega esforços para a dinamização da qualidade em Portugal e assegura a coordenação dos três subsistemas – de normalização, da qualificação e da metrologia – com vista ao desenvolvimento sustentado da sociedade em geral".
[202] Saliente-se que o próprio CC fixa padrões de qualidade naquilo que respeita à conformidade do objecto de acordo com as qualidades asseguradas pelo vendedor ou locador – cfr. arts. 913.º e 919.º, 1208.º e 1032.º.
[203] Art. 4.º do Regulamento de Qualidade de Serviço do Sector Eléctrico.

dade gestora do serviço incorrerá no dever de compensar o cliente pelos danos efectivamente verificados[204].

Será de toda a importância sublinhar que as referidas compensações só serão concedidas no caso da violação daqueles indicadores não resultar de situações fortuitas ou de força maior, razões de interesse público, razões de serviço, de razões de segurança, ou facto imputável ao cliente[205].

Na esteira dos regulamentos anteriores, o actual Regulamento da Qualidade e Serviço apresenta, no seu ponto 4.4.6., uma lista exemplificativa daqueles que se poderão considerar casos fortuitos ou de força maior. Serão eles:

Vento de intensidade excepcional – incidente causado por tempestade com vento de intensidade superior à máxima prevista, para efeitos de projecto das instalações das redes eléctricas, nos regulamentos de segurança respectivos[206].

Inundações imprevisíveis – incidente causado por inundações de carácter imprevisível sobre as redes eléctricas, quer sejam de índole natural ou derivadas da ruptura de canalizações de fluidos de entidades externas aos operadores das redes de transporte e de distribuição.

Descarga atmosférica directa – incidente causado por descarga atmosférica directa quando esta, comprovadamente, danificar material ou equipamento das instalações.

Incêndio – incidente causado por incêndio cuja origem seja exterior à rede eléctrica.

Terramoto – incidente causado por terramotos com acção directa sobre a rede eléctrica.

Greve geral – situação em que o País se encontra paralisado por uma greve geral.

---

[204] Cfr. n.º 8 do art. 36.º, n.º 5 do art. 37.º, n.º 4 do art. 38.º, n.º 2 do art. 39.º, n.º 6 do art. 44.º e arts. 49.º e ss. do Regulamento de Qualidade de Serviço do Sector Energético, aprovado pelo Despacho 5255/2006.
[205] Neste sentido, veja-se o Acórdão do Tribunal da Relação do Porto, de 19 de Março de 2007 (processo 0750172), no qual o tribunal entendeu que fornecedor de energia eléctrica não será responsável pelo corte de energia, se a origem do mesmo se deveu a um caso fortuito, força maior ou acto de terceiro.
[206] Vide a sentença do Julgado de Paz de Santa Maria da Feira, de 24 de Novembro de 2009 (processo 162/2009-JP): não tendo ficado provado que os danos ocorridos em virtude do corte e retoma de energia tivessem na sua origem a ocorrência de ventos forte, a Juíza de Paz condenou a prestadora de serviço a indemnizar o utente pelos danos patrimoniais ocorridos nas suas instalações. *Comprovando-se que a Demandante sofreu danos patrimoniais derivados da entrega de electricidade, em virtude de uma sobre tensão eléctrica, sem se apurar a respectiva causa, a Demandada responde objectivamente.*

Alteração da ordem pública – situação que contempla os casos em que a alteração de ordem pública, local ou nacional, afecta a actividade dos operadores das redes de transporte e de distribuição. Por exemplo: manifestação que afecte o acesso a instalações para a reposição do serviço.

Sabotagem – incidente causado por um acto humano, voluntário e consciente, nas infra-estruturas da rede eléctrica, com vista a causar um incidente[207]. Nesta sede, será importante destacar a aplicação do DL n.º 328/90, de 22 de Outubro. Este surgiu num contexto em que as práticas fraudulentas nos contadores se relevavam constantes com vista à redução dos valores facturados e consequente fuga aos pagamentos reais, pelo que urgia a implementação de medidas que erradicassem este tipo de práticas.

Malfeitoria – incidente causado por vandalismo imputável a acções humanas voluntariamente danosas. Por exemplo: furto de equipamentos ou materiais das instalações.

Intervenção de terceiros – incidente causado, designadamente, por:
a) Escavações ou movimentações voluntárias de terras de qualquer tipo realizadas por terceiros, que afectem directamente a rede;
b) Embate de veículos sobre equipamentos das instalações da rede;
c) Trabalhos da responsabilidade de entidades não contratadas pelos operadores das redes de transporte e de distribuição, que afectem acidentalmente as instalações da rede;
d) Queda de árvores sobre a rede, no decurso de trabalhos de abate.

Outros casos fortuitos ou de força maior – outras causas que reúnam simultaneamente condições de exterioridade, imprevisibilidade e irresistibilidade. Por exemplo: movimentos de terras na sequência de fenómenos naturais, acção de aves ou outros animais, etc.

---

[207] Neste sentido, a sentença do Julgado de Paz de Santa Maria da Feira de 18 de Dezembro de 2009 (processo n.º 223/2009-JP): "perante a factualidade apurada, dúvidas não subsistem que a Demandada forneceu com qualidade energia eléctrica ao Demandante, tendo-se verificado após vistoria e de acordo com o auto lavrado a existência de procedimento fraudulento, por falta de selo no contador, bem como relativamente à diferença entre a potência usufruída e contratada, que importam na imputação da correspondente responsabilidade. Em tais casos, nos termos do disposto no art. 3.º do DL 328/90 de 22.10, conclui-se pela existência de violação do contrato de fornecimento de energia eléctrica por fraude, podendo o distribuidor (Demandada) legalmente interromper o fornecimento da energia, selando a entrada, bem como ser ressarcido do valor do consumo irregularmente efectuado e das despesas inerentes à verificação e eliminação da fraude".

No serviço de *comunicações electrónicas* e de acordo com a Regulamento sobre Qualidade de Serviço – Regulamento n.º 46/05, de 14 de Junho, alterado pelo Regulamento n.º 372/2009, de 28 de Agosto e Declaração de rectificação n.º 2457/2009, de 6 de Outubro[208] – serão considerados Parâmetros de qualidade dos serviços de comunicações electrónicas: a garantia mínima de velocidades de acesso (aplicável ao serviço de internet)[209] e o tempo máximo de:
a) admissão ao serviço, (que decorre desde o momento em que é efectuado pelo cliente um pedido válido de adesão ao serviço até à efectiva disponibilização do mesmo);
b) de interrupção/suspensão do serviço (que decorre desde o momento em que o cliente não tem acesso ao serviço até ao restabelecimento do mesmo e cuja responsabilidade seja imputável à entidade prestadora do serviço ou ao operador de rede de comunicações electrónicas em que o mesmo se suporta);
c) de reparação de avarias; de desligamento/ desactivação do serviço;
d) de resposta a reclamações/ pedidos de informação do cliente;
e) de satisfação de um pedido de portabilidade de número; de satisfação de um pedido de pré-selecção.

Por seu turno, no que diz respeito aos *serviços de correio postal*, os seus níveis mínimos de qualidade do serviço encontram-se previstos no Convénio de Qualidade do Serviço Universal celebrado entre a ANACOM e os CTT. Este convénio aplica-se aos seguintes serviços postais de envio de correspondência nas modalidades de correio prioritário/ azul e não prioritário/ normal, de catálogos, jornais e outras publicações periódicas até 2kg de peso e de encomendas postais até 20kg de peso na modalidade de encomenda normal.

Nestes termos, e a título exemplificativo, temos como indicadores de qualidade do serviço postal universal:
a) A demora de encaminhamento no correio normal e azul;
b) O correio normal não entregue até 15 dias úteis;
c) O correio azul não entregue até 10 dias úteis;
d) Demora de encaminhamento nos jornais e publicações periódicas;
e) Demora de encaminhamento no correio transfronteiriço intracomunitário;

---

[208] http://www.anacom.pt/render.jsp?contentId=983509.
[209] Vide a sentença do Julgado de Paz de Coimbra de 6 de Fevereiro de 2009 (processo n.º 234/2008JP), em que estava em causa a contratação de um serviço de banda larga com uma velocidade cuja entidade prestadora do serviço sabia não poder disponibilizar.

f) Demora de encaminhamento na encomenda normal;
g) Tempo em fila de espera no atendimento.

Finalmente e naquilo que concerne *ao serviço de águas e resíduos urbanos* a ERSAR implementou um sistema de avaliação do desempenho das entidades gestoras com recurso a um conjunto de indicadores de águas, águas residuais e resíduos, o qual permite a regulação por *benchmarking*.

Assim, os indicadores que compõem o sistema de avaliação do desempenho das entidades gestoras encontram-se distribuídos por três grupos, designadamente:

a) A defesa dos interesses dos utilizadores, nomeadamente ao nível da maior ou menor acessibilidade que têm ao serviço e da qualidade com que o mesmo lhes é fornecido;
b) A sustentabilidade do operador através de indicadores que indicam o nível de salvaguarda da sustentabilidade técnico-económica do operador e dos seus legítimos interesses, nos aspectos económico-financeiros, infra-estruturais, operacionais e de recursos humanos e
c) A sustentabilidade ambiental, pretendendo-se avaliar o nível de salvaguarda dos aspectos ambientais associados às actividades do operador[210].

Concluímos, assim, que na medida em que o nível de qualidade de serviço se afigura de extrema importância nos serviços públicos essenciais, surgiu a necessidade – não obstante a regulação comunitária nesta matéria – de os Estados--Membros procederem à elaboração de regulamentação sectorial que garantisse e defendesse os interesses dos consumidores/utentes.

---

[210] De uma forma geral, os indicadores da qualidade deste serviço em concreto são: a cobertura do serviço, o preço médio do serviço, a ocorrência de inundações, a resposta a reclamações escritas, o rácio de cobertura, os custos operacionais unitários, o rácio de solvabilidade, as estações de tratamento, o tratamento de águas residuais recolhidas, o bombardeamento da rede, a reabilitação dos colectores, a reabilitação dos ramais de ligação, a abstenção em colectores, as falhas em grupos de electrobombas, os colapsos estruturais em colectores, os recursos humanos, as análises das águas residuais realizadas, o cumprimento de parâmetros de descarga, a utilização de recursos energéticos e o destino final de lamas de trabalho – informação acessível no site da ERSAR: www.ersar.pt.

ARTIGO 8.º
CONSUMOS MÍNIMOS E CONTADORES

1 – São proibidas a imposição e a cobrança de consumos mínimos.

2 – É proibida a cobrança aos utentes de:

a) Qualquer importância a título de preço, aluguer, amortização ou inspecção periódica de contadores ou outros instrumentos de medição dos serviços utilizados;

b) Qualquer outra taxa de efeito equivalente à utilização das medidas referidas na alínea anterior, independentemente da designação utilizada;

c) Qualquer taxa que não tenha uma correspondência directa com um encargo em que a entidade prestadora do serviço efectivamente incorra, com excepção da contribuição para o audiovisual;

d) Qualquer outra taxa não subsumível às alíneas anteriores que seja contrapartida de alteração das condições de prestação do serviço ou dos equipamentos utilizados para esse fim, excepto quando expressamente solicitada pelo consumidor.

3 – Não constituem consumos mínimos, para efeitos do presente artigo, as taxas e tarifas devidas pela construção, conservação e manutenção dos sistemas públicos de água, de saneamento e resíduos sólidos, nos termos do regime legal aplicável.

ANOTAÇÃO (Fernando Dias Simões)

N.º 1

Proibição de consumos mínimos

I. O n.º 1 mantém a redacção original do corpo do primitivo art. 8.º da LSPE. Na sua versão original, este art. limitava-se a estabelecer, de forma lacónica e sob a epígrafe "consumos mínimos": "são proibidas a imposição e a cobrança de consumos mínimos". Por força do art. 1.º da Lei n.º 12/2008, este preceito manteve-se no n.º 1 do renovado art. 8.º, que viu ainda serem aditados dois novos números (n.º 2 e n.º 3). O título oficial do art. deixou de se referir apenas aos "consumos mínimos" para abranger também os "contadores". Com efeito, a proibição de imposição e cobrança de quaisquer importâncias relacionada com os contadores ou com outros dispositivos de medição foi uma das grandes inovações da alteração de 2008, como teremos oportunidade de ver quando nos referirmos ao n.º 2 do art.

II. Como se pode ler na Exposição de motivos da Proposta de Lei n.º 20/VII, o propósito do legislador foi o de prever a "abolição de consumos mínimos obrigatórios"[211]. Com esta disposição pretende-se impedir que o prestador dos serviços fixe e cobre uma quota mínima de consumo, um patamar mínimo. Podemos falar de um princípio de pagamento exclusivo do consumo efectivo, que visa proteger os interesses económicos dos consumidores, tutelados no n.º 1 do art. 60.º da CRP. Ainda no domínio da versão primitiva da Lei, PINTO MONTEIRO considerava que se tratava de uma medida importante, sobretudo para as bolsas mais carenciadas ou para aqueles que têm mais do que uma residência. Em seu entender o alcance da regra visava principalmente os serviços de fornecimento de água e de energia eléctrica, onde tal prática era habitual[212]. A fixação de "consumos mínimos" correspondia à arrecadação de uma receita que não encontrava qualquer contraprestação por parte do prestador do serviço, e que muitas vezes não servia para mais do que para alimentar uma máquina administrativa inoperante. O legislador pretendia, em certa medida, impor aos prestadores de serviços a adopção de um sistema de contabilidade analítica que permitisse saber, em rigor, o preço de exploração do produto ou serviço, abandonando a prática de serviços artificiais que apenas tinham por escopo a arrecadação de quantias indevidas[213]. FERREIRA DE ALMEIDA referia: "trata-se de uma verdadeira regra de protecção do utente, visto que o beneficia para além da mera aplicação do direito contratual comum. Pode todavia ser facilmente defraudada através do débito de «taxas» (por exemplo, taxas de ligação, de disponibilidade e de potência) com valor exorbitante ou até sem correspondência numa contraprestação efectiva pelo fornecedor. Seria conveniente que a lei fosse mais explícita a este propósito, consignando critérios de orientação para as entidades reguladoras e para os pró-

---

[211] Na discussão na generalidade da Proposta de Lei a Ministra do Ambiente à altura, ELISA FERREIRA, referia que "o objectivo desta proposta de lei é terminar de uma vez por todas com actuações e práticas concretas que a sociedade considera há muito abusivas e prejudiciais para os utentes". O Deputado GONÇALO RIBEIRO DA COSTA referiu: "gostaria de salientar o carácter positivo da norma do artigo 8.º, que proíbe a imposição e cobrança de consumos mínimos, sendo certo que é esta a prática que tem sido seguida pelas entidades fornecedoras, pelo menos no que respeita ao consumidor individual ou não profissional, como também já lemos. Nunca é demais que se consagre a sua proibição por escrito". Na sua intervenção o Deputado JOSÉ CALÇADA considerou positivo "o desaparecimento do chamado «consumo mínimo» de água, que funcionava como uma espécie de taxa abusiva sobre o consumidor". O deputado CALVÃO DA SILVA lembrou que quanto aos consumos mínimos proibidos, isso já antes acontecia no domínio da água, citando o DL n.º 207/94, de 6 de Agosto – *in* DAR I série, n.º 56/VII/1, de 12 de Abril de 1996, pp. 22, 24, 29 e 36.
[212] *A protecção do consumidor de serviços de telecomunicações*, p. 150 e *A protecção do consumidor de serviços públicos essenciais*, p. 342.
[213] FROTA, *Os serviços de interesse geral e o princípio fundamental da protecção dos interesses económicos do consumidor*, p. 122 e *A tutela do consumidor de produtos e serviços públicos essenciais na Europa*, p. 12.

prios fornecedores". O Autor entendia que o legislador devia completar a regra sobre proibição de cobrança de serviços mínimos, considerando como tal taxas fixas exorbitantes ou sem contraprestação efectiva[214].

Aquando da discussão pública do Anteprojecto de Código do Consumidor, e sobre o alcance da proibição constante do seu art. 322.º, que retomava o art. 8.º da Lei n.º 23/96, MENEZES CORDEIRO entendia que um consumo mínimo é "uma técnica de facturação pela qual o prestador do serviço cobra, «à cabeça», um montante equivalente a um certo consumo, independentemente de ele ter ocorrido. Tal montante é, economicamente, equivalente a uma assinatura, um aluguer de contador, uma taxa de acesso ao serviço". No entender do Autor, "terá, em relação a estes esquemas, o ganho de possibilitar, ao consumidor, uma certa vantagem: a de poder consumir, por conta da importância envolvida e dentro do seu limite, sem maiores dispêndios". No entanto, o Autor adverte: "a proibição dos «consumos mínimos» parece «politicamente correcta». Mas à reflexão, vê-se que ela apenas envolve uma redenominação linguística a qual, a operar, jogará mesmo contra os consumidores. A sua desadequação mais se acentua em relação a sectores em franca concorrência. O consumidor desagradado com um «consumo mínimo» poderá optar por um prestador que antes lhe cobre uma «assinatura». Havendo informação, ninguém se pode queixar"[215].

III. Para compreender o alcance da proibição fixada no n.º 1 é necessário fixar o verdadeiro significado da expressão "consumo mínimo", até porque esta pode facilmente confundir-se com outras figuras próximas. O legislador proíbe, de forma expressa e inequívoca, a imposição (a fixação, a exigência) e a cobrança de "consumos mínimos". Esta expressão agrega dois vocábulos: o substantivo *consumo* e o adjectivo *mínimo*. O consumo é um gasto, uma despesa. Diz-se mínimo o que é mais pequeno ou muito pequeno, diminuto, a menor quantidade ou ao mais baixo preço. Com a adopção da expressão "consumo mínimo" o legislador quis proibir, em nosso entender, a fixação e cobrança de quotas *mínimas* de consumo, ou seja, de patamares *mínimos* de despesa que o utente teria de satisfazer ainda que não correspondessem a um consumo real, isto é, a uma despesa ou gasto efectivos. Um consumo mínimo corresponde a um montante ou valor fixado "à cabeça", *ab initio*, o qual é devido independentemente de ocorrer qualquer consumo, ou de o consumo (o gasto) real ser inferior. Ora bem, tendo presente o

---

[214] *Serviços Públicos, Contratos Privados*, pp. 136 e 143.
[215] *O anteprojecto de Código do Consumidor*, p. 715.

princípio fundamental da protecção dos interesses económicos dos utentes, o legislador quis proibir a fixação de valores que não têm qualquer justificação ou correspectivo. Assim, por exemplo, a um consumo de água zero tem de corresponder uma factura de água que, no que respeita ao volume de bens prestados ao utente, nada exige. É por isso verdade que o utente só deve pagar *o que* consome e *na exacta medida* em que consome[216]. Se o contrato tem por objecto mediato o fornecimento de água, o utente não pode ser obrigado a pagar algo que não consumiu, não pode ser forçado a retribuir um bem que não lhe foi prestado. A um consumo zero deve pois corresponder um valor zero.

Através do método de facturação do "consumo mínimo" o prestador do serviço estaria a assegurar que todos os utentes pagariam, no mínimo (na pior das hipóteses), um valor pré-determinado, quer o consumo efectuado efectivamente atingisse ou ultrapassasse esse valor, quer não existisse ou fosse inferior. Neste último cenário, e quanto à diferença entre o valor efectivamente consumido e o valor cobrado (relativo a esse "patamar mínimo"), o prestador de serviços estava a enriquecer injustificadamente, ao assegurar que todos os utentes, independentemente do consumo efectuado, lhe traziam algum benefício ou lucro. Compreendendo a ilicitude de tal estratagema comercial, o legislador proibiu, desde a versão primitiva da LSPE, a imposição e cobrança de "consumos mínimos", com o alcance enunciado.

O consumo mínimo corresponde a um valor fixo, que não varia em função do consumo, pelo menos em sentido decrescente. Dito de outra forma: ainda que o utente consuma bens ou serviços em montante inferior aos que correspondem ao consumo mínimo fixado, terá de satisfazer esse montante mínimo fixado "à cabeça"; se consumir bens ou serviços de volume superior a esse patamar, satisfará não só o valor mínimo mas também o correspondente à diferença entre os dois valores. É justamente no facto de ser obrigado a pagar a diferença entre o consumo real e o consumo mínimo que reside a injustiça da fixação e cobrança de "consumos mínimos", na medida em que tal diferença não tem causa justificativa.

Sempre que estejamos perante um verdadeiro "consumo mínimo", com as características que lhe apontámos, este será proibido, de acordo com o n.º 1 do art. 8.º da LSPE[217]. Deste modo, o utente pode recusar-se a satisfazer o consumo mínimo

---

[216] FROTA, *Os serviços de interesse geral e o princípio fundamental da protecção dos interesses económicos do consumidor*, p. 122.
[217] Para além da inexigibilidade do montante qualificado como "consumo mínimo", a imposição e cobrança deste tipo de quantias pode consubstanciar um crime de especulação, previsto e punível pelo art. 35.º do DL n.º 28/84, de 20 de Janeiro.

que vem apresentado na factura, com base na sua ilicitude. Se não tiver efectuado qualquer consumo no período efectuado (consumo zero), o utente pode recusar-se a efectuar qualquer pagamento que resulte da aplicação da tarifa de consumo ao serviço prestado. Assim, por exemplo, se na factura da água constar um valor de m3 diferente de zero, relativo ao "consumo de água", estaremos perante um consumo mínimo, o qual é proibido. Se apesar de ter um consumo real que não ultrapassa o valor do "consumo mínimo" lhe é exigido o pagamento desse "patamar" ou "limiar mínimo", o utente pode exigir a correcção da factura, e solver apenas o valor correspondente ao seu consumo real, por aplicação das tarifas de consumo previstas legalmente ao montante dos bens ou serviços utilizados. A diferença entre esse valor e o valor referente ao "consumo mínimo" é ilícita e, por isso, inexigível.

IV. Por corresponder a um verdadeiro "consumo mínimo", deve considerar-se ilícita a chamada "taxa de activação da chamada"[218]. Esta taxa, que frequentemente era cobrada no serviço telefónico, tinha uma natureza fixa, uma vez que era independente dos impulsos da chamada telefónica efectuada. Esta taxa referia-se ao custo de estabelecimento da chamada, ou seja, tratava-se de um custo inicial relativo ao estabelecimento de qualquer chamada telefónica, que apenas passaria a ser tarifada ao segundo após a fixação desse montante. Pois bem: na prática esta taxa equivalia a um arredondamento em alta da duração temporal e do preço da chamada, o que correspondia a uma prática comercial enganosa, sendo portanto proibida. Esta taxa correspondia, no essencial, à anterior "taxa de activação", que também era proibida devido ao seu carácter fixo e independência face à real duração da chamada. A ilegalidade da "taxa de activação" foi declarada pelo STJ em acção popular, por a mesma não integrar a unidade de medida da comunicação telefónica: "mediante a taxa de activação o preço da chamada telefónica, em vez de medido pelo impulso, passa a conter dois elementos: um elemento fixo, que é a activação da chamada, e um elemento variável, que é o impulso" (acórdão de 7 de Outubro de 2003 – processo 03A1243).

Consumos mínimos vs "contraprestação fixa"

Como vimos, o "consumo mínimo" corresponde a um método de facturação em que se impõe um valor fixo, que não varia em função do consumo, pelo menos em

---

[218] CALVÃO DA SILVA, *Serviços públicos essenciais: alterações à Lei n.º 23/96 pelas Leis n.os 12/2008 e 24/2008*, pp. 172 s.

sentido decrescente. Este carácter *relativamente* fixo dos verdadeiros "consumos mínimos" não nos deve levar, porém, a confundi-los com outras situações em que o valor da contraprestação devida pelo utente é fixo. Dito de outra forma: nem todos os montantes fixos exigidos como contraprestação do serviço podem, só pelo seu carácter invariável, ser qualificados automaticamente como "consumos mínimos" e, em consequência, ser considerados proibidos.

Basta pensar no caso da prestação de serviços de internet. Neste sector é frequente a fixação da contraprestação do utente de uma forma fixa. Em função do volume de tráfego de dados contratado (até um determinado patamar ou ilimitado), da velocidade de acesso, do horário em que o acesso é efectuado, da disponibilidade de serviços de televisão, telefone fixo ou móvel associados, do número de caixas de correio disponibilizadas, do tipo de tráfego autorizado (nacional ou internacional) ou de outras variantes, são propostos ao utente diferentes tarifários, de entre os quais o utente irá seleccionar aquele que lhe parece mais apropriado. O tarifário pode ainda incluir o custo do aluguer de equipamentos necessários para o acesso ao serviço, por exemplo, *modems*. A cada uma dessas opções tarifárias, designadas por pacotes ou *packs*, corresponde um tarifário diferente, a pagar de forma mensal, que é designado por *mensalidade* ou *assinatura mensal*. Esta contraprestação tem geralmente carácter relativamente fixo. Quer isto dizer: se o tarifário escolhido tiver limites ou *plafonds*, e for ultrapassado, o utente terá de pagar a diferença relativa ao consumo efectuado que não esteja compreendido nesse tarifário (por exemplo, em caso de ultrapassagem do número de *gigabites* de tráfego de dados permitido). Noutros casos, o consumo é ilimitado, pelo que o valor da mensalidade é sempre fixo.

Ora bem: estamos perante um verdadeiro consumo mínimo? Na pureza dos conceitos, também aqui existe uma diferença entre o consumo efectuado e a mensalidade paga. Dito de outro modo, dificilmente estes dois valores irão coincidir. Assim, por exemplo, se o utente nem sequer utilizou o acesso à internet durante esse mês. Neste tipo de serviços a contraprestação devida não varia em função do consumo (excepto na situação em que ultrapasse o montante contratado). Ou seja, caso o consumo fique abaixo do tecto máximo permitido por cada tarifário, não existirá redução do montante pago. O utente contrata, verdadeiramente, um *pack*, um pacote que inclui um tecto máximo (ou que nem sequer tem limite fixado), que corresponde ao tipo de utilização que espera efectuar, de acordo com as suas necessidades – desde um consumo mínimo ou esporádico até um consumo intensivo ou contínuo, quer o venha a utilizar na totalidade ou não. Não podemos dizer que seja tecnicamente impossível ao prestador do serviço contabilizar o volume de utilização do serviço efectuado pelo utente. Na verdade, o prestador do serviço possui mecanismos que lhe permitem controlar o volume de utilização, e lança mão deles quando o consumo efectuado ultrapassa o máximo previsto, exigindo o pagamento adicional do montante que exceda o volume de utilização contratado.

O mesmo cenário se verifica no caso dos tarifários telefónicos. Muitas vezes, especialmente no sector do telefone móvel, a contraprestação do utente varia em função de pacotes de chamadas (com um tecto máximo de horas de conversação fixado ou sem limite de horas). Mais uma vez, o utente paga um montante fixo (a mensalidade), independentemente da utilização efectuada. Este cenário não se confunde com os chamados "carregamentos obrigatórios", em que o utente apenas paga as chamadas efectuadas, mas tem de "carregar" o cartão com um determinado valor em chamadas com uma determinada periodicidade (por exemplo, mensalmente). Neste caso, os montantes pagos ficam em crédito do utente, que os poderá utilizar livremente. Estamos a referir-nos aos casos em que, pagando um determinado montante, o utente pode utilizar o serviço ilimitadamente (por exemplo, chamadas gratuitas para uma determinada rede, ou num determinado horário). Também neste caso podemos dizer que existe uma diferença entre a utilização efectivamente verificada e o valor pago.

Estamos perante verdadeiros "consumos mínimos"? Entendemos que não. Com efeito, só pelo facto de a contraprestação ser fixada de modo invariável (ou variável apenas *relativamente*, em sentido crescente ou excedente ao contratado, quando tenha limite), não podemos imediatamente concluir que estamos perante um consumo mínimo. Estamos perante formas variadas de fixar a contraprestação devida pelo utente. Nos sectores do telefone e da internet existe uma multiplicidade de tarifários, de opções de pagamento (pré-pago, pós-pago), de tarifários combinados, variados, sectoriais, específicos, *etc*. O utente escolhe um dos tarifários atendendo ao tipo de utilização que efectua ou espera efectuar, ao seu perfil de consumo, mudando amiúde de tarifário quando considera que existe um mais adequado ou quando o prestador de serviço passa a oferecer novas modalidades de tarifário. A escolha é feita com base no princípio da liberdade contratual, de entre um vasto leque de opções. Só poderíamos dizer que os interesses económicos do utente estariam a ser postos em causa, através da cobrança de "consumos mínimos", se existisse apenas um tarifário, obrigatório para todos os utentes, e se esse tarifário não variasse em função da utilização efectuada. Existindo pelo menos um tarifário disponível em que os utentes paguem apenas as chamadas efectuadas (o que pode suceder prévia ou posteriormente, consoante as opções) está salvaguardada a protecção dos interesses económicos dos utentes. Todos os outros tarifários disponíveis, mesmo que cobrem um valor fixo, independentemente da utilização efectuada, são de adesão livre.

Existe ainda um caso que poderá levar o nosso raciocínio ao limite: o sector do *serviço de televisão por subscrição*. Este conceito inclui todos os serviços de distribuição ou difusão do sinal de televisão que não sejam *free-to-air*. Este serviço pode ser disponibilizado através da distribuição por satélite, por cabo, por fibra óptica ou por outras tecnologias. Estes serviços são prestados através de pacotes cuja subscrição implica o pagamento de um preço. Neste tipo de serviço o utente escolhe, mais uma vez, um tarifário determinado de acordo com a gama de serviços a que pretende aceder (canais disponíveis, serviços adicionais, chamadas telefónicas, *etc*). Para além disso, no serviço de televisão podem ser oferecidos serviços em sistema *pay per view*. Esta designação refere-se ao serviço de aquisição de eventos (por exemplo, um jogo de futebol ou um filme) à peça, sendo independente da assinatura de um canal completo ou pacote de canais. Geralmente é utilizada pelos operadores de televisão para a disponibilidade de determinados programas de qualidade *premium*. Alguns sistemas *pay per view* requerem que o utente telefone para um centro de gestão de clientes, solicitando a visualização do evento, outros permitem a compra do direito de ver um evento através de um menu no ecrã e do comando à distância, recebendo autorização imediata. Neste caso, o valor dos serviços prestados em *pay per view* acresce à *assinatura* ou à *mensalidade* fixada para o pacote de canais subscrito pelo utente.

Ora, tanto no caso dos serviços integrados em pacotes, como dos serviços prestados em sistema de *pay per view*, o correspectivo a pagar pelo utente corresponde, mais uma vez, a um valor fixo e invariável. Pode, deste modo, suceder que o utente nem sequer faça qualquer utilização do serviço, mas ainda assim estará obrigado a pagar a mensalidade. Isso não significa que estejamos perante um "consumo mínimo" mas antes perante uma forma de fixação invariável da contraprestação do utente. Mesmo no sistema *pay per view* não existe um verdadeiro *pagamento por visualização* – o utente pode nem sequer assistir ao canal que subscreveu ou ao espectáculo que pagou. Só existiria uma verdadeira correspectividade entre o pagamento efectuado e o consumo realizado se aquele pagamento fosse proporcional à visualização de televisão, ou dependesse de a televisão estar, efectivamente, ligada. O sistema de televisão por subscrição faz depender o acesso ao serviço de um pagamento, de uma subscrição. Só essa subscrição faz desbloquear o serviço, que estava encriptado. No entanto, o utente paga a mera disponibilidade do serviço, o *direito de acesso*, e não *o acesso em si mesmo*, o qual pode nem sequer se verificar. Isto sucede com qualquer utente do serviço de televisão por subscrição, que muitas vezes nem sequer se apercebe da inesgotável oferta de canais de televisão, nacionais e estrangeiros, a que tem *direito de aceder*.

O que pretendemos, com esta passagem de olhos pela realidade de alguns serviços qualificados como serviços públicos essenciais (o telefone, a internet, a televisão por subscrição), é analisar os diferentes modos de fixação da contraprestação devida pelo utente, a fim de contrapor aos verdadeiros (e proibidos) consumos mínimos outras figuras que com eles se podem enganosamente assemelhar. A conclusão que retiramos é a de que o carácter fixo da contraprestação não nos deve levar imediatamente a qualificar essa contraprestação como um "consumo mínimo". A cobrança de uma *assinatura mensal* ou *mensalidade* não é obrigatória mas é muito frequente. A lei não proíbe a cobrança de assinatura mensal, apenas proíbe a cobrança de *consumos mínimos* obrigatórios. Em todos os cenários que analisámos, os preços pagos pela utilização de serviços de comunicações, embora fixos, não podem ser considerados "consumos mínimos", encontrando-se, em nosso entender, plenamente justificados do ponto de vista económico e jurídico.

Consumos mínimos vs "períodos mínimos de contratação"

De igual modo, convém não confundir a fixação e cobrança de "consumos mínimos" com a existência de "períodos mínimos" de duração do contrato. É muito frequente na celebração de contratos de prestação de serviços como o telefone, a televisão por subscrição e a internet a existência de um período mínimo de vigência do contrato. São os chamados "períodos de fidelização". Ao contrário do que sucede em serviços como a água, o gás, a electricidade, *etc.*, em que o contrato não tem um período de vigência fixado, nos serviços de comunicações electrónicas é muito frequente a imposição, pelo prestador do serviço, de um período mínimo de duração do contrato.

A exigência de um período mínimo de duração do contrato, com a qual o utente concorda, resulta geralmente do facto de, com a celebração do contrato, serem concedidas alegadas promoções ou vantagens comerciais ao utente – por exemplo, a oferta ou mudança frequente de telemóveis de valor considerável. Ao invés de vender o telemóvel pelo seu valor global e celebrar um contrato de utilização da rede móvel, o prestador do serviço muitas vezes oferece o telemóvel ao utente, livre de quaisquer encargos, ou sujeito apenas a um valor residual, com a obrigação de "permanência" do utente durante um determinado período de tempo. Como é evidente, neste caso o prestador do serviço espera reembolsar o valor do telemóvel a longo prazo, diluído no valor das facturas que serão pagas pelo utente. Estratégias semelhantes são utilizadas no sector da internet e da televisão por cabo. Neste cenário as partes decidem que o vínculo contratual terá uma duração mínima, a qual irá permitir ao prestador do serviço remunerar o investimento que fez (por exemplo, a oferta do telemóvel ou do *modem* de internet no momento da celebração do contrato). Em consequência, se o utente do serviço pretender pôr fim ao contrato antecipadamente, terá de suportar alguns montantes fixados contratualmente, e que visam compensar o prestador do serviço por aquele investimento – por exemplo, as mensalidades relativas aos meses de contrato em falta.

Poderíamos alegar que neste caso o prestador do serviço está a tentar "agarrar" o utente durante um período de tempo que pode ser considerável (dois, três anos) e que, ao exigir o pagamento dos valores mensais vincendos até ao final da vigência do contrato, ele aufere uma vantagem inaceitável, equivalente, na prática, à imposição de "consumos mínimos". Estamos, no entanto, perante situações perfeitamente distintas. No âmbito do princípio da liberdade contratual (art. 405.º), as partes entendem vincular-se com alguma estabilidade, por um período temporal que o prestador do serviço considera comercialmente suficiente para remunerar o seu investimento e obter o devido lucro. O utente consente nesse prazo mínimo de duração, aliciado pelas vantagens que lhe são apresentadas como contra-balanço da vinculação por aquele período de tempo. Em caso de não cumprimento, na íntegra, do contrato, nomeadamente por cessação intempestiva por parte do utente, serão aplicáveis as cláusulas penais fixadas no contrato, desde que, como é evidente, não sejam abusivas, nos termos fixados no CC (art. 810.º) e no DL n.º 446/85, de 25 de Outubro (cláusulas contratuais gerais).

O DL n.º 56/2010, de 1 de Junho, veio estabelecer limites à cobrança de quantias pela prestação do serviço de desbloqueamento dos aparelhos que permitem o acesso a serviços de comunicações electrónicas, garantindo os direitos dos utilizadores e promovendo uma maior concorrência neste sector. Este diploma veio referir-se expressamente à figura, tão frequente na prática, dos "períodos de fidelização".

O n.º 1 do art. 2.º proíbe a cobrança de qualquer contrapartida pela prestação do serviço de desbloqueamento dos equipamentos, findo o período de fidelização contratual. O n.º 2 do mesmo art. fixa os limites máximos das contrapartidas que podem ser exigidas, durante o período de fidelização, pela resolução do contrato e pelo desbloqueamento do equipamento. Para além disso, é proibida a cobrança de qualquer contrapartida, para além das referidas no n.º 2, a título indemnizatório ou compensatório pela resolução do contrato durante o período de fidelização (n.º 3). Não existindo período de fidelização, pelo serviço de desbloqueamento do equipamento não pode ser cobrada uma quantia superior à diferença entre o valor do equipamento, à data da sua aquisição ou posse, sem qualquer desconto, abatimento ou subsidiação, e o valor já pago pelo utente (n.º 4 do art. 2.º).

O período de fidelização não pode ter duração superior a 24 meses (art. 4.º). No entanto, este limite máximo de duração só é aplicável aos contratos celebrados a partir da entrada em vigor do diploma (30 de Agosto de 2010 – art. 10.º do DL n.º 56/2010). Como é evidente, se o utente aderir a um novo tarifário, promoção ou campanha do seu operador ou de outro, pode ficar sujeito a um novo período de fidelização. Para evitar surpresas, antes de mudar de tarifário ou de aderir a uma campanha ou promoção, o utente deve informar-se se não estará sujeito a um novo período de fidelização.

Mesmo antes da entrada em vigor do DL n.º 56/2010 já se entendia que este tipo de cláusulas seriam válidas, desde que respeitados os limites gerais da lei. A licitude dos "períodos mínimos de duração do contrato" foi confirmada pelo acórdão do TRL de 6 de Dezembro de 2007 (processo 8963/2007-2), que entendeu que "é válida a cláusula, inserida num contrato de prestação de serviço de telecomunicações móveis, em que o utilizador do serviço se obriga a manter o vínculo contratual pelo período de 30 meses sob pena de pagar à operadora a quantia equivalente ao valor das taxas relativas a 30 meses de utilização dos telemóveis, deduzido das taxas já pagas".

Só haverá obrigação de respeitar um período mínimo de duração do contrato, como é natural, se ele for fixado por acordo das partes. O período de fidelização é uma possibilidade, frequente, mas não uma regra de todos os contratos. A este propósito, a ANACOM aprovou, em deliberação de 11 de Dezembro de 2008, as "Linhas de orientação sobre o conteúdo mínimo a incluir nos contratos para a prestação dos serviços de comunicações electrónicas"[219]. A propósito dos contratos com períodos de fidelização ou permanência, estes devem fazer referências aos seguintes aspectos: a justificação do período de fidelização pela concessão de contrapartidas ou benefícios ao cliente, designadamente, como resultado da subsidiação de equipamento, de custos de angariação ou de custos de activação do serviço ou de descontos contratados; a duração do período de fidelização; caso a contrapartida consista num equipamento que esteja bloqueado, indicação do custo do desbloqueio; a indicação de um meio simples e expedito através do qual o cliente possa, a todo o momento, saber quando se conclui o período de fidelização e qual o valor que terá que pagar se rescindir antecipadamente o

---

[219] Disponível a partir do sítio www.anacom.pt.

contrato; a indicação da forma de cálculo do valor que o cliente deve pagar em caso de rescisão antecipada do contrato; e cláusula que estipule que em caso de pagamento do valor dos benefícios que foram inicialmente concedidos, no final do período de permanência ou em caso de rescisão antecipada do contrato, o cliente tem direito ao desbloqueio do equipamento pelo preço que constar inicialmente do contrato e que não lhe pode ser exigido a nenhum título qualquer quantia suplementar.

CARDOSO entende que seria desejável que os utentes pudessem circular livremente entre diferentes prestadores de serviços sem qualquer penalização, impondo-se apenas um período mínimo de pré-aviso[220]. Não concordamos com esta perspectiva. Por um lado, porque a existência de períodos mínimos de duração do contrato é uma faculdade que resulta da liberdade de fixação do conteúdo dos contratos, e apenas deve ser controlada e combatida em casos extremos. Foi esse, aliás, o escopo do DL n.º 56/2010, que visou estabelecer limites à cobrança de quantias pela prestação do serviço de desbloqueamento dos aparelhos que permitem o acesso a serviços de comunicações electrónicas, evitando alguns abusos que se verificavam nesta matéria, mas não vedou, de todo, a possibilidade de fixação pelas partes de períodos mínimos de duração do contrato, desde que não ultrapassem dois anos. Por outro lado, a utilização de períodos mínimos de vigência é frequente nos mais diversos domínios da vida económica e social, alguns tão ou mais sensíveis do que o dos "serviços públicos essenciais", sem que o legislador os encare como perigosos ou prejudiciais para o utente/aderente. Por fim, por uma razão de ordem prática: se a Lei viesse estabelecer a livre denúncia dos contratos que envolvessem a prestação de serviços públicos essenciais e que tivessem um período de duração fixado, apenas sujeitando o exercício dessa faculdade a um pré-aviso adequado, os prestadores dos serviços iriam retrair-se na utilização deste tipo de contratos, limitando-se a oferecer vantagens mínimas, por recearem a sempre iminente denúncia por parte do utente, o que acabaria por se traduzir em prejuízo para o sector e para os próprios utentes.

N.º 2

Proibição de cobrança de outras quantias
I. Como já referimos, o art. 8.º da LSPE foi objecto de profunda alteração pelo art. 1.º da Lei n.º 12/2008, de 26 de Fevereiro, que aditou dois novos n.os (n.ºs 2

---

[220] Os serviços públicos essenciais: a sua problemática no ordenamento jurídico português, pp. 138 s.

e 3). O legislador veio, com esta alteração, desenvolver e densificar o princípio geral fixado no n.º 1. A nova redacção, constituída por três números, entrou em vigor no dia 26 de Maio de 2008.

Do n.º 1 do art. 8.º resulta, como vimos, a proibição da imposição e cobrança de "consumos mínimos", ou seja, a utilização de técnicas de facturação em que se imponham valores fixos de consumo ou patamares mínimos de utilização que não variam em função do consumo. As quantias exigidas ao utente que sejam qualificáveis como consumos mínimos são proibidas e, portanto, inexigíveis. Pois bem: o n.º 2 do mesmo art. proíbe a cobrança aos utentes de serviços públicos essenciais de outros quatro tipos de importâncias.

a) Em primeiro lugar, é proibida a cobrança (e, obviamente, também a mera "imposição") de "qualquer importância a título de preço, aluguer, amortização ou inspecção periódica de contadores ou outros instrumentos de medição dos serviços utilizados". O legislador usa a expressão "importância" num sentido lato, querendo desta forma abarcar qualquer montante, independentemente da sua designação. Através desta al. o legislador quis claramente obstar à cobrança do chamado "aluguer do contador". Foi por esse motivo, aliás, que a epígrafe do art. passou a ser "consumos mínimos *e contadores*". Na Exposição de motivos do Projecto de Lei n.º 263/X pode ler-se: "entendeu-se fixar a proibição da cobrança aos utentes de importâncias relativas ao uso dos contadores e outros instrumentos de medição aplicados pelos prestadores de serviços para controlo dos consumos efectuados. Os custos destes instrumentos, sendo inerentes ao exercício da actividade do prestador, devem ser por estes suportados e não incluídos na factura dos serviços paga pelo utente"[221].

---

[221] DAR, II série-A, n.º 115, de 1 de Junho de 2006, p. 7. Na apresentação do Projecto de Lei o Deputado RENATO SAMPAIO referiu que se pretendia "corrigir uma injustiça que tem prevalecido ao longo dos anos sem que nada o justifique — o aluguer de aparelhos de medição dos serviços prestados. Esta prática consubstancia uma verdadeira taxa fixa e permanente. Não é justa a prática corrente de cobrança de um valor pelo aluguer de um contador quando a amortização deste se pode fazer ao fim de determinado tempo e não indefinidamente pelo tempo de duração do contrato de prestação do serviço. O instrumento de medição do serviço prestado serve tanto ao consumidor como ao prestador; ele é inerente à prestação do serviço, pelo que o seu valor não se deve repercutir apenas sobre o consumidor. Do ponto de vista dos consumidores, a cobrança de uma taxa pelo aluguer de um contador constitui um encargo adicional que, a existir, poderia ter apenas a duração necessária à amortização do contador e não, como acontece hoje, existir indefinidamente como se o seu valor não fosse amortizável". A Deputada ALDA MACEDO questionou, nestes termos, o Deputado que apresentara o Projecto de Lei: "este projecto parece-me insuficiente porque deixa ficar de fora duas áreas,

A proibição da cobrança de contrapartidas referentes aos contadores ou instrumentos de medição deriva da proibição de práticas comerciais desleais das empresas nas relações com os consumidores. O DL n.º 57/2008, de 26 de Março, transpôs para a ordem jurídica interna a Directiva n.º 2005/29/CE, do Parlamento Europeu e do Conselho, de 11 de Maio, relativa às práticas comerciais desleais das empresas nas relações com os consumidores. As práticas comerciais desleais são proibidas (art. 4.º). Segundo o art. 5.º, é desleal qualquer prática comercial desconforme à diligência profissional, que distorça ou seja susceptível de distorcer de maneira substancial o comportamento económico do consumidor seu destinatário ou que afecte este relativamente a certo bem ou serviço (n.º 1). O art. 8.º considera como enganosas, em qualquer circunstância, um conjunto de práticas comerciais, sendo de destacar a enunciada na alínea q): "sem prejuízo do disposto nos Decretos-Leis n.os 240/2006, de 22 de Dezembro, 172/2007, de 8 de Maio, e 81/2006, de 20 de Abril, fazer o arredondamento em alta do preço, da duração temporal ou de outro factor, directa ou indirectamente, relacionado com o fornecimento do bem ou com a prestação do serviço que não tenha uma correspondência exacta e directa no gasto ou utilização efectivos realizados pelo consumidor e que conduza ao aumento do preço a pagar por este". A cobrança de um factor relacionado com o fornecimento do serviço público essencial, nomeadamente do instrumento de medição (o contador de água, de luz ou de gás) sem correspondência exacta e directa no consumo efectivo realizado pelo consumidor e que conduz ao aumento do preço a pagar equivaleria, na prática, à imposição da cobrança do consumo mínimo. Ora, como vimos, os consumos mínimos são proibidos pelo n.º 1 do art. 8.º.

se é que interpreto a redacção das alíneas do artigo 8.º da Lei n.º 23/96, tal como estão propostas adequadamente. Essa insuficiência tem que ver com o facto de, hoje, o cidadão comum, na sua conta de electricidade, além da taxa de contador, pagar também uma taxa de exploração. Pergunto-lhe, pois, se é a esta taxa de exploração que se refere quando o projecto de lei diz «outras taxas conexas com aquilo que são os instrumentos de medição». É preciso que isto fique aqui claro, para sabermos exactamente do que é que estamos a falar". Esta concreta pergunta ficou, no debate, sem resposta, tendo o Deputado RENATO SAMPAIO reafirmado que a taxa de aluguer dos contadores "é, do nosso ponto de vista, indevida: é uma taxa a coberto de um aluguer de um aparelho de medição que deve ser da responsabilidade da entidade prestadora de serviços". A Deputada HELOISA APOLÓNIA realçou que o Projecto de Lei "promove o alargamento da abrangência de serviços públicos essenciais fornecidos aos consumidores, a proibição de fixação de taxas encapotadas, o que nos parece extraordinariamente importante, como os montantes pagos pela existência de um contador que permite ao prestador de serviço contabilizar o consumo efectuado, ou a classificação da regularização do pagamento por defeito e em excesso". Vide DAR I série, n.º 60/X/2, de 16 de Março de 2007, pp. 12 ss.

CALVÃO DA SILVA defende que a proibição da cobrança aos utentes de "qualquer contrapartida – independentemente do seu *nomen iuris* (preço, aluguer, taxa, «imposto», encargo, taxa de disponibilidade, amortização, etc.) – pelo uso de contadores e de outros instrumentos de medição dos consumos evidencia o sentido e fim da norma do n.º 2 do art. 8.º: os custos desses instrumentos utilizados para controlo dos consumos efectuados devem ser imputados aos prestadores dos serviços públicos como dispêndios inerentes ao exercício das actividades profissionais em causa"[222]. Deste modo, o custo dos contadores ou de outros instrumentos de medição do consumo deve ser suportado pelos prestadores dos serviços públicos e não podem ser incluídos nas facturas dos serviços a pagar pelos utentes.

A proibição prevista na al. a) do n.º 2 faz todo o sentido. Com efeito, era inaceitável que os utentes pagassem, ao longo de uma vida, e através de uma "taxa de aluguer", um valor que supostamente pretendia remunerar a aquisição ou aluguer do contador – o qual, ao fim de poucos meses, já estava mais do que pago. Parece-nos perfeitamente admissível que, sendo o contador um instrumento indispensável à medição do serviço fornecido, o legislador faça impender sobre o prestador do serviço os custos associados à aquisição, manutenção e substituição deste dispositivo. Ou seja: o prestador do serviço não pode reflectir sobre o utente os custos associados à existência do contador, pois o legislador entendeu que é o prestador do serviço quem deve suportar este encargo, que será diluído, como é evidente, na retribuição do prestador do serviço. O princípio que a visão originária do art. 8.º da Lei n.º 23/96 visava, e que agora saiu reafirmado, é o de que o utente só deve pagar aquilo que consome, podendo-se falar da consagração de um princípio de pagamento exclusivo do consumo efectivo, contra o abuso de direito do prestador de serviços, já que este, por essa via, poderia cobrar um valor pecuniário sem qualquer contrapartida. Assim, é vedado ao prestador do serviço exigir qualquer importância que seja o correspectivo do preço, aluguer, amortização ou inspecção periódica de contadores ou outros instrumentos de medição dos serviços utilizados. Os custos associados a estes aparelhos devem ser suportados pelo prestador do serviço, e não devem implicar qualquer pagamento autónomo por parte do utente.

A al. b) do n.º 2 proíbe igualmente a cobrança de "qualquer outra taxa de efeito equivalente à utilização das medidas referidas na alínea anterior, independentemente da designação utilizada". Com esta al. o legislador pretendeu obstar à

---

[222] *Serviços públicos essenciais: alterações à Lei n.º 23/96 pelas Leis n.os 12/2008 e 24/2008*, p. 172.

utilização de quaisquer qualificação enganosa ou designação eufemística, que no fundo tivesse um efeito equivalente à cobrança de uma importância pela utilização ou inspecção dos instrumentos de medição dos serviços. Procura-se, como é patente, evitar que os prestadores contornem a proibição da al. b) através de mecanismos linguísticos menos claros que constituiriam uma verdadeira fraude à lei. Todos esses montantes são proibidos, independentemente do nome que lhes é atribuído, desde que tenham um efeito equivalente ao proibido pela al. b). Para tanto importa saber, como é evidente, qual a justificação económica do montante que está a ser exigido ao utente. Se o objectivo dessa taxa ou quantia for fazer impender sobre o utente os custos do prestador do serviço com contadores ou outros instrumentos de medição, então serão proibidas. As al. a) e b) devem, deste modo, ser lidas em conjunto, pois o princípio fixado na primeira al. é desenvolvido e clarificado na segunda, com evidente preocupação de abrangência e clareza.

A al. c) proíbe a cobrança de "qualquer taxa que não tenha uma correspondência directa com um encargo em que a entidade prestadora do serviço efectivamente incorra, com excepção da contribuição para o audiovisual". Deste modo, o legislador proíbe taxas que não tenham qualquer correspondência com encargos em que o prestador do serviço incorra. Está em causa o princípio da correspectividade das taxas. O legislador pretende esclarecer que são proibidas todo o tipo de taxas que não tenham na sua base um encargo em que o prestador do serviço incorra, independentemente de dizerem respeito ou não aos instrumentos de medição (tal já decorria da proibição da al. a) e b)). Procura-se, deste modo, obstar à *criatividade* dos prestadores de serviços que procurem aumentar o preço a pagar pelo utente exigindo taxas que não têm qualquer correspondência com os encargos suportados. Dito de outra forma, o prestador do serviço só pode fazer incidir sobre o utente as taxas que tenham uma correspondência, ademais *directa*, com encargos em que ele *efectivamente* incorra, ou seja, que não sejam meramente *eventuais*. Esta ideia de *correspectividade efectiva* e *directa* resulta também da citada al. q) do art. 8.º do DL n.º 57/2008, de 26 de Março, ao proibir a cobrança de quantias relativas a "qualquer factor, directa ou indirectamente, relacionado com o fornecimento do bem ou com a prestação do serviço que não tenha uma correspondência exacta e directa no gasto ou utilização efectivos realizados pelo consumidor e que conduza ao aumento do preço a pagar por este".

Assim, para que uma taxa seja lícita, deve corresponder a algum factor que, directa ou indirectamente, esteja relacionado com o fornecimento do bem ou com a prestação do serviço, tendo uma correspondência exacta e directa no gasto ou utilização efectivos realizados pelo utente. Averiguar da licitude das taxas ou outros montantes pecuniários exigidos e cobrados ao utente depende, deste modo, de analisar se não estamos perante um verdadeiro "consumo mínimo" (proibido pelo n.º 1 do art. 8.º) e se, ademais, não estamos perante a cobrança de um valor imputado, *ficticiamente*, a um factor, directa ou indirectamente, relacionado com o fornecimento do bem ou com a prestação do serviço, mas que, *na verdade*, não tem uma correspondência *exacta e directa* no gasto ou utilização efectivos realizados pelo utente e que, na prática, apenas conduz ao aumento do preço a pagar. A licitude da importância exigida ao utente depende da ultrapassagem, com sucesso, dos testes a que está sujeita pelas al. a) e b) do n.º 2 do art. 8.º. Está em causa, verdadeiramente, a justificação económica de tais valores.

A única excepção à proibição de taxas que não cumpram esta ideia de *correspectividade efectiva* e *directa* entre a taxa exigida e o serviço prestado corresponde à cobrança da "contribuição para o áudio-visual". Já analisámos esta taxa a propósito da proibição de suspensão do serviço em consequência do não pagamento de qualquer outro serviço, excepto se forem funcionalmente indissociáveis (n.º 4 do art. 5.º). Como vimos, esta contribuição encontra-se prevista na Lei n.º 30/2003, de 22 de Agosto, que aprovou o modelo de financiamento do serviço público de radiodifusão e de televisão. O financiamento do serviço público de radiodifusão é assegurado por meio da cobrança da contribuição para o áudio-visual (n.º 2 do art. 1.º). A contribuição para o áudio-visual constitui o correspectivo do serviço público de radiodifusão e de televisão, assentando num princípio geral de equivalência (n.º 1 do art. 3.º). A contribuição incide sobre o fornecimento de energia eléctrica, sendo devida mensalmente pelos respectivos consumidores (n.º 2 do mesmo art.). Por ser cobrada conjuntamente com o serviço de fornecimento de energia eléctrica, o legislador salvaguarda a licitude da cobrança desta taxa, esclarecendo que, mesmo não tendo uma correspondência directa com o encargo em que a entidade prestadora do serviço de energia eléctrica efectivamente incorra, a mesma taxa não é proibida. A cobrança é feita conjuntamente com este serviço por mera comodidade, utilizando o mecanismo da substituição tributária: a contribuição é liquidada através das empresas comercializadoras de electricidade, incluindo as de último recurso, ou através das empresas distribuidoras de electricidade, quando estas a distribuam directamente ao consumidor, sendo cobrada juntamente com o preço relativo ao seu fornecimento ou comercialização (n.º 1 do art. 5.º). Como também já referimos, as empresas distribuidoras e as empresas comercializadoras de electricidade, incluindo as de último recurso, não podem emitir facturas respeitantes ao seu fornecimento nem aceitar o respectivo pagamento por parte dos consumidores sem que ao preço seja somado o valor da contribuição para o áudio-visual (n.º 5 do art. 5.º da Lei n.º 30/2003). Embora em rigor esta taxa não tenha qualquer *correspectividade efectiva* e *directa* em relação ao serviço de fornecimento de energia eléctrica (ao qual é perfeitamente estranha e só está anexada por questões de comodidade na cobrança), o legislador salvaguarda expressamente a sua licitude, exceptionando-a da proibição geral constante da al. c) do n.º 2 do art. 8.º.

d) Por fim, a al. d) esclarece que também é proibida a cobrança de qualquer outra taxa não subsumível às alíneas anteriores que seja contrapartida de alteração das condições de prestação do serviço ou dos equipamentos utilizados para esse fim, excepto quando expressamente solicitada pelo *consumidor*. Saliente-se, desde logo, a imprecisão da utilização, pelo legislador, do conceito de "consumidor". Como vimos, em análise ao art. 1.º da LSPE, especialmente ao seu n.º 3, o destinatário dos serviços abrangidos pelo diploma é todo e qualquer "utente" e não apenas o "consumidor". Estranha-se, deste modo, a utilização deste conceito, que não corresponde exactamente àquele, com quebra de coerência sistemática. Só se pode entender esta designação como um lapso, pois é a única vez que surge no diploma, e não nos parece defensável que, para efeitos de aplicação da al. d) do n.º 2 do art. 8.º, o legislador tenha entendido introduzir um desvio no âmbito dos sujeitos tutelados pelo diploma, utilizando o conceito de "consumidor", no rigoroso sentido técnico fixado pelo n.º 1 do art. 2.º da LDC.

Através da al. d), o legislador proíbe dois comportamentos diferentes.

Por um lado, o legislador pretende obstar à cobrança de taxas que surjam como contrapartida pela alteração das condições da prestação do serviço. A alteração das condições em que o serviço é prestado não deverá onerar o utente, excepto quando tiver sido ele a solicitar tal alteração, através de declaração expressa (art. 217.º do CC). Este regime sempre resultaria do princípio geral da *estabilidade dos contratos* – o contrato deve ser pontualmente cumprido, e só pode modificar-se por mútuo consentimento dos contraentes ou nos casos admitidos na lei (art. 406.º do CC). Assim, o prestador do serviço não pode cobrar qualquer taxa que seja referida à alteração das condições em que o serviço é prestado, se essa alteração foi promovida por ele próprio, de forma unilateral. Só uma alteração desencadeada por pedido expresso do utente poderá originar o pagamento de uma qualquer taxa. Nesta hipótese essa taxa encontra-se justificada, uma vez que foi o próprio utente que suscitou a alteração das condições que vigoravam até ao momento. A modificação das condições da prestação do serviço, fixadas contratualmente e, em alguns casos, por regulamentos de serviço, não pode ser feita contra o utente ou à sua custa, apenas o podendo onerar quando tenha sido ele próprio a ter essa iniciativa.

A mesma proibição se aplica, por outro lado, a taxas que surjam como contrapartida da alteração dos equipamentos utilizados para a prestação do serviço. Saliente-se que o legislador neste caso não se está a referir aos instrumentos de medição dos serviços utilizados. Já vimos que, de acordo com a al. a) do n.º 2, é proibida a imposição e cobrança de qualquer importância a título de preço, aluguer, amortização ou inspecção periódica de contadores ou outros instrumentos de medição dos serviços utilizados. Diferentemente, na al. d) o legislador refere-se a taxas devidas pela alteração de quaisquer outros equipamentos que sejam utilizados para a prestação dos serviços. Muitas vezes, por razões de ordem funcional, a prestação do serviço depende da utilização de equipamentos próprios (por exemplo, *modem* para acesso à internet, *box* para o serviço de televisão por subscrição, *etc.*). Estes equipamentos podem ser adquiridos pelo utente ou fornecidos pelo prestador do serviço. Pois bem: pela alteração desses equipamentos não pode ser cobrada qualquer taxa pelo prestador do serviço, excepto quando a alteração tiver sido expressamente solicitada pelo utente. A única hipótese em que tais taxas serão lícitas é quando a alteração de equipamentos utilizados na prestação do serviço seja solicitada pelo utente (por exemplo, este pretende passar a utilizar um *modem* diferente). Neste cenário, atendendo a que a iniciativa partiu do utente, tal taxa encontra-se justificada e é admissível.

N.º 3

Licitude de cobrança de algumas taxas e tarifas

I. Embora o n.º 1 do art. em anotação fixe o princípio da proibição de imposição e cobrança de consumos mínimos, proibição que é desenvolvida no n.º 2, o legislador entendeu que convinha esclarecer qual o alcance dessa proibição, deixando bem clara a licitude da imposição e cobrança de algumas taxas e tarifas. Assim, o n.º 3 excepciona da proibição constante do n.º 1 as "taxas e tarifas devidas pela construção, conservação e manutenção dos sistemas públicos de água, de saneamento e resíduos sólidos, nos termos do regime legal aplicável", estabelecendo que estas taxas e tarifas "não constituem consumos mínimos, para efeitos do presente artigo".

II. Como vimos, desde a versão original da LSPE que é proibida a imposição e cobrança de consumos mínimos. A alteração promovida pela Lei n.º 12/2008 veio densificar esta proibição, vedando também a cobrança de qualquer importância referente aos contadores ou outros instrumentos de medição dos serviços utilizados, de taxas de efeito equivalente, de taxas que não tenham uma correspondência directa com um encargo em que a entidade prestadora do serviço efectivamente incorra, ou de taxas que sejam contrapartida de alteração das condições de prestação do serviço ou dos equipamentos utilizados para esse fim, excepto quando expressamente solicitada pelo utente.

É evidente, no entanto, que as proibições fixadas no art. 8.º, nomeadamente a proibição de consumos mínimos, pode ser facilmente defraudada através do débito de "taxas" sem correspondência numa contraprestação efectiva pelo fornecedor. Por esse motivo, o legislador procura "caçar" tais taxas, referindo que são igualmente proibidas as taxas que tenham um efeito equivalente, independentemente da designação utilizada (al. b)). Mas o legislador vai mesmo mais longe, proibindo a cobrança de qualquer taxa que não tenha uma correspondência directa com um encargo em que a entidade prestadora do serviço efectivamente incorra. Uma taxa só será admissível, deste modo, se existir verdadeira (e não ilusória ou aparente) *correspectividade* entre a taxa e um encargo em que a entidade prestadora do serviço *efectivamente* incorra.

Para aferir da licitude de tais taxas será necessário averiguar da natureza da contrapartida exigida ao utente pela prestação do serviço público essencial, pois a classificação de tal contrapartida irá ditar o seu regime legal. Para tanto, devemos socorrer-nos da indispensável exegese sistemática do preceito, enquadrando-o no âmbito do quadro legal vigente. Com efeito, prescreve o n.º 1 do art. 9.º do CC, e mandam as boas regras da hermenêutica jurídica, que a norma seja interpretada tendo em conta a "unidade do sistema jurídico" e não de forma isolada[223]. Deste modo, teremos de harmonizar o art. 8.º da LSPE com o vasto edifício legal que regulamenta a prestação dos serviços públicos essenciais no nosso país.

III. O primeiro elemento que pode perturbar o esclarecimento deste problema passa por saber qual a natureza jurídica da quantia pecuniária paga pelo utente em contrapartida do serviço prestado. Estamos perante um preço ou uma taxa?

---

[223] OLIVEIRA ASCENSÃO, O Direito. Introdução e teoria geral, Coimbra, Almedina, 2006, p. 409.

Como se sabe, as taxas apresentam como característica fundamental o facto de serem meios de financiamento de serviços divisíveis, que concedem vantagens ou satisfações individualizadas a quem os utiliza, ao contrário dos impostos, que só proporcionam vantagens fruíveis pela comunidade enquanto tal[224]. Enquanto o imposto é uma prestação pecuniária devida pelos contribuintes por via autoritária, a título definitivo e sem contrapartida, com vista à cobertura dos encargos públicos, a taxa pressupõe *correspectividade*, ou seja, dá origem a uma contraprestação específica (e não uma mera utilidade geral), resultante de uma relação concreta entre o sujeito passivo e um bem ou serviço público.

De acordo com a concepção dicotómica dos impostos defendida pela generalidade da doutrina portuguesa, tanto as taxas como os preços fazem parte do conceito amplo de taxa[225]. Os preços apresentam, porém, duas características que os distinguem face às taxas em sentido estrito. Primeiro, o facto de corresponderem a bens ou serviços que não são por essência da titularidade do Estado e que podem, por isso, ser entregues à gestão privada. Em segundo lugar, o concreto montante em que são fixados não é independente do critério objectivo com base no qual se formam os preços. O preço dos serviços públicos é normalmente diferente daquele que resultaria do resultado da oferta e da procura do serviço no mercado, ou por não serem por natureza susceptíveis de avaliação ou porque o Estado ou ente público titular do serviço decidiu subtraí-los a essa forma de avaliação – em atenção a considerações ambientais, sociais ou outras.

Por corresponderem, tal como as taxas em sentido estrito, a verdadeiras taxas, entre os preços e as correspondentes prestações específicas (neste caso, a prestação de um bem ou serviço) deve existir não só uma equivalência jurídica, como é próprio de todas as taxas, mas também uma equivalência económica[226]. Embora a existência de uma taxa não implique a existência de equivalência económica entre o valor pago e a sua contrapartida, bastando essencialmente a equivalência jurídica, deve considerar-se que deve existir uma correspondência económica materialmente relevante, sob pena de deixarmos de estar perante uma verdadeira

---

[224] LEITE DE CAMPOS e LEITE DE CAMPOS, Direito Tributário, Coimbra, Almedina, 2003, p. 63; SOARES MARTÍNEZ, Direito Fiscal, Coimbra, Almedina, 2003, p. 35; TAVARES DA SILVA, As taxas e a coerência do sistema tributário, Braga, CEJUR – Centro de Estudos Jurídicos do Minho, 2008, p. 26.
[225] Vide CASALTA NABAIS, Por um Estado fiscal suportável. Estudos de Direito Fiscal. Coimbra, Almedina, 2005, p. 585.
[226] CASALTA NABAIS, Por um Estado fiscal suportável. Estudos de Direito Fiscal, p. 585 e Direito Fiscal, Coimbra, Almedina, 2005, p. 29 e s.

taxa. Neste sentido, tem-se entendido que deixa de existir o sinalagma característico das taxas quando a desproporção entre a quantia paga e o serviço prestado comprometa de forma inequívoca aquela *correspectividade*. A estreita relação de proximidade entre o montante da taxa e o serviço prestado constitui, deste modo, uma regra fundamental no regime das taxas – e, deste modo, também dos preços.

Outra designação frequentemente utilizada no âmbito da prestação de serviços públicos essenciais é a de "tarifa". A "tarifa" não é, em regra, caracterizada como uma figura autónoma entre a taxa e o imposto. Apresenta-se, antes, como uma figura que se inclui ainda no conceito de taxa em sentido amplo, embora corresponda a uma figura *sui generis*, cuja especial configuração lhe advém apenas da particular natureza dos serviços a que se encontra ligada.

A doutrina tradicional entendia que a quantia a pagar pela prestação do serviço público revestia a natureza de uma taxa, ou seja, estávamos perante um encargo ou contrapartida de natureza tributária. Em coerência, em caso de não pagamento da contrapartida, o credor (muitas vezes uma autarquia local) estaria habilitado a usar o processo de execução fiscal, tendo a nota de cobrança emitida pelo credor força executiva.

GONÇALVES entende que a contrapartida não tem natureza tributária quando está em causa o pagamento do serviço prestado ou do fornecimento efectuado pelo concessionário, isto é, quando está em causa uma "relação de prestação do serviço público". No entender do Autor, a menos que a Lei disponha inequivocamente de outro modo, a contrapartida a pagar tem a natureza de um preço, isto é, de um valor a pagar pela prestação de um serviço regulado por um contrato de Direito privado. Sendo de Direito privado as relações de prestação constituídas entre o concessionário e o utente, não faz sentido sustentar a natureza fiscal da contrapartida, que é justamente um dos elementos essenciais da relação contratual[227].

Uma vez que as relações que se estabelecem entre os utentes e o concessionário do serviço são constituídas por um contrato de Direito privado, estamos perante relações de Direito privado, não obstante o regime da prestação de serviços também inclua em regra normas de Direito público. Como já referimos, a natureza contratual da relação jurídica que se estabelece entre utentes e prestadores de serviços públicos essenciais é expressamente reconhecida no n.º 3 do art. 13.º da LSPE, quando se refere que o utente pode optar pela manutenção do *contrato* quando alguma das suas cláusulas seja nula. Assim, não nos parece coe-

---

[227] A concessão de serviços públicos, pp. 319 s.

rente defender a natureza de taxa de uma quantia pecuniária que o concessionário cobra ao abrigo de um contrato de Direito privado celebrado com o utente como contrapartida directa dos serviços que presta. Esta quantia tem a natureza de um preço, entendido como valor a pagar pela prestação de um serviço regulado por um contrato de Direito privado. Para a prestação dos serviços até podem ser utilizados bens do activo dominial, público ou privado, mas a receita em causa (o preço) não provém directamente destes, mas sim da prestação de serviços que têm carácter contratual e "privatístico"[228].

GONÇALVES e LOPES MARTINS entendem que é ainda mais difícil defender a natureza de "taxa" nas situações em que vigore um princípio de liberdade tarifária do concessionário, ao abrigo do qual este pode fixar unilateralmente os preços do serviço, embora normalmente lhe seja imposta a obrigação de os comunicar previamente ao concedente. Do mesmo modo, os Autores entendem que não deixa de ser assim mesmo nas situações em que o concessionário deva fixar os encargos a suportar pelos utentes segundo critérios pré-estabelecidos por via administrativa, podendo estes constar do próprio contrato de concessão ou de um regulamento – normalmente designado por regulamento tarifário, sujeito, em regra, à aprovação do concedente, sob proposta do concessionário –, ou quando são fixados através de convenções administrativas multilaterais (caso das telecomunicações) ou por deliberação de Autoridades Reguladoras. Os Autores concluem: "quando esteja apenas em causa o pagamento do serviço prestado entendemos que a quantia a pagar pelos utentes ao concessionário tem a natureza de um preço. Só assim não será quando a lei disponha em contrário. E mesmo neste caso deve exigir-se uma disposição expressa inequívoca, uma vez que não raras vezes as qualificações legislativas se encontram desprovidas de rigor técnico"[229].

Concluímos, deste modo, pela classificação da quantia pecuniária paga pelo utente em contrapartida do serviço prestado como um preço. A contrapartida

---

[228] FREITAS DA ROCHA, Direito Financeiro Local (Finanças Locais), Braga, CEJUR – Centro de Estudos Jurídicos do Minho, 2009, p. 119.
[229] GONÇALVES e LOPES MARTINS, *Os Serviços Públicos Económicos e a Concessão no Estado Regulador*, in AA. VV., Estudos de Regulação Pública, vol. I, Coimbra, Coimbra Editora, 2004, pp. 293 ss. Os Autores aduzem ainda uma outra nota: "por último, não deve confundir-se o preço de que aqui falamos com os encargos cobrados pelo concessionário naquelas situações em que a exploração de um bem do domínio público envolve a faculdade de utilização por terceiros, e de que constituem exemplo as taxas de portagem das auto-estradas. Neste caso está em causa a utilização de bens do domínio público por particulares, cuja exploração está a cargo do concessionário, e não a prestação de um serviço público".

continua a ter a natureza de preço mesmo quando o serviço seja prestado por um privado, nomeadamente um concessionário. Como vimos, de acordo com o n.º 4 do art. 1.º considera-se prestador dos serviços abrangidos pela LSPE toda a entidade, quer seja pública quer privada, que preste ao utente qualquer dos serviços qualificados como serviços públicos essenciais, independentemente da sua natureza jurídica, do título a que o faça ou da existência ou não de contrato de concessão. Em qualquer caso, e a menos que a Lei disponha inequivocamente de outro modo, a contrapartida a pagar ao concessionário tem a natureza de um preço, isto é, de um valor a pagar pela prestação de um serviço regulado por um contrato de Direito privado.

As "taxas de disponibilidade" no fornecimento de água

I. A entrada em vigor, em Maio de 2008, da nova redacção do art. 8.º suscitou viva polémica nos meios de comunicação social e alguma discussão nos fóruns jurídicos. Vieram a público notícias que relatavam que muitos municípios e entidades concessionárias do serviço de fornecimento de água continuavam a cobrar "taxas fixas" ou tinham-se apressado a trocar nas facturas a expressão "aluguer do contador" ou "taxa de contador" por outras taxas[230]. A questão passava por saber até que ponto tais taxas fixas violavam a proibição da imposição e cobrança de consumos mínimos ou de quaisquer taxas relacionadas com os contadores, independentemente da sua designação. Estas taxas, devidas independentemente dos consumos efectuados, recebem variadas designações: "quota de disponibilidade", "quota de serviço", "tarifa de disponibilidade", "tarifa de utilização" ou "tarifa fixa". Havia, pois, que aferir da licitude de tais taxas, a fim de determinar se constituíam "consumos mínimos" encapotados ou "taxas de contador" disfarçadas, sendo, deste modo, proibidas pelo art. 8.º da LSPE.

O planeamento, gestão e realização de investimentos nos domínios dos sistemas de abastecimento de água, de saneamento de águas residuais e de gestão de resíduos urbanos é uma incumbência dos Municípios, nos termos previstos na Lei n.º 159/99, de 14 de Setembro (quadro de transferência de atribuições e competências para as autarquias locais), sem prejuízo da possibilidade de criação de sistemas multimunicipais, de titularidade estatal. Esta incumbência pode ser prosseguida de diversas formas. Para além do modelo de *gestão directa* do serviço

---

[230] Vejam-se, a título de exemplo, as edições do Jornal "Público", de 20 de Maio de 2008, p. 4 ("fim do aluguer dos contadores de água não faz baixar preços") e do "Diário Económico" do mesmo dia, p. 25 ("nova taxa dos contadores de água é «ilegal»").

através das unidades orgânicas do município (serviços municipais ou municipalizados), existe igualmente a possibilidade de empresarialização dos sistemas municipais prestadores destes serviços, a faculdade de serem explorados através de associações de utentes e a hipótese de abertura da sua gestão ao sector privado, através de concessão.

Devemos ter em conta, deste modo, o disposto na Lei das Finanças Locais (LFL), aprovada pela Lei n.º 2/2007, de 15 de Janeiro. Nos termos do n.º 1 do art. 16.º deste diploma, "os preços e demais instrumentos de remuneração a fixar pelos municípios relativos aos serviços prestados e aos bens fornecidos em gestão directa pelas unidades orgânicas municipais ou pelos serviços municipalizados não devem ser inferiores aos custos directa e indirectamente suportados com a prestação desses serviços e com o fornecimento desses bens". Para esse efeito, os custos suportados são medidos em situação de eficiência produtiva e, quando aplicável, de acordo com as normas do regulamento tarifário em vigor (n.º 2). De acordo com o n.º 3 do mesmo art., "os preços e demais instrumentos de remuneração a cobrar pelos municípios respeitam, designadamente, às actividades de exploração de sistemas municipais ou intermunicipais de abastecimento público de água, saneamento de águas residuais e gestão de resíduos sólidos". Os Municípios devem cobrar preços nos termos de regulamento tarifário a aprovar (n.º 4).

O n.º 1 do art. 16.º da LFL consagra expressamente o chamado *princípio da cobertura de custo do serviço*[231]. Assim, deve existir uma proporcionalidade ou equivalência entre a taxa e o serviço, sob pena de aquela se transformar em verdadeiro imposto quando o seu montante for manifestamente excessivo[232]. Não é, porém, pacífica a determinação do valor adequado. Enquanto alguns defendem que o valor da taxa pode ser fixado em função do valor da utilidade auferida pelo beneficiário, outros entendem que terá sempre de existir uma relação entre o valor da taxa e o custo do serviço, não podendo os titulares das taxas utilizá-las como meio de financiamento de serviços de carácter geral ou utilidade derivada.

Por outro lado, o conceito de equivalência económica apresenta hoje uma maior complexidade, tendo em conta o facto de ser um produto da actividade reguladora e independente. Com efeito, cabe à entidade reguladora do sector a verificação do disposto nos n.os 1, 4 e 5, devendo, caso se trate de gestão directa municipal, de serviço municipalizado, empresa municipal ou intermunicipal, informar a assembleia municipal e a entidade competente da tutela inspectiva caso ocorra

---

[231] SALDANHA SANCHES, Manual de Direito Fiscal, Coimbra, Coimbra Editora, 2002, p. 19.
[232] TAVARES DA SILVA, As taxas e a coerência do sistema tributário, p. 64.

violação de algum destes preceitos, sem prejuízo dos poderes sancionatórios de que disponha (n.º 6). Esta disposição decorre do facto de o preço correspondente à prestação do serviço ser estabelecido em termos idênticos aos que são próprios do regime de mercado, competindo à entidade reguladora verificar o cumprimento das exigências legais próprias do normal funcionamento do sector.

Os Municípios detêm o poder de criar e estabelecer a disciplina jurídica dos preços e demais instrumentos de remuneração, sendo titulares das respectivas receitas, de modo semelhante ao que se passa no âmbito das taxas[233]. É de salientar que em relação à disciplina jurídica dos preços (tal como em relação às restantes taxas) esta cabe quase na sua totalidade aos órgãos dos Municípios, desde que a Lei não disponha em sentido contrário. De facto, neste domínio não vigora um princípio de legalidade tão apertado como em matéria de impostos, reservando a CRP ao Parlamento apenas a fixação do "regime geral das taxas e demais contribuições financeiras a favor das entidades públicas" (art. 165.º, n.º 1, al. i) da CRP).

Deste modo, e pelo menos para efeitos da LFL, o legislador considera que estamos perante preços e não perante taxas. Enquanto as taxas dos municípios estão previstas no art. 15.º, estando sujeitas ao Regime Geral das Taxas das Autarquias Locais (aprovado pela Lei n.º 53-E/2006, de 29 de Dezembro) e aos princípios apresentados no n.º 2 do mesmo art., os preços estão previstos no art. 16.º, sem referência a quaisquer princípios fundamentais.

Convém não esquecer, por outro lado, que a cobrança dos preços é fixada pelos Municípios nos termos de regulamentos tarifários aprovados por estes. Os regulamentos são normas jurídicas de carácter geral e execução permanente dimanadas por uma autoridade administrativa (neste caso, o Município) sobre matéria própria da sua competência[234]. Estamos perante normas que têm como objectivo ordenar a vida local por forma a obter uma mais correcta satisfação das necessidades colectivas da comunidade[235]. Nos termos do art. 241.º da CRP, "as autarquias locais dispõem de poder regulamentar próprio nos limites da Constituição, das leis e dos regulamentos emanados das autarquias de grau superior ou das autoridades com poder tutelar." O Regulamento tem carácter geral, aplicando-se a todas as pessoas que se encontrem nas condições nele previstas – neste caso, a

---

[233] Estabelece o n.º 3 do art. 238.º da CRP: "as receitas próprias das autarquias locais incluem obrigatoriamente as provenientes da gestão do seu património e as cobradas pela utilização dos seus serviços".
[234] CAETANO, Manual de Direito Administrativo, vol. I, Coimbra, Almedina, 2005, p. 95.
[235] CÂNDIDO DE OLIVEIRA, Direito das Autarquias locais, Coimbra, Coimbra Editora, 1993, p. 291.

todos os utentes do serviço público essencial. As normas regulamentares que fixam a contraprestação devida pelos utentes são geralmente designadas por tarifas, expressão que é habitual utilizar para designar os próprio preços ou taxas que são objecto do regulamento.

A propósito dos Regulamentos municipais, importa ter presente o disposto na Portaria n.º 34/2011, de 13 de Janeiro, que veio estabelecer o conteúdo mínimo do regulamento de serviço relativo à prestação dos serviços de abastecimento público de água, de saneamento de águas residuais e de gestão de resíduos urbanos aos utilizadores. Resulta do n.º 1 do art. 62.º do DL n.º 194/2009, de 20 de Agosto (regime jurídico dos serviços municipais de abastecimento público de água, de saneamento de águas residuais e de gestão de resíduos urbanos) que "as regras de prestação do serviço aos utilizadores constam do regulamento de serviço, aprovado pela entidade titular que deve conter, no mínimo, os elementos estabelecidos por portaria a aprovar pelo membro do Governo responsável pela área do ambiente". A Portaria n.º 34/2011 fixa justamente esses elementos mínimos. No preâmbulo da Portaria salienta-se que, por constituírem um instrumento jurídico com eficácia externa, os Regulamentos municipais constituem "a sede própria para regulamentar os direitos e obrigações da entidade gestora e dos utilizadores no seu relacionamento, sendo mesmo o principal instrumento que regula, em concreto, tal relacionamento". O preâmbulo faz referência, inclusive, ao dever de informação que impende sobre o prestador de serviços públicos essenciais, nos termos do art. 5.º da LSPE, referindo que o regulamento deve incluir, de forma clara e detalhada, o conteúdo e a forma de exercício dos direitos e deveres dos utilizadores. O propósito da Portaria é precisamente o de uniformizar o conteúdo dos regulamentos de serviço que são aprovados pela entidade titular dos serviços municipais de águas e resíduos.

A propósito de preços e tarifas, o art. 2.º da Portaria refere que o regulamento de serviço deve conter normas que disponham sobre o regime tarifário, abrangendo a estrutura tarifária adoptada, incluindo os serviços auxiliares, as regras de acesso aos tarifários especiais, caso existam, e indicação dos benefícios deles decorrentes (al. n) do n.º 1). É evidente, deste modo, que um juízo sobre a licitude de um "preço", "taxa" ou "tarifa" cobrado no âmbito deste tipo de serviços públicos essenciais não pode ser realizado sem ter em conta o Regulamento de serviço, que constitui, nas palavras do preâmbulo do diploma, "a sede própria para regulamentar os direitos e obrigações da entidade gestora e dos utilizadores no seu relacionamento, sendo mesmo o principal instrumento que regula, em concreto, tal relacionamento". O contrato de prestação de serviços não faz mais, no que concerne à prestação monetária a cargo do utente, do que remeter para o Regulamento municipal. É esta a verdadeira *fonte* das quantias fixadas e cobradas ao utente, onde se deve buscar a sua justificação económica e jurídica.

Entendemos que o prestador do serviço, quer seja uma entidade pública, quer privada, deve colocar o Regulamento de serviço ao dispor dos utentes. O meio mais simples de o fazer será afixando uma cópia do Regulamento nas suas instalações. Outro meio de divulgação será disponibilizando o Regulamento nos seus sítios de internet. Sempre que possível, entendemos também que o prestador do serviço deve entregar um exemplar do Regulamento aquando da celebração do contrato. Todas estas medidas facilitam o conhecimento por parte do utente de todas as obrigações e deveres que sobre si impendem, em especial as relativas à facturação e tarifas exigíveis pela prestação do serviço. Saliente-se, aliás, que o prestador do serviço tem o dever de informar, de forma clara e conveniente, a outra parte das condições em que o serviço é fornecido e prestar-lhe todos os esclarecimentos que se justifiquem, de acordo com as circunstâncias, tendo especialmente o dever de informar directamente, de forma atempada e eficaz, os utentes sobre as tarifas aplicáveis pelos serviços prestados, disponibilizando-lhes informação clara e completa sobre essas tarifas (art. 4.º da LSPE). Como vimos, cabe ao prestador do serviço a prova de todos os factos relativos ao cumprimento das suas obrigações e ao desenvolvimento de diligências decorrentes da prestação dos serviços (art. 11.º). O preenchimento do ónus da prova que sobre si impende não se efectua por mera apresentação de uma declaração assinada pelo utente em que este declare ter recebido essas informações. Se provar que o Regulamento está afixado nas suas instalações e disponível no seu site, e que é entregue uma cópia no momento da celebração de cada contrato, o prestador do serviço terá maior facilidade em preencher o ónus probatório que sobre si impende.

Pretendendo averiguar, caso a caso, da licitude de uma contraprestação exigida ao utente, independentemente da sua designação (taxa, preço, tarifa, *etc.*), devemos analisar o fundamento legal e regulamentar desse montante, indagando sobre qual o serviço prestado pelo prestador do serviço que é correspectivo da exigência daquela contraprestação. A denominação (o *nomen iuris*) da contraprestação é juridicamente irrelevante, pois o que interessa é a sua fundamentação económico-jurídica. O que verdadeiramente caracteriza a tarifa ou preço exigido é o serviço que a mesma pretende compensar, remunerar ou contrabalançar. Devemos fazer aqui apelo ao conceito de *correspectividade*, nota característica dos contratos comutativos. Este conceito transparece da própria al. c) do n.º 2 do art. 8.º, que proíbe a cobrança de "qualquer taxa que não tenha uma correspondência directa com um encargo em que a entidade prestadora do serviço efectivamente incorra, com excepção da contribuição para o audiovisual". Dito de outra forma, só são lícitas as taxas que tenham uma *correspondência directa com um encargo em que a entidade prestadora do serviço efectivamente incorra*. A fixação e cobrança de taxas ou outros meios de remuneração do prestador de serviço depende de um efectivo e não apenas aparente nexo de sinalagmaticidade entre o valor exigido e o serviço prestado. A taxa tem de ser o correspectivo, o reverso da medalha do encargo em que o prestador do serviço incorreu com a sua prestação. Assim, quando pretendemos averiguar da licitude da fixação e cobrança de um determinado preço, fixado em regulamento municipal, devemos consultar esse mesmo regulamento, para saber qual o serviço que esse montante pretende custear ou remunerar. Como é evidente, esse valor só será lícito e exigível quando efectivamente o prestador do serviço esteja a incorrer num encargo com a prestação desse serviço.

Se, diferentemente, o utente concluir que está a ser exigido o pagamento de uma importância que se destina a custear um determinado serviço que, na verdade, não é prestado, então estaremos perante uma cobrança ilegal, não por se tratar de um "consumo mínimo" mas porque, pura e simplesmente, não está a ser prestado qualquer serviço. Assim, por exemplo, se estiver a ser exigido o pagamento de uma "taxa de saneamento" a um utente que ainda não beneficia de ligação à rede de saneamento.

II. Como referimos, a entrada em vigor da nova redacção do art. 8.º da LSPE gerou bastante polémica, questionando-se a licitude das chamadas "taxas de disponibilidade" e de outros valores fixos, exigidos amiúde aos utentes do serviço de fornecimento de água. Em nosso entender existiu alguma precipitação e mesmo alguma contra-informação no meio deste processo, chegando a querer-se passar a ideia de que a partir do dia 26 de Maio de 2008 os prestadores destes serviços estavam impedidos de cobrar qualquer outra importância para além do preço devido pelo consumo da água, ou seja, de que todas e quaisquer taxas fixas tinham sido proibidas. Não concordamos com a tese segundo a qual este tipo de taxas, independentemente da sua designação ("quota de disponibilidade", "taxa de disponibilidade", "tarifa de serviço", *etc.*) constitui apenas um estratagema destinado a embolsar um valor que corresponde a um verdadeiro "consumo mínimo", frustrando deste modo o princípio de que "o consumidor deve pagar apenas o que consome e na exacta medida em que consome[236]. Passamos a explicar porquê.

---

[236] FROTA, *A tutela do consumidor de produtos e serviços públicos essenciais na Europa*, pp. 17 s.

Desde logo, a resposta a este problema encontra-se na própria LSPE. Com efeito, o legislador entendeu abrir uma excepção à regra da proibição de consumos mínimos ou de qualquer importância a título de preço, aluguer, amortização ou inspecção periódica de contadores ou outros instrumentos de medição dos serviços utilizados ou de efeito equivalente. O legislador esclareceu que não constituem consumos mínimos as taxas e tarifas devidas pela construção, conservação e manutenção dos sistemas públicos de água, de saneamento e resíduos sólidos, nos termos do regime legal aplicável (n.º 3 do art. 8.º). Ora, isto quer dizer que o legislador entendeu que as taxas e tarifas devidas pela *construção, conservação e manutenção* dos sistemas públicos de água, de saneamento e resíduos sólidos, nos termos do regime legal aplicável, não constituem consumos mínimos, nem correspondem a uma taxa que pretenda remunerar o instrumento de medição. Assim, e em excepção ao disposto na al. c) do n.º 2, o legislador entendeu que as taxas e tarifas previstas no n.º 3 possuem uma correspondência directa com um encargo em que a entidade prestadora do serviço efectivamente incorre. Dito de outra forma: são admissíveis as taxas e tarifas devidas pela construção, conservação e manutenção dos sistemas públicos de água, de saneamento e resíduos sólidos, tendo pleno fundamento legal.

Como bem sublinha o professor FERREIRA DE ALMEIDA, o contrato de fornecimento de água é um contrato de troca para acesso a uma rede, um contrato misto de fornecimento e de acesso, uma vez que o seu preço integra duas componentes: uma parte fixa, formada por uma "taxa" periódica de acesso (ligação, activação ou manutenção) e por uma parte variável, calculada em função da quantidade de bens consumidos[237]. O que a nova redacção do art. 8.º da LSPE pretende é prevenir uma cobrança injustificada que não tenha por base o princípio da cobertura de custos. Assim, não é prática abusiva a cobrança de um valor para cobrir os custos totais da exploração de um sistema tais como os custos dos capitais investidos, custos de exploração, manutenção e administrativo entre outros. O regime especial do n.º 3 do art. 8.º permite a cobrança de todos os custos, através de taxa ou tarifas, devidos pela construção, conservação e manutenção dos sistemas públicos de água, permitindo que esse custo seja reclamado e cobrado separadamente do custo do consumo propriamente efectuado pelo utente e independentemente deste. A chamada "taxa de disponibilidade" não corresponde a um "aluguer de contador" ou a "consumos mínimos" mas sim à retribuição pela disponibilidade do serviço, de acordo com um princípio de cobertura de custos.

---

[237] Contratos II. Conteúdo. Contratos de troca, pp. 239 *s.*

O tarifário destes sistemas é, deste modo, composto por uma parte fixa, denominada "quota de serviço" ou "taxa de disponibilidade", e por uma parte variável, que depende do volume efectivamente consumido. A "quota de serviço" visa remunerar a disponibilidade do serviço, a manutenção (rede de abastecimento, piquetes de serviço, *etc.*) e é devida independentemente de existir consumo efectivo[238].

O tarifário dos serviços de fornecimento de água, de recolha e tratamento de águas residuais e de gestão de resíduos sólidos urbanos não é uniforme em todo o país atendendo a que cada Município, no âmbito das competências que lhe são conferidas pela LFL, fixa os preços e demais instrumentos de remuneração relativos aos serviços. Tais preços devem servir para, no mínimo, cobrir os custos suportados pelos prestadores dos serviços com a sua prestação, num cenário de gestão eficiente. Uma vez que estes serviços são prestados numa base local ou regional, os custos incorridos por cada entidade gestora podem ser diferentes, dependendo de vários factores, tais como os condicionalismos naturais (e consequentemente técnicos) e a distribuição geográfica da população a servir. É evidente que seria desejável que existisse um método uniforme de facturação em relação a cada serviço público essencial, que atravessasse de forma homogénea todo o território nacional. Isto facilitaria a compreensão dos itens que são exigidos na factura, de quais os serviços que são prestados e de quais as taxas que são cobradas, e qual a sua justificação legal e económica.

Como vimos, a validade das chamadas "taxas fixas" ou "taxas de disponibilidade" nos sectores do fornecimento de água, saneamento e resíduos sólidos resulta expressa e inequivocamente do n.º 3 do art. 8.º da LSPE. Mas encontra também a sua fundamentação em diplomas sectoriais.

A Lei n.º 58/2005, de 29 de Dezembro (Lei da Água) estabelece, no seu art. 3.º, que a gestão da água deve observar, de entre outros, os seguintes princípios[239]:

- *Princípio do valor social da água*, que consagra o acesso universal à água para as necessidades humanas básicas, a custo socialmente aceitável, e sem constituir factor de discriminação ou exclusão;

---

[238] COSTA PINTO, Serviços públicos essenciais: algumas respostas às dúvidas mais frequentes, p. 21. O Autor referia-se ao serviço de fornecimento de gás, mas o juízo é semelhante.
[239] Vide ainda o disposto no Plano Nacional da Água, aprovado pelo DL n.º 112/2002, de 17 de Abril, que fixa dois importantes princípios de natureza económico-financeira. Em primeiro lugar, o *princípio da água enquanto bem económico*, reconhecendo que "a água doce é um recurso finito, cuja disponibilização tem um custo e para o qual deve ser estipulado um preço". O segundo princípio é o *princípio do utilizador-pagador*, o qual assenta na ideia de que "todas as utilizações do recurso suportem o custo da utilização do mesmo, no qual se incluem os custos ambientais e os custos associados à escassez do recurso".

- *Princípio da dimensão ambiental da água*, nos termos do qual se reconhece a necessidade de um elevado nível de protecção da água, de modo a garantir a sua utilização sustentável;
- *Princípio do valor económico da água*, por força do qual se consagra o reconhecimento da escassez actual ou potencial deste recurso e a necessidade de garantir a sua utilização economicamente eficiente, com a recuperação dos custos dos serviços de águas, mesmo em termos ambientais e de recursos, e tendo por base os princípios do poluidor-pagador e do utilizador-pagador.

Salta desde logo à vista o reforço do princípio do valor económico da água, que tem como importantes refracções a necessidade de admitir que se trata de um bem escasso, que deve ser utilizado de forma eficiente, recuperando os custos envolvidos. Para além das preocupações de cariz ambiental que resultam da dimensão ambiental da água, impondo um princípio de poluidor-pagador, assume especial importância a fixação de um princípio do utilizador-pagador. Trata-se da constatação insofismável: a água tem um preço.

De acordo com o art. 82.º do diploma, o regime de tarifas a praticar pelos serviços públicos de águas visa os seguintes objectivos: assegurar tendencialmente e em prazo razoável a recuperação do investimento inicial e de eventuais novos investimentos de expansão, modernização e substituição, deduzidos da percentagem das comparticipações e subsídios a fundo perdido (al. a)); assegurar a manutenção, reparação e renovação de todos os bens e equipamentos afectos ao serviço e o pagamento de outros encargos obrigatórios, onde se inclui nomeadamente a taxa de recursos hídricos (al. b)); assegurar a eficácia dos serviços num quadro de eficiência da utilização dos recursos necessários e tendo em atenção a existência de receitas não provenientes de tarifas (al. c)). Referência importante ao n.º 2 deste art., que se destina às empresas concessionárias de serviços públicos de águas. De acordo com esta norma o regime de tarifas a praticar por estas entidades obedece aos critérios do n.º 1, visando ainda assegurar o equilíbrio económico-financeiro da concessão e uma adequada remuneração dos capitais próprios da concessionária, nos termos do respectivo contrato de concessão, e o cumprimento dos critérios definidos nas bases legais aplicáveis e das orientações definidas pelas entidades reguladoras.

Deve ainda ter-se em conta o disposto no regime económico e financeiro dos recursos hídricos, aprovado pelo DL n.º 97/2008, de 11 de Junho. Aí se refere que, no que concerne às tarifas dos serviços públicos de águas, estas "visam garantir a recuperação, em prazo razoável, dos investimentos feitos na instalação, expansão, modernização e substituição das infra-estruturas e equipamentos necessários à prestação dos serviços de águas, promover a eficiência dos mesmos na gestão dos recursos hídricos e assegurar o equilíbrio económico e financeiro das entidades que os levam a cabo em proveito da comunidade" (n.º 3 do art. 3.º). Veja-se ainda, a este propósito, o disposto nos arts. 22.º e seguintes, que fixam regras sobre as tarifas dos serviços públicos de águas e desenvolvem aqueles princípios referidos na Lei da Água.

A propósito da fixação dos tarifários, a ERSAR emitiu uma recomendação, a Recomendação IRAR n.º 1/2009, que visa harmonizar as estruturas tarifárias que servem ao financiamento dos serviços, trazer-lhes racionalidade económica e financeira e assegurar a sustentabilidade da entidade gestora[240]. De acordo com a Recomendação, na construção de um tarifário devem ser acautelados os seguintes princípios gerais: princípio da recuperação dos custos; princípio da utilização sustentável dos recursos hídricos; princípio da prevenção e da valorização dos resíduos; princípio da defesa dos interesses dos utilizadores; princípio da acessibilidade económica. A Recomendação refere ainda que a elaboração dos tarifários deve evitar práticas de subsidiação cruzada entre os diferentes serviços e outras actividades asseguradas pelos prestadores de serviços. Por fim, recomenda-se que os tarifários possuam uma estrutura uniforme em todo o território nacional, tão simples e transparente quanto possível, facilitando a respectiva compreensão e comparação por parte dos utilizadores finais.

Permita-se ainda uma referência ao Plano Estratégico de Abastecimento de Água e Saneamento de Águas Residuais para o período de 2007-2013 (PEAASAR 2007-2013), do qual consta que "o preço justo da água deve representar o ponto de equilíbrio de três premissas da sustentabilidade do sector, ou seja: i) cobrir os custos do serviço; ii) através de tarifas socialmente aceitáveis; e iii) escalonadas de forma a contribuir para o seu uso eficiente e para a protecção do ambiente. Também aí é dito que se visa que, "a nível nacional, as tarifas ao consumidor final assegurem a sustentabilidade das entidades gestoras e evoluam para um intervalo compatível com a sua capacidade económica"[241].

Cremos que existiu, deste modo, alguma confusão quanto ao real alcance do art. 8.º da LSPE, que resulta de algum *afã consumerista* para abolir toda e qualquer taxa que não corresponda ao preço por m3 da água, olvidando totalmente a existência de uma excepção, expressamente prevista no n.º 3 da mesma norma.

---

[240] Disponível a partir do site www.ersar.pt.
[241] Publicado no DR, II série, n.º 32, de 14 de Fevereiro de 2007, pp. 3922-3964.

Não é correcto, desta forma, defender que o intuito da Lei é o de disponibilizar os serviços públicos essenciais sem obrigar a qualquer tipo de pagamento, pois a remuneração do serviço que é prestado não depende da efectiva utilização do serviço. A interpretação segundo a qual a nova redacção da LSPE veio proibir todas as taxas *fixas* criou falsas expectativas aos utentes. Muitos municípios já previam uma "taxa da disponibilidade" antes da alteração da lei. A expressão "aluguer do contador", frequente em muitos municípios, era uma expressão datada, que caiu em desuso, pois na verdade o valor pago nunca correspondeu a um verdadeiro aluguer do contador. O facto de alguns prestadores de serviços terem alterado e substituído as taxas anteriormente associadas aos contadores por outras taxas, designadas como taxas de disponibilidade ou de serviço, veio criar a ideia de que estavam a contornar a lei, mudando apenas o *nomen iuris* da taxa. Como é evidente, o que a Lei proíbe é a cobrança de custos associados ao equipamento (ao contador). Não proíbe, deste modo, a cobrança dos demais custos associados à prestação do serviço. É incontestável que os fornecedores do serviço têm custos com a disponibilização do serviço os quais, sendo devidamente justificados, têm pleno cabimento legal. A cobrança integra outros custos de prestação de serviço para além dos equipamentos propriamente ditos. Deste modo, não deve ser esperada uma redução do preço a pagar com a proibição das taxas dos contadores, uma vez que, pelo facto de os custos não poderem ser imputados a consumos mínimos, não quer dizer que os outros custos associados passem também a ser proibidos.

Deve ser tido em conta um conjunto significativo de custos que resultam para o prestador do serviço da sua mera disponibilização, em sede de construção, operação, conservação e manutenção de infra-estruturas e equipamentos. O utente servido, mesmo na ausência de utilização do serviço, também onera a estrutura de custos do prestador do serviço. Efectivamente, os serviços de fornecimento de água, tratamento de águas residuais e gestão de resíduos sólidos implicam avultados custos de investimento e de manutenção das respectivas infra-estruturas, geralmente activos de longa duração e elevada imobilização. Deste modo, o tarifário deve ser composto por duas parcelas: uma parcela de "disponibilidade" e uma outra de "utilização". A primeira parcela tem por objectivo suportar, no essencial, os custos fixos que decorrem da disponibilização continuada do serviço e que não dependem do nível de utilização. A parcela de disponibilidade, corresponde, deste modo, a uma taxa que permite custear os elevados encargos decorrentes de o serviço de fornecimento de água se encontrar permanentemente em funcionamento e apto a ser utilizado. A segunda depende do consumo efectuado (volume de água fornecida ou de águas residuais ou resíduos sólidos recolhidos), cobrindo os custos variáveis associados ao nível de utilização do serviço[242]. Este tipo de taxas, de valor variável, são também designadas por "parte variável", "tarifa de consumo", "tarifa variável" ou "tarifa volumétrica". Este modelo tarifário, composto por duas componentes (fixa e variável) é, aliás, adoptado na maior parte dos países europeus: Alemanha, Espanha, França, Itália, Holanda, Suíça, Reino Unido, *etc.*

Se o tarifário fosse composto apenas por uma componente fixa (de disponibilidade), tal tarifa teria o inconveniente de não fazer reflectir no utente o volume gasto, encorajando o desperdício e dando um sinal completamente errado do ponto de vista ambiental. Se, diferentemente, o tarifário fosse constituído apenas por uma componente variável, isso teria o inconveniente de beneficiar consumidores com mais de uma habitação em detrimento de consumidores com uma única habitação, em princípio com menor capacidade económica.

Assiste por isso razão a VITAL MOREIRA quando entende que "no caso da abolição das taxas de aluguer de contadores e outras semelhantes a justificação consiste em defender que os instrumentos de medida devem constituir encargo do fornecedor do serviço e não dos consumidores, que só devem pagar o serviço recebido. Torna-se porém igualmente evidente que na falta de pagamento separado desses custos, os mesmos acabarão também por ser internalizados no preço do serviço, com o aumento deste. Embora não se trate aqui de aumento líquido dos preços, mas sim de simples consolidação de verbas, a verdade é que a abolição do pagamento daqueles componentes do serviço acabará por implicar um favorecimento dos proprietários de segunda habitação, que deixarão de ter o encargo fixo durante os meses em que não ocupem a casa. Mas é evidente que terão de ser os outros consumidores a subsidiar a disponibilidade do serviço para os que não têm consumos"[243].

Como é evidente, se o legislador pretendesse proibir a cobrança de quaisquer valores que permitissem ressarcir os custos relativos à prestação do serviço, apenas permitindo a aplicação da tarifa pelo preço da água, o preço desta subiria imediatamente, sob pena de impossibilidade de manutenção do equilíbrio financeiros dos prestadores dos serviços. Na verdade, se não se tivessem em contas estes cus-

---

[242] Esta estrutura tarifária estava, aliás, consagrada no art. 22.º do DL n.º 207/94, de 6 de Agosto, entretanto revogado pelo DL n.º 194/2009, quando referia que as facturas emitidas pela entidade gestora devem discriminar os serviços eventualmente prestados, as correspondentes tarifas e os volumes de água e de águas residuais que dão origem às verbas debitadas e os encargos de *disponibilidade* e de *utilização*.
[243] *Os custos dos direitos*, artigo publicado no "Diário Económico" de 4 de Junho de 2008.

tos estaria a ser frontalmente contrariado o disposto na Lei da Água e da Lei das Finanças Locais, que preconizam que as tarifas a pagar pelos utilizadores devem garantir a recuperação tendencial dos custos incorridos pelas entidades gestoras com a prestação do serviço, operando em condições de eficiência e melhoria contínua. Se a parte fixa do tarifário fosse abolida, o único meio de reequilibrar financeiramente o prestador do serviço seria o aumento da parcela variável, repercutindo nos preços aquilo que lhes custa e subindo o preço do metro cúbico.

Pelos motivos expostos, não é razoável, em nossa opinião, defender peremptoriamente que os prestadores do serviço de fornecimento de água se encontram impedidos de cobrar *quaisquer* outras importâncias para além do preço da água, ou seja, que *todas as taxas fixas* foram proibidas. Quando seja exigido ao utente o pagamento de uma taxa fixa, deverá, como é evidente, aferir-se do seu fundamento legal e regulamentar, analisando se não viola nenhuma das proibições fixadas no art. 8.º da LSPE. O que não nos parece correcto é afirmar, apenas tendo em conta o seu carácter *fixo*, e sem indagar do verdadeiro fundamento de tais taxas, que estamos perante "consumos mínimos" proibidos. A licitude de tais taxas não pode ser questionada sem ter em conta, para além do contrato de fornecimento, o Regulamento que as fixa, as Leis que as justificam e os (eventuais) contratos de concessão que as prevêem.

III. Cabe ainda apresentar uma breve nota sobre o tribunal competente para declarar a eventual ilegalidade de uma taxa, por violação do disposto no art. 8.º da LSPE. Como vimos, os sistemas públicos de abastecimento de água, de saneamento de águas residuais e de gestão de resíduos urbanos são uma incumbência dos Municípios, nos termos previstos na Lei n.º 159/99, de 14 de Setembro. Por outro lado, a cobrança dos preços é fixada pelos Municípios nos termos de regulamentos tarifários aprovados por estes. Os regulamentos são normas jurídicas de carácter geral e execução permanente dimanadas por uma autoridade administrativa (neste caso, o Município) sobre matéria própria da sua competência. O Regulamento tem carácter geral, aplicando-se a todas as pessoas que se encontrem nas condições nele previstas – neste caso, a todos os utentes do serviço público essencial. Da conjugação dos supra citados preceitos legais resulta que os municípios são genericamente titulares do poder regulamentar e, na matéria que ora nos ocupa, encontram-se legalmente habilitados a elaborar regulamentos atinentes à prestação do serviço público de abastecimento de água às populações. Tais regulamentos vinculam não só as entidades gestoras mas também as populações que beneficiam dos sobreditos serviços.

Ora, a competência para conhecer das questões relativas à validade de regulamentos administrativos (o "regulamento do serviço") ou de eventuais contratos administrativos (os contratos de concessão) cabe aos tribunais administrativos. Com efeito, de acordo com a al. b) do n.º 1 do art. 4.º do Estatuto dos Tribunais Administrativos e Fiscais, aprovado pela Lei n.º 13/2002, de 19 de Fevereiro, "compete aos tribunais da jurisdição administrativa e fiscal a apreciação de litígios que tenham nomeadamente por objecto a fiscalização da legalidade das normas e demais actos jurídicos emanados por pessoas colectivas de direito público ao abrigo de disposições de direito administrativo ou fiscal". Para além disso, a al. f) do mesmo artigo refere que compete aos tribunais administrativos a apreciação de litígios que tenham por objecto questões relativas à interpretação, validade e execução de contratos de objecto passível de acto administrativo, de contratos especificamente a respeito dos quais existam normas de direito público que regulem aspectos específicos do respectivo regime substantivo, ou de contratos em que pelo menos uma das partes seja uma entidade pública ou um concessionário que actue no âmbito da concessão e que as partes tenham expressamente submetido a um regime substantivo de direito público".

Neste sentido, para além da Lei expressa e inequívoca, também a doutrina não tem dúvidas de que a interpretação e validade, quer do contrato de concessão, quer do Regulamento de Serviços, cabe aos tribunais administrativos. Neste sentido depõem, entre outros, PEDRO GONÇALVES[244], AROSO DE ALMEIDA e FERNANDES CADILHA[245]. Como sublinham este últimos Autores, "a competência dos tribunais administrativos mantém-se ainda que o regulamento disponha sobre relações jurídicas civis, comerciais ou laborais e contenha, como tal, normas não substancialmente administrativas. Independentemente da matéria que se pretenda disciplinar, a actividade regulamentar obedece a regras de direito administrativo, mormente no tocante à competência do órgão emissor, à forma e ao procedimento a adoptar (...) pelo que, face à definição constante do n.º 1 [do art. 72.º do CPTA] os regulamentos que, pelo seu objecto, incidam sobre relações jurídicas não administrativas não deixam de se encontrar subordinadas ao regime de impugnação contenciosa"[246].

---

[244] A concessão de serviços públicos, pp. 301 e 306.
[245] Comentário ao Código de Processo nos Tribunais Administrativos, Coimbra, Almedina, 2005, pp. 16 ss. Ainda neste sentido, vide AROSO DE ALMEIDA, O novo regime do processo nos tribunais administrativos, Coimbra, Almedina, 2005, p. 235.
[246] Comentário ao Código de Processo nos Tribunais Administrativos, p. 373.

Neste sentido, o acórdão do STA de 26 de Setembro de 2006 (processo 014/06) entendeu que compete aos tribunais administrativos e fiscais, concretamente aos tribunais tributários, conhecer de providência cautelar não especificada tendente à suspensão do tarifário de consumo de água, saneamento e de "disponibilidade", aprovado pela Assembleia Municipal do concelho da Figueira da Foz e a cobrar pela empresa municipal a quem foi concessionado o serviço público de captação, tratamento e distribuição de água bem como do sistema de recolha. Como se refere no aresto, o que estava em causa não era "um litígio de direito privado relativo a algum contrato entre a requerente da providência e a requerida (nomeadamente relativo a uma relação contratual de fornecimento), antes sim aquele tarifário que se pretende suspender, aprovado ao abrigo dos já aludidos poderes públicos de autoridade, sendo de aplicação a todos os actuais e aos futuros utentes dos serviços, tendo assim natureza regulamentar. Uma tal fixação insere-se na satisfação de necessidades colectivas definidas, seleccionadas e ordenadas pela lei como é próprio da função administrativa". Assim, os tribunais competentes para apreciar a questão eram os tribunais administrativos pois a concessionária actua na prossecução de um interesse público, munida de poderes de autoridade e praticando actos de gestão pública, assim se afastando a competência dos tribunais judiciais.

O prestador do serviço, quando seja uma entidade privada a quem o serviço foi concessionado, não cria, como é evidente, taxas ou preços. As taxas ou preços que o prestador de serviços (e concessionário) tem direito a cobrar aos utente, por força da concessão do serviço público, são criadas e fixadas pelo concedente, no contrato de concessão, e cujas regras de actualização e revisão constam desse mesmo contrato de concessão. Ora, tendo natureza pública, e correspondendo ao exercício de poderes públicos (a criação e fixação de taxas pela prestação de um serviço público) apenas a jurisdição administrativa se pode pronunciar sobre a validade de tais taxas. Na verdade, convém não confundir concessão do serviço público com transferência deste mesmo serviço: o que foi privatizado (transferido temporariamente para uma entidade privada) foi a gestão e exploração do serviço público de fornecimento de água. O tarifário, esse continua a ser criado, fixado e revisto pelo Concedente. Neste sentido, o prestador do serviço, quando seja concessionário, não cria taxas, apenas se limitando a cobrar as taxas que o contrato de concessão e o Regulamento lhe conferem o direito de exigir, desse modo sendo retribuído pela prestação de um serviço público.

Taxas fixas noutros serviços públicos essenciais

I. Existem várias outras taxas fixas, próprias de diferentes serviços públicos essenciais, cuja licitude é frequentemente posta em causa. O problema, uma vez mais, prende-se com o cariz *fixo* ou *invariável* destas taxas, que aparentemente põe em crise a ideia basilar de *correspectividade* ou *sinalagmaticidade* entre a prestação pecuniária, a cargo do utente, e a prestação do serviço.

A este propósito, e como ponto de partida para a análise do problema, devem ponderar-se as sábias reflexões de FERREIRA DE ALMEIDA. O Autor lembra que em vários sectores de actividade são celebrados contratos que conferem o direito de acesso a redes de transporte de coisas corpóreas (tais como a água, o gás e a electricidade), ou a redes servidoras de telecomunicações, através de fio, cabo, fibra óptica, onda hertziana ou satélite (telefone, fixo ou móvel, radiodifusão, televisão, internet, *etc.*). O Autor qualifica estes contratos como "contratos de troca para acesso a redes". Como se sabe, o acesso a estas redes nem sempre é livre. O acesso é livre, por exemplo, nos chamados canais de televisão em *sinal aberto* ou nos canais de rádio. Diferentemente, noutros casos, o acesso à rede depende de um pagamento por parte do utente.

Parece-nos digna de relevo, desde logo, a qualificação deste tipo de contratos como "contratos de acesso a redes", pois permite sublinhar a existência de uma estrutura física complexa que sustenta e permite a prestação do serviço. Quer no acesso a *redes de transporte de coisas corpóreas* quer no acesso a *redes servidoras de telecomunicações* o serviço é prestado através de uma rede que é o seu sustentáculo material. Como é evidente, não se pode dissociar a análise da prestação deste tipo de serviços da compreensão da amplitude e envergadura dessa rede, atentando, desde logo, aos complexos mecanismos técnicos que permitem o seu funcionamento e aos encargos financeiros que vão implicados na sua construção e manutenção. Ao contrário do que sucede nos contratos em geral, em que a prestação a cargo do devedor não pressupõe nem implica a existência de uma *rede*, de uma estrutura básica que é o veículo da realização da prestação; nos contratos de acesso a redes a prestação do serviço implica, a montante, a existência e funcionamento dessa mesma *rede*.

A contraprestação devida pelo acesso à rede neste tipo de serviços não pode, como é evidente, deixar de ter em conta a própria existência e manutenção da rede – pressuposto factual da possibilidade de realização da prestação. Só num reino de fantasia se poderá acreditar que a prestação devida pelo utente deve ser limitada à *efectiva utilização* dos serviços prestados ao utente, ou seja, que o utente que não *consome* quaisquer bens ou que *não acede* a quaisquer serviços não onera o prestador do serviço. Antes – e para além – do fornecimento dos bens ou da prestação do serviço, existe uma rede que é veículo desse fornecimento ou prestação, e que não deixa de existir ou de ter os seus encargos pelo simples facto de não ser utilizada. Como vimos, é a mesma coisa que supor, fantasiosamente, que o utente que não abre a torneira durante um mês inteiro não onerou, de forma alguma, o prestador do serviço. Tal suposição é errónea uma vez que o prestador do serviço, por estar obrigado a disponibilizá-lo, teve de manter o sistema *em carga*, ou seja, disponível, acessível, pronto – o que implica, como é evidente, custos e encargos, distintos dos custos que se traduzem no consumo dos bens – a água que vendeu ao utente, e que teve previamente de adquirir ao sistema multimunicipal "em alta".

Deste modo, a formação do preço, ou seja, da contraprestação devida pelo acesso à rede, não se pode alhear da existência e manutenção dessa *malha material*, que é nota característica dos contratos de acesso a rede. Pois bem: quando o acesso à rede seja condicionado, ou seja, depende de subscrição ou pagamento, o cálculo do montante a pagar pode basear-se na quantidade de *unidades utilizadas* ou corresponder antes a *fracções de tempo* durante o qual a rede está acessível. Em consonância, por vezes o preço integra as duas componentes: uma parte fixa, formada por uma "taxa" periódica de acesso (ligação, activação ou manutenção) e uma parte variável, calculada em função da quantidade de bens consumidos[247].

Ao nível do modo de fixação do preço, FERREIRA DE ALMEIDA distingue três situações.

Se o preço for composto *exclusivamente pela componente variável*, a fonte da obrigação tem a natureza de "contrato de fornecimento", isto é, um contrato-quadro, no âmbito do qual se celebram múltiplos contratos de compra e venda ou de prestação de serviço.

Se, diferentemente, o preço for composto *predominantemente pela componente variável* (como é normal suceder nos serviços de fornecimento de água, gás, electricidade e telefone), o contrato será um "contrato misto de fornecimento e de acesso".

Por fim, se o preço for composto *exclusiva ou predominantemente pela componente fixa*, insensível a variações da quantidade do uso efectivo ou com escassa repercussão dessas variações, a fonte da obrigação tem a natureza de "contrato de acesso à rede", em comum e em simultâneo com outros utentes[248]. É o que acontece,

---

[247] FERREIRA DE ALMEIDA, Contratos II. Conteúdo. Contratos de troca, pp. 239 s.
[248] FERREIRA DE ALMEIDA, Contratos II. Conteúdo. Contratos de troca, p. 240.

desde logo, em relação ao acesso à internet e a canais ou programas codificados de televisão (televisão por subscrição).

II. Um tipo de taxas cuja licitude é frequentemente posta em causa são as taxas associadas ao serviço de fornecimento de energia eléctrica. Alguns Autores entendem que estas taxas, que muitas vezes ultrapassam o valor dos consumos de electricidade, são indevidas, funcionando como se estivéssemos perante verdadeiros impostos[249]. Uma das taxas mais frequentes neste âmbito corresponde à chamada "potência contratada", a qual é devida independentemente do consumo efectivo de energia[250]. A potência contratada corresponde ao valor máximo de potência que uma instalação de electricidade pode receber da rede, limitada pelo disjuntor que controla a potência. Este valor varia em função do tipo de aparelhos que o utente espera utilizar e depende da opção tarifária escolhida pelo cliente. As tarifas fixadas e cobradas pelo prestador do serviço devem conformar-se com as regras fixadas no Regulamento Tarifário do Sector Eléctrico[251].

O contrato de fornecimento de energia eléctrica é um contrato de acesso ao sistema eléctrico nacional, uma rede de transporte de coisa corpórea (a electricidade). O contrato pressupõe a existência e funcionamento da rede eléctrica nacional. A contraprestação a pagar pelo utente é composta por uma *componente variável* (definida em Euros/kVAs) e por uma componente fixa (a "potência contratada" ou "termo fixo"). Estamos perante um "contrato misto de fornecimento e de acesso". A taxa de "potência contratada" reflecte os custos das redes de distribuição associados à disponibilização da potência solicitada pelo utente. A fundamentação deste tipo de taxas assenta, deste modo, na potência que o distribuidor coloca, em termos contratuais, à disposição do utente.

A propósito das taxas no sector eléctrico, deve também ter-se em conta o disposto no n.º 4 do art. 9.º da LSPE. Este n.º foi aditado pelo art. 2.º da Lei n.º 44/2011, de 22 de Junho, que procedeu à quarta alteração à Lei n.º 23/96. Tal como se refere no art. 1.º da Lei n.º 44/2011, esta alteração teve como propósito estabelecer a obrigatoriedade de discriminação nas facturas eléctricas, individualmente, de cada custo referente a medidas de política energética, de sustentabilidade ou de interesse económico geral, bem como o respectivo montante, a par

---

[249] FROTA, *A tutela do consumidor de produtos e serviços públicos essenciais na Europa*, pp. 17 s.
[250] A legalidade desta taxa face ao art. 8.º da LSPE foi questionada na discussão na generalidade do Projecto de Lei n.º 263/X (alteração à Lei n.º 23/96, de 26 de Julho), *in* DAR I série, n.º 60/X/2, de 16 de Março de 2007, pp. 13 ss.
[251] Acessível a partir do site www.erse.pt.

dos valores de consumo, da potência contratada, da taxa de exploração e da contribuição áudio-visual. Para além de ter relevo em sede de exercício do direito à informação, por parte dos utentes (nomeadamente, quanto à inteligibilidade das facturas), este inciso legal veio suportar expressamente a licitude da cobrança da "potência contratada" e da "taxa de exploração".

III. Tal como acontece no sector eléctrico, o tarifário do sector do fornecimento de gás natural também é composto por duas componentes, a "energia" e o "termo tarifário fixo". Enquanto a primeira corresponde ao valor a pagar em função do consumo de energia, calculado com base em leitura obtida no contador ou por estimativa, definido em Euros/kWh; o segundo corresponde a um valor fixo a pagar por cada dia do mês em que esteve activo o fornecimento, correspondente à disponibilidade do serviço. Este termo varia em função da pressão de serviço da instalação e do escalão de consumo. Na tarifa de energia aplicada pelo comercializador de último recurso incluem-se, para além dos custos de aquisição de gás natural, os custos com a recepção, armazenamento e regaseificação de gás natural e os custos de armazenamento subterrâneo de gás natural. As regras para fixação das tarifas no sector do gás natural constam do Regulamento Tarifário do Sector do Gás natural[252].

O contrato de fornecimento de gás é, também ele, um contrato de acesso a uma rede, a Rede Nacional de Distribuição de Gás Natural. O contrato pressupõe a existência e funcionamento desta rede. A contraprestação a pagar pelo utente é composta por uma *componente variável* (medida em kVAs) e por uma componente fixa (o "termo fixo"). Estamos, mais uma vez, perante um "contrato misto de fornecimento e de acesso".

IV. Em nosso entender, as "taxas fixas" ("potência contratada", "termo tarifário fixo" ou outras) serão lícitas desde que tenham justificação legal e económica, isto é, desde que sirvam verdadeiramente para compensar o prestador do serviço por um encargo em que este efectivamente incorra. No caso dos serviços de água, de saneamento e resíduos sólidos, o legislador esclareceu expressa e directamente a questão, referindo que não constituem consumos mínimos as taxas e tarifas devidas pela construção, conservação e manutenção dos sistemas públicos. Entendemos que este raciocínio pode ser estendido a outros serviços que não estão abrangidos pela excepção inequívoca do n.º 3. No entanto, a con-

---

[252] Acessível a partir do site www.erse.pt.

sideração sobre a licitude de tais taxas depende de um apurado juízo sobre a *correspectividade* de tais valores, de forma a que passem com sucesso o teste da al. c) do n.º 2 do art. 8.º. Dito de outra forma, serão válidas aquelas taxas que tenham uma efectiva e inequívoca *correspondência directa com um encargo em que a entidade prestadora do serviço efectivamente incorra*.

Este *encargo em que a entidade prestadora do serviço efectivamente incorra* pode justamente resultar do facto de a prestação do serviço depender do acesso a uma rede própria, cuja existência, manutenção, disponibilização e funcionamento acarreta custos. Deve sublinhar-se que todos os serviços a que nos referimos pressupõem o acesso a uma rede própria. Estamos, deste modo, perante contratos que conferem o direito de acesso a redes de transporte de coisas corpóreas ou a redes de telecomunicações. O acesso a estas redes é *condicionado* à celebração de um contrato, que muitas vezes se traduz numa subscrição, autorização prévia ou assinatura[253]. A contraprestação devida pelo acesso à rede neste tipo de serviços não pode, como é evidente, deixar de ter em conta a própria existência e manutenção da rede – pressuposto factual da possibilidade de realização da prestação. Deste modo, muitas vezes a formação do preço tem em conta a existência e manutenção dessa *malha material*, que é nota característica dos contratos de acesso a rede.

Não nos podemos deixar iludir pelo carácter fixo da contraprestação. Como vimos, existem formas de remuneração do prestador do serviço através de contraprestações fixas ou invariáveis e que não podemos qualificar automaticamente de "consumos mínimos". O critério da licitude de uma taxa não deve ter por base a sua variabilidade ou rigidez mas antes a sua *correspectividade* ou *sinalagmaticidade*. Só serão lícitas as taxas, preços ou outras formas de remuneração que sejam o *correspectivo* de um encargo em que a entidade prestadora do serviço *efectivamente* incorra. E muitas vezes, nos exemplos citados, esse encargo está associado à simples disponibilização do serviço (a disponibilidade da água ou da electricidade, pelo simples facto de o sistema estar "em carga", isto é, disponível) ou à possibilidade de acesso à rede, independentemente do volume de consumo de bens ou serviços efectivamente realizado pelo utente (televisão por subscrição, telefone, internet).

---

[253] Vide, neste sentido, a al. jj) do art. 3.º da Lei n.º 5/2004, que define «*Sistema de acesso condicional*» como "*qualquer medida e ou disposição técnica, por meio da qual o acesso, de forma inteligível, a um serviço de programas televisivos ou de rádio protegido fica condicionado a uma assinatura ou a qualquer outra forma de autorização prévia individual*".

A apreciação da exigibilidade do montante pecuniário exigido ao utente deve ser feita *caso a caso*, atendendo ao quadro legal e regulamentar do sector em apreço, bem como ao contrato celebrado entre as partes. A legalidade dessa taxa ou preço não depende da sua designação mais ou menos criativa ou típica mas sim do seu conteúdo, da sua fundamentação – e esta, para além de *jurídica*, tem de ser *económica*. Tem de existir um verdadeiro nexo de correspectividade entre o montante exigido e os encargos suportados, efectivamente, pelo prestador do serviço. Para sabermos se estamos perante uma importância cuja exigência e cobrança viola o disposto no art. 8.º da LSPE não basta *ler* a LSPE. Este diploma fixa a proibição de cobrança de algumas importâncias mas não opera por si só, isoladamente – o que *está por detrás* dessa cobrança, os seus reais fundamentos (ou a falta deles) é que determina a resposta a dar quanto à licitude de tais importâncias.

ARTIGO 9.º
FACTURAÇÃO

1 – O utente tem direito a uma factura que especifique devidamente os valores que apresenta.
2 – A factura a que se refere o número anterior deve ter uma periodicidade mensal, devendo discriminar os serviços prestados e as correspondentes tarifas.
3 – No caso do serviço de comunicações electrónicas, e a pedido do interessado, a factura deve traduzir com o maior pormenor possível os serviços prestados, sem prejuízo do legalmente estabelecido em matéria de salvaguarda dos direitos à privacidade e ao sigilo das comunicações.
4 – Quanto ao serviço de fornecimento de energia eléctrica, a factura referida no n.º 1 deve discriminar, individualmente, o montante referente aos bens fornecidos ou serviços prestados, bem como cada custo referente a medidas de política energética, de sustentabilidade ou de interesse económico geral (geralmente denominado de custo de interesse económico geral), e outras taxas e contribuições previstas na lei.
5 – O disposto no número anterior não poderá constituir um acréscimo do valor da factura.

ANOTAÇÃO (Fernando Dias Simões)

N.º 1

Direito a factura detalhada

I. De acordo com o n.º 1 do art., que se mantém intacto desde a versão primitiva do diploma, o utente tem direito a uma factura que especifique devidamente os valores que apresenta, ou seja, tem direito a uma factura *pormenorizada* ou *deta-*

lhada. O preceito em análise consagra regras da maior importância no âmbito do direito à informação e esclarecimento do utente quanto aos valores incluídos nas facturas dos serviços prestados. A factura não deve ser lacónica, devendo especificar clara e expressamente todos os itens apresentados. O dever de apresentação de uma factura que especifique de forma adequada os valores que apresenta acaba por resultar do disposto no n.º 1 do art. 4.º, que impõe ao prestador do serviço o dever de informar sobre as condições em que o serviço é realizado e prestar todos os esclarecimentos que se justifiquem, de acordo com as circunstâncias. Estamos perante a fixação de um *princípio de transparência*, que se filia no direito à informação mas também no direito à protecção dos interesses económicos do utente, que deste modo poderá reagir perante eventuais deficiências, erros ou omissões da factura apresentada.

O cumprimento do dever de informação é decisivo para a tutela dos direitos do utente. Por isso, tal dever encontra-se igualmente consagrado numa vertente concreta da prestação do serviço – a facturação. Assim, o art. 9.º estabelece regras importantes de informação e de esclarecimento dos utentes relativamente aos valores incluídos nas facturas. Ao estabelecer o dever de disponibilização de uma factura detalhada, a Lei reconhece que apenas deste modo é possível que o utente verifique a regularidade da facturação, possibilitando a verificação da correcta aplicação do tarifário por parte do prestador do serviço. A chamada "facturação detalhada" corresponde, basicamente, à obrigação que recai sobre o prestador do serviço de apresentar ao utente a demonstração dos valores em que se baseia o cálculo do montante a pagar.

II. Do n.º 1 do art. 400.º do CC resulta que a determinação de uma ou de ambas as prestações contratuais pode ser confiada a uma das partes ou a terceiro. A determinação de uma das prestações contratuais por uma das partes justifica-se especialmente quando a especificação ou quantificação da prestação exige conhecimentos técnicos ou acesso a dados de que apenas um dos contraentes dispõe. Isto acontece frequentemente na prestação de serviços públicos essenciais. Com efeito, em alguns serviços apenas o prestador do serviço está em condições de proceder ao cálculo da quantidade de bens fornecidos, o qual determina o valor a pagar pelo utente em cada período. É o que acontece, por exemplo, nos serviços de fornecimento de água, electricidade, gás natural, recolha e tratamento de águas residuais e gestão de resíduos sólidos urbanos. No caso dos serviços postais, atendendo ao carácter esporádico e isolado destes, podemos dizer que o utente está em igualdade de condições com o prestador dos serviços, tendo a possibilidade de determinar ou quantificar a prestação (remessa de uma carta, de uma encomenda, *etc.*). O mesmo acontece no serviço de televisão por subscrição (canais ou pacotes de canais subscritos, programas em regime de *pay per view* acedidos, *etc.*). Nestas hipóteses não se pode dizer que apenas o prestador dos serviços consiga proceder ao cálculo da quantidade de bens ou serviços prestados.

Diferentemente, no fornecimento de água, electricidade, gás, *etc.*, o cálculo da prestação devida pelo utente pressupõe a leitura periódica dos instrumentos de medida. Esta leitura encontra-se, geralmente, a cargo do prestador do serviço, que irá quantificar a quantidade de bens ou serviços prestados. Pois bem: de acordo com o n.º 1 do art. 9.º, o prestador do serviço deverá espelhar na factura, de forma perceptível e com um grau de especificação adequada, os valores que apresenta, e que resultam da aplicação do tarifário aos valores apurados através da leitura dos instrumentos de medida.

N.º 2

Periodicidade e conteúdo da factura

I. Como vimos, de acordo com o n.º 1 do art. 9.º impende sobre o prestador do serviço o dever de emitir uma factura que especifique devidamente os valores que apresenta. O n.º 2 do art. 9.º desenvolve o n.º 1, disciplinando a periodicidade e o conteúdo da factura. A redacção actual deste n.º foi introduzida pelo art. 1.º da Lei n.º 12/2008, de 26 de Fevereiro, tendo entrado em vigor no dia 26 de Maio de 2008. Com esta alteração o legislador pretendeu esclarecer que a factura a que se refere o n.º 1 deve ter uma periodicidade mensal, devendo discriminar os serviços prestados e as correspondentes tarifas. Deste modo, passou a ser obrigatória a emissão e apresentação ou envio de facturas mensais por todos os prestadores de serviços públicos essenciais abrangidos pela LSPE. Como refere CALVÃO DA SILVA, a periodicidade mensal da facturação era já praticada por vários prestadores dos serviços públicos, sendo mesmo imposta em leis sectoriais. Para esses, a obrigação de medir e facturar ao mês os consumos realizados não será, pois, uma novidade: continuarão a observar as boas práticas[254].

II. Quanto à sua periodicidade, o n.º 2 estabelece que a factura deve ter uma periodicidade mensal. No entanto, alguns diplomas de índole sectorial vieram abrir a possibilidade de adopção de diferentes períodos de facturação. É o que

---

[254] *Serviços públicos essenciais: alterações à Lei n.º 23/96 pelas Leis n.os 12/2008 e 24/2008*, p. 173.

resulta, por exemplo, do n.º 1 do art. 67.º do DL n.º 194/2009, de 20 de Agosto, que refere que a facturação deve possuir periodicidade mensal, podendo ser disponibilizados ao utilizador mecanismos alternativos e opcionais de facturação, passíveis de serem por este considerados mais favoráveis e convenientes. O mesmo sucede no sector do gás natural. O art. 204.º do Regulamento de Relações Comerciais do Sector do Gás Natural estabelece que salvo acordo em contrário, a periodicidade da facturação do gás natural é mensal. As partes podem acordar num prazo de periodicidade diferente do previsto, desde que o utente considere que o prazo lhe é mais favorável. Um regime semelhante consta do art. 185.º do Regulamento de Relações Comerciais do Sector Eléctrico. Deste modo, a periodicidade mensal não foi considerada, em alguns domínios, como tendo cariz imperativo, podendo ser adoptados modelos distintos, desde que se considerem mais favoráveis ao utente. Basicamente, desta interpretação resulta que a factura mensal é um direito de que o utente dispõe, mas a que pode renunciar, optando por um modelo que considere que acautela melhor os seus interesses.

CALVÃO DA SILVA lembra que, nos termos do art. 13.º da LSPE, é nula qualquer convenção ou disposição que exclua ou limite os direitos por ela atribuídos aos utentes. Deste modo, o Autor entende que a partir da entrada em vigor da nova redacção da Lei o utente tem direito a receber mensalmente as facturas, sem o solicitar ou sem ter de tomar a iniciativa de alterar a periodicidade da facturação para mensal junto do prestador do serviço público essencial. A regra legal é a da factura mensal. Na sua opinião esta é uma regra imperativa, irrenunciável *ex ante*, sob pena de nulidade atípica, invocável apenas pelo utente (art. 13.º, n.º 2), mas não pelo fornecedor do serviço ou terceiro, não sendo de conhecimento oficioso pelo tribunal[255].

O problema de saber se a regra da facturação mensal pode ser afastada quando sejam disponibilizados ao utente outros mecanismos alternativos de facturação, passíveis de serem por este considerados mais favoráveis e convenientes, prende-se essencialmente com as situações em que uma facturação não-mensal (por exemplo, bimestral) se pode traduzir num aumento dos valores a pagar. Em regra os tarifários dos prestadores de serviços são definidos para um período de 30 dias, nomeadamente o limite dos escalões de consumo e o valor das tarifas fixas. Os escalões de consumo permitem diferenciar o valor da tarifa variável de forma progressiva em função de patamares de consumo. Os escalões de consumo mensal visam, idealmente, a modelação de consumos, garantindo a acessibilidade

---

[255] *Serviços públicos essenciais: alterações à Lei n.º 23/96 pelas Leis n.os 12/2008 e 24/2008*, p. 181.

económica a um volume mínimo de consumo indispensável (primeiro escalão) e desincentivando os consumos excessivos ou fúteis (último escalão). Sempre que a facturação respeite a um período diferente de 30 dias devem ser ajustados proporcionalmente os limites dos escalões, assim como o valor das tarifas fixas, de forma a garantir que a variação do período de facturação não tem qualquer impacto na determinação do valor final a pagar. Caso contrário, pode acontecer que o mesmo volume de consumo em dois meses seguidos corresponda a dois preços diferentes quando facturado mensalmente (porque não ultrapassa um determinado escalão) ou quando facturado bimestralmente (em que, pela agregação do consumo de dois meses, se ultrapassa aquele primeiro escalão). Neste caso deverá ser tido em conta o respectivo Regulamento de Serviço, analisando até que ponto o estabelecimento do sistema de escalões, quando conjugado com o sistema da facturação bimestral, vem a resultar em prejuízo para o utente, por se traduzir num acréscimo do valor total a pagar. Quando se conclua que a facturação bimestral redunda num aumento do valor a pagar pelo serviço, que não existiria caso a factura fosse mensal, poderá o utente exigir que a facturação passe a ser mensal, como é a regra (n.º 2 do art. 9.º) e exigir a restituição do acréscimo pago com base em enriquecimento sem causa (art. 473.º do CC). Com efeito, não existe nesta hipótese qualquer motivo justificado para o enriquecimento do prestador do serviço, uma vez que esse acréscimo no valor a pagar deriva única e exclusivamente do método de facturação utilizado[256].

III. Quanto ao seu conteúdo, o n.º 2 do art. 9.º fixa que a factura, que resulta do cálculo relativo à quantidade de bens ou serviços prestados ao utente, deve discriminar justamente quais foram os serviços prestados e quais as correspondentes tarifas. Este dever decorre ainda do dever geral de informação, fixado no art. 4.º, cujo n.º 2 prescreve que "o prestador do serviço informa directamente, de forma atempada e eficaz, os utentes sobre as tarifas aplicáveis pelos serviços prestados, disponibilizando-lhes informação clara e completa sobre essas tarifas".

Uma das principais queixas dos utentes dos serviços públicos essenciais prende-se com a (in)inteligibilidade das facturas. Com efeito, regra geral as facturas são complexas, existindo grandes diferenças na apresentação, *layout* e terminologia utilizada, mesmo no âmbito do mesmo serviço público essencial. A ausência de um modelo uniforme, que se aplique transversalmente às diferentes entidades

---

[256] COSTA PINTO, Serviços públicos essenciais: algumas respostas às dúvidas mais frequentes, p. 15.

prestadoras dos serviços, aumenta as dificuldades na compreensão dos serviços prestados e das tarifas apresentadas. É evidente que todos os passos que puderem ser dados pelo legislador no sentido de uma maior clarificação dos elementos que obrigatoriamente devem constar da factura contribuirão para um melhor cumprimento do dever de informação fixado pelo art. 4.º da LSPE. Seria desejável que a terminologia fosse clarificada, nomeadamente no que concerne a preços e taxas, questão que é especialmente sensível atendendo às proibições que resultam do art. 8.º. A uniformização dos elementos informativos e da sua nomenclatura em cada sector facilitaria o exercício do direito dos utentes a uma factura clara e compreensível. Os benefícios seriam evidentes. Não só os utentes ficariam melhor esclarecidos acerca dos valores que são chamados a pagar como os operadores acautelariam imensos conflitos que surgem devido a dificuldade de interpretação das facturas apresentadas.

IV. Como referimos, na maior parte dos serviços públicos essenciais apenas o prestador do serviço está em condições de proceder ao cálculo da quantidade de bens ou serviços prestados, o qual determina o valor a pagar pelo utente em cada período. No fornecimento de água, electricidade, gás, *etc*., o cálculo da prestação devida implica a análise dos instrumentos de medida. O levantamento dos dados relativos ao consumo encontra-se regra geral a cargo do prestador do serviço, que irá quantificar a quantidade de bens ou serviços prestados e convertê-la na prestação pecuniária a realizar pelo utente. Estamos perante a chamada *leitura* – o levantamento do consumo real contabilizado por funcionários do prestador do serviço. Fala-se, a este propósito, da *leitura* da água, da *leitura* da electricidade, *etc.* Geralmente o prestador do serviço *lê* o contador, colhendo os dados relativos ao consumo, para depois contabilizar o montante a facturar ao cliente.
Em princípio a facturação corresponde ao consumo de bens ou serviços efectivamente realizado pelo utente – é a chamada *facturação real*. No entanto, o método de facturação nem sempre se baseia no consumo real, podendo por vezes corresponder a uma *facturação por estimativa*. Nesta hipótese a *leitura* é substituída por cálculos estimados de consumo. Actualmente a facturação em boa parte dos serviços públicos essenciais resulta de sistemas de facturação assentes em meras estimativas de consumo. Na *facturação por estimativa* não estamos, em rigor, perante uma verdadeira *leitura*, pois não houve um levantamento dos dados do contador, os quais não foram, deste modo, *lidos*. A facturação por *estimativa* assenta, na verdade, em *leituras reais* realizadas anteriormente. Quando se utiliza este método de facturação, o valor de consumo é estimado, ou seja, resulta da ponderação de

várias leituras reais anteriores. Isto significa que o utente irá proceder ao pagamento de uma importância *estimada*, *pressuposta*, a qual muito provavelmente não irá coincidir com o valor *real* do consumo. Por isso, mais cedo ou mais tarde irão existir acertos entre os valores *estimados* e os valores *reais*. Esse acerto irá resultar, como é evidente, de uma leitura *real* do contador (feita pelo prestador do serviço ou pelo próprio utente), a qual irá permitir apurar o consumo efectivamente realizado. Neste caso, o utente será obrigado a pagar a diferença entre o valor estimado e o valor correspondente ao consumo efectivamente realizado, se este for superior àquele. No caso inverso, o utente torna-se credor da diferença indevidamente paga.

No âmbito da facturação por estimativa existe uma variante especial, a chamada "conta certa". Neste método de facturação, disponível, por exemplo, no fornecimento de energia eléctrica, o utente paga um valor fixo todos os meses, valor este que é calculado com base no histórico de consumos do utente. O pagamento é realizado por débito directo. O utente pagará o mesmo valor durante todo o ano, procedendo-se ao acerto dos valores (diferença entre a facturação por estimativa e o consumo real) no 12.º mês. O utente recebe apenas uma factura por ano, a qual contém toda a informação sobre os consumos e pagamentos efectuados ao longo do ano, qual o acerto de contas a realizar, e qual a mensalidade em vigor para o ano seguinte. Desde logo, salta à vista o facto de se afastar, por acordo com o utente (acordo que se consubstancia na adesão a este sistema de facturação) o sistema de facturação mensal, que é a regra (n.º 2 do art. 9.º da LSPE). Por outro lado, e como teremos oportunidade de ver, este método de facturação pode levantar alguns problemas quanto ao direito do prestador do serviço ao recebimento da diferença entre a importância paga e a importância que corresponde ao consumo efectuado (n.º 2 do art. 10.º).

São frequentes as queixas de que a facturação por estimativa, correspondendo a uma previsão ou suposição, pode causar danos ao utente, excedendo frequentemente de forma grosseira o valor dos consumos efectivos. A facturação por estimativa pode, com efeito, implicar distorções nos pagamentos exigidos ao utente, prejudicando os seus interesses económicos. Alerta FERREIRA DE ALMEIDA, e com razão: "as estimativas por excesso redundam na concessão de crédito ao fornecedor concedido compulsivamente pelo utente. Este efeito é injustificado, desviando-se dos critérios da equidade e da boa fé, estabelecidos pelo citado art. 400.º e pelo art. 3.º da Lei". O Autor entende que "o cálculo por estimativa deveria ser por isso estritamente limitado ou mesmo proibido por lei. Quando, apesar de tudo, seja praticado e se revele excessivo, deve ser equiparado a um erro de facturação, com direito à dedução na factura seguinte do excesso e do valor dos respectivos juros. Mas não só. Seria desejável que a lei contemplasse, para o efeito, uma taxa que penalizasse o fornecedor em montante superior ao benefício auferido, desmotivando-o do recurso a tal meio de financiamento compulsivo"[257]. No mesmo sentido, FROTA entende que o legislador deveria ter adoptado mecanismos que prevenissem a facturação por estimativa, por considerar que se trata de um método de facturação ao arrepio dos direitos dos consumidores[258]. Concordamos com os Autores. A regulamentação sectorial já estabelece limites à facturação por estimativa, exigindo intervalos máximos, mais ou menos espaçados, entre cada leitura real. No entanto, seria benéfica a introdução de limites mais rigorosos à utilização da estimativa, que estimulassem o prestador de serviços a proceder a leituras reais, assim se evitando o seu financiamento à custa do utente.

V. Alguns Autores vão mesmo mais longe, pondo em causa a própria licitude da facturação *por estimativa*[259]. CALVÃO DA SILVA entende que da nova redacção do n.º 2 do art. 9.º resulta uma *"nova obrigação legal de medição e facturação dos consumos efectivos (e não estimados) com uma periodicidade mensal por forma que os utentes possam verificar e controlar os seus gastos reais em tempo côngruo e previnam sobreendividamentos... a dificultar ou impossibilitar pagamentos serôdios"*. De acordo com o Autor, esta obrigação legal "pressionará as empresas a uma maior transparência e a uma maior *modernização tecnológica*, desde a utilização crescente da *factura electrónica* ao investimento em *sistemas de telecontagem*, com ganhos de *eficiência* e sem distorções

---

[257] FERREIRA DE ALMEIDA, *Serviços públicos, contratos privados*, p. 137.
[258] FROTA, *Carta de Protecção do consumidor de produtos e serviços essenciais*, p. 25 e *A tutela do consumidor de produtos e serviços públicos essenciais na Europa*, p. 18.
[259] Na discussão na generalidade da Proposta de Lei n.º 20/VII, referiu o deputado RIBEIRO DA COSTA: "não encontramos (...) nenhuma norma que proíba ou, pelo menos, discipline os chamados consumos por estimativa, através dos quais as empresas fornecedoras têm praticado algumas arbitrariedades, que não são de somenos: desde meses seguidos em que os consumidores só pagam o aluguer dos aparelhos de medição, pagando depois facturas exorbitantes pelo consumo que fizeram durante esses meses, até estimativas que nada têm a ver com a realidade. Tudo se tem feito ao abrigo deste procedimento. Perguntamos, pois, ao Governo o que é que tem a dizer sobre isto". Em resposta, a Ministra do Ambiente referiu: "naturalmente que nos preocupa a questão da estimativa. É, de facto, uma matéria complexa, mas, por isso mesmo, ela só poderá ser tratada numa abordagem muito específica, na medida em que estamos a lidar com problemas de empresas que, embora tendo de ser balizadas na sua relação com uma parte mais fraca, que é o consumidor individual, têm, no entanto, de ter meios de suprir, por exemplo, a inacessibilidade aos contadores, pelo que não se pode pensar numa situação em que se acaba completamente com a solução da estimativa, que é banal" – *in* DAR I série, n.º 56/VII/1, de 12 de Abril de 1996, pp. 25 *s*.

nos pagamentos exigidos aos utentes. Numa palavra: é *obrigação do prestador do serviço público essencial apurar e facturar mensalmente os consumos reais, na base de leituras efectivas* – e não de leituras por estimativa ou de modalidades de conta certa com posterior acerto de contas (por exemplo, no fim de um ou dois anos) –, *com o correspondente* ónus *probandi* (art. 11º, n.º 1, da Lei n.º 23/96, introduzido pela Lei n.º 12/2008), *não impendendo, pois, sobre o utente o dever de ser ele mesmo a fazer a leitura e a comunicar ao fornecedor o real consumo apurado nem tão pouco o dever de controlo ou monitorização e certificação do cumprimento pontual daquela obrigação pelo prestador do serviço*"[260]. O Autor conclui que se devem ter por revogadas as regras legais anteriores incompatíveis com a nova disposição, nos termos do art. 7.º, n.º 2 do CC.

Não concordamos, de todo, com o Autor. Com efeito, não entendemos que a nova redacção do n.º 2 do art. 9.º venha impor uma "obrigação legal de medição e facturação dos consumos *efectivos* (e não estimados) com uma periodicidade mensal", ou, dito de outra forma, que tenha sido proibida a facturação por estimativa. Nem nos parece, em absoluto, que tenham sido revogadas as regras legais anteriores incompatíveis com a nova disposição. E isto por dois motivos.

Em primeiro lugar, porque a própria LSPE prevê, no seu art. 12.º (acerto de valores cobrados), que "sempre que, em virtude do método de facturação utilizado, seja cobrado ao utente um valor que exceda o correspondente ao consumo efectuado, o valor em excesso é abatido da factura em que tenha sido efectuado o acerto, salvo caso de declaração em contrário, manifestada expressamente pelo utente do serviço". Isto mostra à evidência que o método de facturação pode não corresponder à *leitura real*. De acordo com o n.º 1 do art. 9.º da LSPE, o utente tem direito a uma factura que especifique devidamente os valores que apresenta. Esta factura deve ter uma periodicidade mensal, devendo discriminar os serviços prestados e as correspondentes tarifas. No entanto, a própria Lei reconhece a admissibilidade de métodos de facturação que não correspondem a valores *reais*, mas apenas *estimados*. Como é patente, é este o método de fixação do valor a pagar que o legislador tem em mente quando refere "sempre que, em virtude do método de facturação utilizado, seja cobrado ao utente um valor que exceda o correspondente ao consumo efectuado". Com efeito, só neste método de facturação (por estimativa, ou seja, facturação *estimada*) é que é possível existir uma divergência entre o valor cobrado e o consumo efectuado (à parte, como é evidente, do caso de erro – humano ou mecânico – na leitura ou na facturação, a qual pode suceder mesmo quando se utiliza um método de *leitura real*).

---

[260] *Serviços públicos essenciais: alterações à Lei n.º 23/96 pelas Leis n.os 12/2008 e 24/2008*, pp. 173 s.

Por outro lado, é preciso atender ao quadro regulatório dos vários serviços públicos essenciais, o qual prevê expressamente a admissibilidade da facturação por estimativa, dentro de certos limites. O método de facturação dos bens ou serviços prestados ao utente varia consoante a própria natureza do serviço público essencial em causa. A este propósito, referiu-se no acórdão do TC n.º 206/2003, de 28 de Abril de 2003 (processo n.º 101/2000): "não faz muito sentido a comparação (...) entre a facturação dos serviços de fornecimentos de água, gás e electricidade, elaborada com base em contador particular, e a facturação dos serviços de telefone, sejam eles fixos ou móveis, efectuada (...), com base em equipamento de contagem instalado nas centrais telefónicas. Facilmente se percebe que o critério geral que determina a distinta localização dos equipamentos de contagem se prende com a diferença de objecto da prestação em causa. Assim, no caso do fornecimento de água, gás ou electricidade compreende-se que a quantificação do fornecimento do bem se realize com base em equipamento de contagem colocado no ponto de intersecção entre a rede pública em que ele circula e a rede particular a partir da qual ele é utilizado pelo consumidor. Já relativamente ao serviço de telefone se aceita que, por razões de exequibilidade (...) os equipamentos de contagem se situem nas centrais telefónicas. Note-se, aliás, que é o facto de o equipamento de contagem se encontrar nas centrais telefónicas que torna desnecessária a substituição da respectiva leitura por cálculos estimados de utilização do serviço de telefone, substituição essa que, no entanto, ocorre no fornecimento de água, electricidade e gás". Como é evidente, o cálculo por estimativa não faz sentido no caso dos serviços de telefone, pois o prestador dispõe de meios para contabilizar directamente o consumo.

Como já referimos várias vezes, a compreensão do regime fixado na LSPE não pode ser apartada de uma análise sistemática do edifício normativo que regula cada um dos serviços públicos essenciais. A LSPE funciona como uma espécie de "lei de mínimos" que fixa o conjunto básico de direitos conferidos aos utentes mas que, por um lado, ressalva todas as disposições legais que, em concreto, se mostrem mais favoráveis ao utente (art. 14.º da LSPE) e que, por outro, não afasta a aplicabilidade de normas específicas de cada um desses sectores.

A este propósito, e a título meramente exemplificativo, vamos analisar o regime da facturação dos serviços de fornecimento de água, de saneamento de águas residuais e de gestão de resíduos urbanos. O art. 67.º do DL n.º 194/2009, de 20 de Agosto, ocupa-se da medição dos níveis de utilização dos serviços e da respectiva facturação. Repare-se que este diploma é posterior à alteração do n.º 2 do art. 9.º da LSPE, pelo que nem sequer se pode alegar que as disposições legais que sejam incompatíveis se consideram revogadas, nos termos do art. 7.º, n.º 2 do CC. De acordo com o n.º 2 do art. 67.º, "para efeitos de facturação, a entidade gestora deve proceder à leitura real dos instrumentos de medição por intermédio de agentes devidamente credenciados, com uma frequência mínima de duas vezes por ano e com um distanciamento máximo entre duas leituras consecutivas de oito meses". Desta norma resulta que o prestador do serviço apenas está obrigado a proceder a duas *leituras reais* por ano, sendo que não podem distar mais de oito meses entre cada uma delas. O n.º 6 do art. refere-se aos meses em que o prestador do serviço não proceda à leitura dos contadores. Nesses casos, o consumo é *estimado* "em função do consumo médio apurado entre as duas últimas leituras reais efectuadas pela entidade gestora" (al. a)) ou, em alternativa, "em função do consumo médio de utilizadores com características similares no âmbito do território municipal verificado no ano anterior, na ausência de qualquer leitura subsequente à instalação do contador". Resulta deste modo evidente e inequívoco que o legislador não quis afastar a admissibilidade do recurso ao método de facturação por *estimativa*, o qual tem por base, em regra, as duas últimas leituras *reais*. O consumo por estimativa só não será calculado em função do consumo médio apurado entre as duas últimas leituras reais quando estas não existam, de acordo com a al. b).

Estando obrigado a proceder à leitura real dos instrumentos de medição pelo menos duas vezes por ano, e com um distanciamento máximo entre duas leituras consecutivas de oito meses, o prestador do serviço poderia ver obstaculizado o cumprimento deste dever sempre que o contador não estivesse facilmente acessível. Por isso, o n.º 3 do art. 67.º prescreve que "o utilizador deve facultar o acesso da entidade gestora ao instrumento de medição, com a periodicidade a que se refere o número anterior, quando este se encontre localizado no interior do prédio servido". "Sempre que, por indisponibilidade do utilizador, se revele por duas vezes impossível o acesso ao instrumento de medição por parte da entidade gestora, esta deve avisar o utilizador, por carta registada ou meio equivalente, da data e intervalo horário, com amplitude máxima de duas horas, de terceira deslocação a fazer para o efeito, assim como da cominação da suspensão do fornecimento no caso de não ser possível a leitura" (n.º 4). Para evitar situações em que com a recusa de permissão do acesso ao contador o utente pudesse incorrer em abuso de direito, o legislador estabelece ainda que, sem prejuízo da suspensão do serviço, o prazo de caducidade das dívidas relativas aos consumos reais não começa a correr enquanto não puder ser realizada a leitura por parte da entidade gestora por motivos imputáveis ao utilizador (n.º 5 do art. 67.º).

Por outro lado, nada impede que seja o próprio utente a fornecer a leitura do contador, promovendo a realização de leitura reais. Neste caso estamos perante a chamada *auto-leitura*, a cargo do utente. Pode dizer-se que se o utente pretende obviar os inconvenientes da facturação por estimativa, tem todo o interesse em proceder ele próprio à leitura do contador – embora não tenha, como é evidente, um ónus de o fazer. O prestador do serviço encontra-se inclusive obrigado a facultar ao utente meios adequados para que este proceda à comunicação da respectiva leitura nos meses em que não existe leitura real. Para este efeito, prescreve o n.º 8 do art. 67.º que "a entidade gestora deve disponibilizar aos utilizadores, de forma acessível, clara e perceptível, meios alternativos para a comunicação das leituras, como a Internet, o serviço de mensagem curta de telemóvel (sms), os serviços postais ou o telefone". As leituras comunicadas pelos utentes devem ser consideradas na facturação desde que realizadas nos períodos indicados para esse efeito e desde que o prestador do serviço não disponha de informação mais actualizada ou que indicie a incorrecção da leitura comunicada.

É claro, para além disso, que o regime normal de leituras reais combinadas com leituras estimadas não se aplica quando o prestador do serviço utilize sistemas tecnológicos que assegurem os mesmos efeitos (n.º 7). Nesta hipótese não há necessidade de fazer levantamento dos dados constantes do contador, uma vez que o prestador do serviço tem acesso directo, por meios electrónicos, aos dados relativos aos consumos reais. A *tele-leitura* é o caminho do futuro, pois a leitura poderá ser realizada automaticamente, sem que os funcionários do prestador do serviço se tenham de deslocar a cada um dos locais de consumo para ler o contador. Seria desejável que fosse adoptada com a brevidade possível, no interesse tanto dos prestadores dos serviços (economia de meios) como dos utentes (leituras reais e facturas justas).

Embora, em nossa opinião, o legislador não tenha, de todo, proibido a facturação por estimativa – o que seria impraticável e irrealista – o recurso a este método de facturação tem limites. Assim, mesmo quando recorra a este tipo de facturação o prestador do serviço continua a ter o ónus de demonstrar o cumprimento de todas as suas obrigações, designadamente, que cumpriu a obrigação de apurar os consumos reais efectuados pelo utente, dentro dos intervalos temporais máximos permitidos por Lei, e a obrigação de informar o utente do valor do consumo real por ele efectuado. Não nos parece que a intenção do legislador seja forçar o prestador do serviço a comunicar mensalmente o valor dos consumos reais efectuados, pois isso implicaria uma *leitura real mensal*. O que o legislador pretende é vincular o prestador do serviço a enviar mensalmente a factura, discriminando nesta os serviços prestados e as correspondentes tarifas, as quais podem resultar de um cálculo baseado no levantamento dos dados no contador (*leitura real*) ou, dentro dos limites legalmente fixados, de uma *estimativa* que tem por base *leituras reais anteriores*. Pretende-se evitar que o prestador do serviço apresente facturas que se baseiam, *ad eternum*, em valores *estimados*, que podem ser flagrantemente irreais, e que têm como única base uma *leitura real* efectuada há vários anos atrás, a qual pode já não ter qualquer aproximação ao tipo de consumo efectuado pelo utente. Assim, cabe ao prestador do serviço demonstrar que cumpriu todas as obrigações que sobre si impendem, nomeadamente a obrigação de proceder à leitura real do consumo, cabendo-lhe ainda demonstrar, atentas as regras do ónus da prova e os mecanismos legais de protecção dos utentes, que o não cumprimento de tal obrigação não resultou de culpa sua – por exemplo, demonstrando que o utente não lhe facultou o acesso ao contador, apesar de devidamente notificado para o efeito.

A propósito da facturação por estimativa, decidiu-se no acórdão do TRL de 29 de Março de 2007 (processo 2134/2007-6): "não obstante se tenha tornado prática corrente a facturação baseada em meras estimativas de consumo, continua a impender sobre o prestador de serviços a obrigação de disponibilizar aos seus utentes uma facturação detalhada do consumo real efectuado e do preço devido por aquele mesmo consumo. (...) Cabia à autora (...) demonstrar que cumpriu todas as obrigações decorrentes do contrato celebrado (...) entre as quais a obrigação de proceder à leitura do consumo efectivo de água na sua residência, cabendo ainda à apelante demonstrar, atentas as regras do ónus da prova e os mecanismos legais de protecção dos consumidores, que o não cumprimento de tal obrigação não resultou de culpa sua". O acórdão lembrou ainda que "não existe um dever do consumidor comunicar a leitura à fornecedora, nem de se certificar que tal leitura é efectuada periodicamente, não obstante a prestadora colocar à disposição do consumidor variados meios para facilmente efectuar a comunicação, pois a obrigação de apurar os consumos reais é do prestador do serviço e não do utente; a modalidade de cobrança do consumo por mera estimativa reverte em benefício da entidade cobradora, e não o inverso".

O acórdão do mesmo tribunal de 17 de Novembro de 2009 (processo 3153/06.0TVLSB.L1-7) decidiu no mesmo sentido, acrescentando que "não se pode impor aos utentes dos serviços públicos essenciais que estabeleçam o seu horário de funcionamento em função das necessidades das empresas prestadoras desses serviços públicos. Sendo essencial para a cobrança integral dos seus créditos, bem como para a emissão das facturas, a leitura dos contadores, as prestadoras de serviços públicos têm de criar condições, de serviço, ou contratuais, para ultrapassar eventuais problemas de acesso aos contadores".

Refira-se ainda a sentença do Julgado de Paz do Porto de 15 de Janeiro de 2009 (processo 215/2008-JP): "não obstante seja prática corrente a facturação baseada em estimativas de consumo, continua a impender sobre o prestador de serviços a obrigação de disponibilizar aos seus utentes uma facturação detalhada do consumo real efectuado e do respectivo preço a pagar por aquele consumo". Em sentido idêntico se pronunciou a sentença do mesmo Julgado de Paz datada de 23 de Setembro de 2008 (processo 701/2007-JP). Refira-se, por fim, uma sentença do mesmo Julgado de Paz, de 23 de Setembro de 2008 (processo 701/2007-JP), que esclareceu que "a obrigação de apurar os consumos reais é do prestador do serviço e não do utente, não existindo um dever do consumidor comunicar a leitura à fornecedora, nem de se certificar que tal leitura é efectuada periodicamente, daí que a ausência tão prolongada para a realização de leituras por parte da Demandada consubstancia uma verdadeira falha do prestador do serviço".

N.º 3

Conteúdo da factura no serviço de comunicações electrónicas

I. O n.º 3 do art. 9.º da LSPE foi aditado pelo art. 1.º da Lei n.º 12/2008, de 26 de Fevereiro, e correspondia, basicamente, ao n.º 2 do art. 9.º na sua redacção primitiva. A Proposta de Lei n.º 20/VII referia, no n.º 2 do art. 9.º: "no caso do serviço telefónico, e a pedido do interessado, a factura deve traduzir, com o maior detalhe possível, os serviços prestados, sem prejuízo de o prestador do serviço dever adoptar as medidas técnicas adequadas à salvaguarda dos direitos à privacidade e ao sigilo das comunicações". Este texto sofreu uma pequena alteração quando tomou a forma de Lei, tendo a expressão "o maior detalhe possível" sido substituída por "com o maior pormenor possível". Por outro lado, a proposta de Lei previa um n.º 3, que estabelecia que "às pessoas singulares a factura detalhada é fornecida sem qualquer encargo". Este n.º foi eliminado do Relatório e texto de substituição elaborados pela Comissão de Assuntos Constitucionais, Direitos, Liberdades e Garantias, e deste modo não chegou a ver a luz do dia aquando da publicação da Lei n.º 23/96. A redacção dada pela Lei n.º 12/2008 introduziu ainda duas alterações: uma relativa ao novo âmbito de aplicação da al. d), que antes se circunscrevia ao serviço de telefone, e a partir de então passou a abranger o "serviço de comunicações electrónicas" em geral; e outra referente a uma imposição mais genérica do dever de cumprir o disposto em matéria de salvaguarda do direito à privacidade e ao sigilo nas comunicações, que, como é evidente, impende sobre o prestador do serviço, que deve adoptar as medidas técnicas necessárias a esse desiderato. A nova redacção entrou em vigor no dia 26 de Maio.

II. O n.º 3 do art. 9.º vem desenvolver o direito a uma factura detalhada, previsto no n.º 1, quanto ao serviço de comunicações electrónicas. Do n.º 1 resultava que a factura deve especificar devidamente os valores que apresenta. O n.º 3 acrescenta que, no caso do serviço de comunicações electrónicas, e a pedido do interessado, a factura deve traduzir com o maior pormenor possível os serviços prestados, sem prejuízo do legalmente estabelecido em matéria de salvaguarda dos direitos à privacidade e ao sigilo das comunicações.

A facturação detalhada é uma reivindicação antiga dos utentes do serviço telefónico. Através desta imposição prescreve-se que o prestador do serviço tem o dever de identificar cada chamada telefónica e o respectivo custo. Com efeito, só deste modo estarão reunidas as condições para o cabal esclarecimento e controlo pelo utente da utilização que é feita do n.º de telefone que lhe está atribuído. Isto permite ao utente impedir a ocorrência de abusos, assim se assegurando a fiabilidade dos serviços prestados e a justificação do preço respectivo. Só assim poderá o utente ficar devidamente esclarecido e em condições de controlar a utilização que é feita do telefone e de impedir eventuais abusos[261].

Resulta do n.º 3 que a facturação detalhada não é a regra, mas apenas um direito do utente que depende de pedido nesse sentido, apresentado junto do prestador do serviço. Sendo apresentado o pedido, a factura relativa ao serviço de comunicações electrónicas deve passar a traduzir com o maior pormenor possível os serviços prestados, sem prejuízo do legalmente estabelecido em matéria de salvaguarda dos direitos à privacidade e ao sigilo das comunicações. A Lei não refere que forma deve revestir tal pedido, pelo que parece de aceitar uma simples declaração verbal feita aos balcões do prestador do serviço ou um pedido enviado por fax ou carta. Como referimos, a proposta de Lei n.º 20/VII previa um n.º 3, que estabelecia que "às pessoas singulares a factura detalhada é fornecida sem qualquer encargo". Este número foi eliminado na discussão parlamentar, tendo-se entendido que a factura pormenorizada era um direito de todo e qualquer utente, o qual deveria ser satisfeito de forma gratuita, ou seja, sem quaisquer encargos para o utente.

---

[261] PINTO MONTEIRO, *A protecção do consumidor de serviços públicos essenciais*, p. 345.

Actualmente a Lei das Comunicações Electrónicas (Lei n.º 5/2004) estabelece, no seu art. 39.º, que os assinantes de serviços acessíveis ao público têm direito a obter facturação detalhada, quando solicitada (al. c) do n.º 3). De acordo com a al. e) do art. 3.º, "assinante" é a pessoa singular ou colectiva que é parte num contrato com um prestador de serviços de comunicações electrónicas acessíveis ao público para o fornecimento desses serviços. Deste modo, têm direito à facturação detalhada tanto os utentes pessoas singulares como os utentes pessoas colectivas. O n.º 1 do art. 94.º do mesmo diploma refere que, para que os assinantes possam verificar e controlar os seus encargos de utilização da rede de comunicações pública e dos serviços telefónicos acessíveis ao público a ela associados, os prestadores de serviço universal devem disponibilizar o seguinte conjunto mínimo de recursos e mecanismos, de entre os quais a facturação detalhada (al. a)). Para esse efeito é garantido gratuitamente o seguinte nível mínimo de detalhe, sem prejuízo da legislação aplicável em matéria de protecção de dados pessoais e da privacidade: preço inicial de ligação à rede de comunicações pública num local fixo e para a prestação do serviço telefónico através daquela rede, quando aplicável; preço de assinatura, quando aplicável; preço de utilização, identificando as diversas categorias de tráfego, indicando cada chamada e o respectivo custo; preço periódico de aluguer de equipamento, quando aplicável; preço de instalação de material e equipamento acessório requisitado posteriormente ao início da prestação do serviço; débitos do assinante; compensação decorrente de reembolso (n.º 2). Os prestadores de serviço universal podem, a pedido do assinante, oferecer facturação detalhada com níveis de discriminação superiores ao estabelecido no número anterior, a título gratuito ou mediante um preço razoável, não devendo, em qualquer caso, ser incluído no detalhe das facturas a informação das chamadas facultadas ao assinante a título gratuito, nomeadamente as chamadas para serviços de assistência (n.º 3 da mesma norma).

III. Embora a facturação detalhada seja um direito do utente, na medida em que favorece a clareza e o rigor na facturação, pode colidir com outro direito: o *direito à privacidade* de quem estabelece a comunicação telefónica (caso não seja o próprio utente) e dos destinatários da mesma. Na definição de factura detalhada incluem-se, pelo menos, informações relativas a todas as chamadas efectuadas num determinado período, aos números de telefone chamados, à data da chamada, à hora de início e à duração de cada chamada. Ora, este tipo de facturação permite a quem presta o serviço o conhecimento de todas as chamadas feitas a partir daquele n.º de telefone e de todos os seus destinatários, conhecimento esse que abrange as circunstâncias de facto em que a comunicação teve lugar (hora a que a comunicação foi estabelecida, duração, delimitação geográfica – local, regional, nacional, internacional, móvel)[262]. A facturação detalhada permite, deste modo, o conhecimento dos chamados "dados de tráfego", em prejuízo do direito fundamental ao sigilo das comunicações e do direito à reserva da vida privada. Há mesmo quem fale, a este propósito e em face da tutela constitucional, civil e penal, de um direito à autodeterminação comunicacional[263].

Estamos, deste modo, perante um problema de colisão de direitos (art. 335.º do CC). Ora, nessa medida, o critério de solução terá de contemplar algumas regras técnicas que permitam conciliar os diferentes interesses em presença, sem maior detrimento para qualquer das partes. Já na Exposição de motivos da Proposta de Lei n.º 20/VII o legislador estava ciente deste problema quando referia, a propósito das medidas técnicas adequadas a salvaguardar os direitos à privacidade e ao sigilo das comunicações, que "a cifragem dos últimos algarismos do número do telefone chamado tem sido a medida técnica praticada em outros países e é aquela que se desenha no seio da União Europeia"[264].

A Comissão Nacional de Protecção de Dados Pessoais pronunciou-se sobre esta matéria no Parecer n.º 10/98, em que considerou que "para garantir a segurança, a certeza e a fiabilidade das chamadas telefónicas e com a finalidade estrita de facturação e pagamento é possível, o registo do nome, morada, tipo de posto de telefone utilizado, unidades de conversação, dia e hora de início, tempo de conversação e número chamado", apenas pelo período de tempo, necessariamente curto, em que a factura possa ser legalmente contestada. A Comissão concluiu, no Parecer n.º 11/98, que "fora desta finalidade os dados devem ser apagados ou tornados anónimos"[265].

Assim, o prestador do serviço deve adoptar um conjunto de medidas de cariz técnico, nomeadamente, proceder à cifragem dos últimos algarismos do número de telefone chamado. Através deste método tutela-se o direito do destinatário, que não é identificado pelo seu número de telefone, mas também o direito do iniciador da comunicação, pelo menos na medida em que não se identifica o destinatário; e tutela-se, ainda, o titular do posto, pois este fica pelo menos a saber a zona para onde foi feita a chamada (tendo sido, ele próprio, o iniciador da comu-

---

[262] PINTO MONTEIRO fala a este propósito de "conhecimento das condições factuais" – *A protecção do consumidor de serviços de telecomunicações*, p. 152.
[263] PINTO MONTEIRO, *A protecção do consumidor de serviços públicos essenciais*, p. 345.
[264] *In* DAR II série A, n.º 33/VII/1, de 4 de Abril de 1996, p. 591.
[265] Pareceres acessíveis na Internet em www.cnpd.pt.

nicação, poderá identificá-la sem dificuldade). Por outro lado, e como lembra PINTO MONTEIRO, torna-se ainda necessário fazer depender a emissão de factura detalhada do correspondente *pedido* do interessado, que desta forma *consente* (implicitamente, ao menos) na sua emissão. A solução consagrada no art. 9.º da LSPE respeita estes princípios, procurando conciliar o direito à facturação detalhada com o direito à privacidade e ao sigilo das comunicações.

Actualmente esta matéria encontra-se regulada na Lei n.º 41/2004, de 18 de Agosto, que transpôs para a ordem jurídica nacional a Directiva n.º 2002/58/CE, do Parlamento Europeu e do Conselho, de 12 de Julho, relativa ao tratamento de dados pessoais e à protecção da privacidade no sector das comunicações electrónicas. O art. 8.º deste diploma refere que os assinantes têm o direito de receber facturas não detalhadas (n.º 1). As empresas que oferecem redes e ou serviços de comunicações electrónicas acessíveis ao público devem conciliar os direitos dos assinantes que recebem facturas detalhadas com o direito à privacidade dos utilizadores autores das chamadas e dos assinantes chamados, nomeadamente submetendo à aprovação da Comissão Nacional de Protecção de Dados propostas quanto a meios que permitam aos assinantes um acesso anónimo ou estritamente privado a serviços de comunicações electrónicas acessíveis ao público (n.º 2). As chamadas facultadas ao assinante a título gratuito, incluindo chamadas para serviços de emergência ou de assistência, não devem constar da facturação detalhada (n.º 4).

Quanto à identificação da *linha chamadora* e da *linha conectada*, rege o art. 9.º, que dispõe que quando for oferecida a apresentação da identificação da linha chamadora, as empresas que oferecem serviços de comunicações electrónicas acessíveis ao público devem garantir, linha a linha, aos assinantes que efectuam as chamadas e, em cada chamada, aos demais utilizadores a possibilidade de, através de um meio simples e gratuito, impedir a apresentação da identificação da linha chamadora (n.º 1). Quando for oferecida a apresentação da identificação da linha chamadora, as empresas que oferecem serviços de comunicações electrónicas devem garantir ao assinante chamado a possibilidade de impedir, através de um meio simples e gratuito, no caso de uma utilização razoável desta função, a apresentação da identificação da linha chamadora nas chamadas de entrada (n.º 2). Nos casos em que seja oferecida a identificação da linha chamadora antes de a chamada ser atendida, as empresas que oferecem serviços de comunicações electrónicas devem garantir ao assinante chamado a possibilidade de rejeitar, através de um meio simples, chamadas de entrada não identificadas (n.º 3). Quando for oferecida a apresentação da identificação da linha conectada, as empresas que oferecem serviços de comunicações electrónicas devem garantir ao assinante chamado a possibilidade de impedir, através de um meio simples e gratuito, a apresentação da identificação da linha conectada ao utilizador que efectua a chamada (n.º 4). As empresas que oferecem redes e ou serviços de comunicações electrónicas acessíveis ao público são obrigadas a disponibilizar ao público, e em especial aos assinantes, informações transparentes e actualizadas sobre estas possibilidades (n.º 7). Refira-se ainda que os dados de tráfego relativos aos assinantes e utilizadores tratados e armazenados pelas empresas que oferecem redes e ou serviços de comunicações electrónicas devem ser eliminados ou tornados anónimos quando deixem de ser necessários para efeitos da transmissão da comunicação. O tratamento destes dados apenas é lícito até final do período durante o qual a factura pode ser legalmente contestada ou o pagamento reclamado (n.º 1 e n.º 3 do art. 6.º).

N.º 4

Conteúdo da factura no serviço de fornecimento de energia eléctrica

I. O n.º 4 do art. 9.º da LSPE foi aditado pelo art. 2.º da Lei n.º 44/2011, de 22 de Junho, aplicando-se às relações que subsistam à data da sua entrada em vigor (22 de Julho de 2011) e produzindo efeitos a partir do período de facturação imediatamente subsequente (art. 4.º da Lei n.º 44/2011).

II. À semelhança do que acontecia com o n.º 3 do art. 9.º, o preceito em análise vem desenvolver o direito a uma factura detalhada, previsto no n.º 1, mas neste caso no que concerne ao serviço de fornecimento de energia eléctrica. Do n.º 1 resultava que a factura deve especificar devidamente os valores que apresenta. O n.º 4 acrescenta que a factura deve discriminar, individualmente, o montante referente aos bens fornecidos ou serviços prestados, bem como cada custo referente a medidas de política energética, de sustentabilidade ou de interesse económico geral (geralmente denominado de custo de interesse económico geral), e outras taxas e contribuições previstas na lei (nomeadamente, a potência contratada, a taxa de exploração e da contribuição áudio-visual, como se refere no art. 1.º da Lei n.º 44/2011). Trata-se de mais um esforço do legislador no sentido de tutelar o direito dos utentes à informação (inteligibilidade das facturas) e à protecção dos seus interesses económicos (justificação dos valores cobrados). Ademais, revela a preocupação com a adaptação do diploma, de nítido cariz geral, às especificidades de alguns dos serviços a que se destina (neste caso, o sector eléctrico, e as suas taxas e encargos próprios).

N.º 5

Gratuitidade da factura no serviço de fornecimento de energia eléctrica

De acordo com o novo n.º 5 do art. 9.º da LSPE, que também foi aditado pelo art. 2.º da Lei n.º 44/2011, de 22 de Junho, o disposto no número anterior não poderá constituir um acréscimo do valor da factura. Assim, o prestador do serviço de fornecimento de energia eléctrica não pode cobrar qualquer quantia pelo facto de passar a discriminar, individualmente, o montante referente aos bens fornecidos ou serviços prestados, bem como cada custo referente a medidas de política energética, de sustentabilidade ou de interesse económico geral (geralmente denominado de custo de interesse económico geral), e outras taxas e contribuições previstas na lei. À semelhança do que acontece com a factura detalhada no serviço de comunicações electrónicas (facultativa, pois depende de pedido do interessado – n.º 3 do art. 9.º), a factura detalhada no serviço de fornecimento de energia eléctrica (obrigatória, como resulta do n.º 5 do art. 9.º) não pode consubstanciar qualquer acréscimo do valor a pagar pelo utente.

ARTIGO 10.º
PRESCRIÇÃO E CADUCIDADE

1 – O direito ao recebimento do preço do serviço prestado prescreve no prazo de seis meses após a sua prestação.

2 – Se, por qualquer motivo, incluindo o erro do prestador do serviço, tiver sido paga importância inferior à que corresponde ao consumo efectuado, o direito do prestador ao recebimento da diferença caduca dentro de seis meses após aquele pagamento.

3 – A exigência de pagamento por serviços prestados é comunicada ao utente, por escrito, com uma antecedência mínima de 10 dias úteis relativamente à data limite fixada para efectuar o pagamento.

4 – O prazo para a propositura da acção ou da injunção pelo prestador de serviços é de seis meses, contados após a prestação do serviço ou do pagamento inicial, consoante os casos.

5 – O disposto no presente artigo não se aplica ao fornecimento de energia eléctrica em alta tensão.

ANOTAÇÃO (Fernando Dias Simões)

N.º 1

Prescrição do direito ao recebimento do preço

I. A redacção actual do n.º 1 resulta da alteração introduzida pelo art. 1.º da Lei n.º 12/2008, de 26 de Fevereiro. Na sua redacção primitiva o n.º 1 ditava: "o direito de exigir o pagamento do preço do serviço prestado prescreve no prazo de seis meses após a sua prestação". Com a nova redacção a expressão "direito de exigir o pagamento" foi substituída por "direito ao recebimento do preço", mantendo-se a parte final totalmente inalterada.

A interpretação do n.º 1 do art. 10.º na sua redacção original sempre suscitou muitas dúvidas e divergências. Do que não existia dúvidas é de que estávamos perante um prazo de prescrição. A prescrição constitui uma excepção ao princípio fundamental do pontual cumprimento dos contratos, fixado nos arts. 406.º, n.º 1 e 762.º, n.º 1 do CC. Como referia o Mestre MANUEL DE ANDRADE, "o fundamento específico da prescrição reside na negligência do titular do direito em exercitá-lo durante o período de tempo indicado na lei. Negligência que faz presumir ter ele querido renunciar ao direito, ou pelo menos o torna (o titular) indigno de protecção jurídica (*dormientibus non succurrit ius*). Tal o fundamento específico da prescrição, no sentido de ser de acordo com ele que a lei organiza e modela a respectiva disciplina"[266].

Na prestação dos serviços públicos essenciais o legislador entendeu fixar um prazo de prescrição bastante curto – apenas seis meses. A opção do legislador por um prazo de prescrição tão curto fundamenta-se na protecção do utente perante a acumulação de dívidas, evitando de igual modo a inércia do prestador do serviço, que poderia prolongar por tempo inadequado a situação, afectando a segurança do utente[267]. Deste modo, subjacente ao n.º 1 do art. 10.º (e também ao n.º 2 do mesmo art., como veremos) estão ponderosos motivos de interesse geral, como evitar o sobreendividamento dos utentes e protegê-los contra uma vinculação excessivamente longa a dívidas acumuladas. Com a fixação de um prazo curto de prescrição visou-se evitar que o credor retardasse demasiado a exigência dos créditos, periodicamente renováveis, tornando excessivamente pesada a presta-

---

[266] DOMINGUES DE ANDRADE, Teoria Geral da Relação Jurídica, vol. II, Coimbra, Almedina, 2003, pp. 445 s.
[267] COSTA, *O contrato de fornecimento de água*, p. 329.

ção acumulada do devedor. O fundamento do estabelecimento de um prazo prescricional muito curto entronca na "chamada *ordem pública de protecção* ou *ordem pública social*, própria da reluzente temática da tutela do consumidor, tirado da necessidade de prevenir a acumulação de dívidas, que o utente pode (deve) pagar periodicamente mas encontrará dificuldades em solver se excessivamente agregadas"[268].

Antes da entrada em vigor da Lei n.º 23/96 os créditos resultantes da prestação de serviços públicos essenciais estavam sujeitos à prescrição da al. g) do art. 310.º do CC[269]. De acordo com este preceito, prescrevem no prazo de cinco anos "quaisquer outras prestações periodicamente renováveis". Trata-se de uma prescrição extintiva, por oposição com o art. 312.º do CC, que se reporta apenas às prescrições presuntivas[270]. Com a entrada em vigor da LSPE o legislador fixou um novo prazo de prescrição *ostensivamente* mais curto que o de cinco anos, previsto na alínea g), do art. 310.º do CC. O art. 10.º não era uma norma interpretativa mas sim inovadora, não podendo, deste modo, ser aplicada retroactivamente, por não ser convocável o disposto no n.º 1 do art. 13.º do CC[271].

Redacção original da Lei n.º 23/96: diferentes teses em confronto

Embora não existissem dúvidas de que estávamos perante um prazo de prescrição, a doutrina e a jurisprudência divergiam fortemente quando à questão de saber que tipo de direito se extinguia no final do prazo de seis meses. Ao referir-se ao "direito de exigir o pagamento do preço do serviço prestado", o legislador dirigia-se ao *direito a facturar o serviço* ou ao *direito a cobrar o pagamento*? A questão que se colocava era, portanto, a de saber se o legislador, para satisfazer o escopo da

---

[268] CALVÃO DA SILVA, *Aplicação da Lei n.º 23/96 ao serviço móvel de telefone e natureza extintiva da prescrição referida no seu art. 10.º*, p. 154.

[269] Assim, os acs. do STJ de 3 de Dezembro de 2009 (processo 216/09.4YFLSB, acórdão de Uniformização de Jurisprudência) e de 20 de Janeiro de 2010 (processo 1088/05.3TVLSB.L1.S1).

[270] Convém não confundir o regime das *prescrições extintivas* com o das *prescrições presuntivas*. A *prescrição extintiva* tem como efeito extinguir o exercício do direito. Decorrido o seu prazo, o devedor tem a faculdade de opor ao credor a excepção da prescrição. A prescrição extintiva tem como resultado, deste modo, a extinção do direito e faz desaparecer, em consequência, todos os meios de tutela jurídica, subsistindo para o devedor uma mera obrigação natural (art. 402.º do CC). Diferentemente, a *prescrição presuntiva* baseia-se numa presunção legal de pagamento, dispensando o devedor da prova do mesmo. Este tipo de prescrição visa proteger o devedor contra o risco de pagar duas vezes dívidas em que não é habitual exigir recibo ou guardá-lo durante muito tempo. Em regra estamos perante créditos exigidos a curto prazo e que o devedor satisfaz prontamente. Enquanto a *prescrição extintiva* opera mesmo que o devedor confesse que não pagou, na *prescrição presuntiva* se o devedor confessa que deve, mas não pagou, é condenado a satisfazer a obrigação.

[271] Ac. do TRP de 30 de Maio de 2000 (processo 9820744).

protecção do utente, para além de ter pretendido ver extinto o direito de exigir o pagamento do serviço mediante a apresentação da respectiva factura para além de seis meses sobre a data da sua prestação, quis ainda que o direito de exigir o preço de serviços titulados por facturas tempestivamente apresentadas se extinguisse também no mesmo prazo semestral, vale dizer, ter o legislador estabelecido um prazo novo e bem mais curto que o que se encontra previsto na al. g) do art. 310.º do CC. Tanto a jurisprudência como a doutrina davam respostas diferentes, seja quanto à qualificação da prescrição – presuntiva ou extintiva – seja quanto ao seu campo de incidência. A redacção primitiva do n.º 1 do art. 10.º, aparentemente tão singela, suscitava nada mais nada menos que quatro interpretações distintas. As dúvidas sobre a disciplina da prescrição fixada no n.º 1 do art. 10.º eram justificadas. A Lei n.º 23/96 não continha qualquer referência à natureza presuntiva ou extintiva desta prescrição. Os trabalhos preparatórios também eram omissos a este respeito. O silêncio do legislador a propósito deste assunto era total.

A – Tese da prescrição extintiva semestral do direito a exigir judicialmente o pagamento do preço
Uma primeira corrente doutrinal, liderada por CALVÃO DA SILVA, considerava que o prazo de seis meses, fixado no n.º 1 do art. 10.º, era um prazo de prescrição extintiva (ou liberatória) e não meramente presuntiva. Deste modo, seis meses após a prestação do serviço prescrevia o direito de exigir judicialmente o pagamento do preço. O prazo prescricional contava-se a partir da prestação dos serviços (tratando-se de serviços reiterados ou periódicos, a partir de cada um dos períodos do serviço) sem que a apresentação da factura tivesse qualquer efeito interruptivo. O envio da factura interpelava o devedor para o cumprimento mas não interrompia ou suspendia a prescrição. Deste modo, o prazo semestral a que se referia o n.º 1 do art. 10.º dizia respeito **não** apenas à apresentação da factura mas também à invocação do direito em juízo, sob pena de extinção do mesmo.

De acordo com esta tese a apresentação da factura funcionava apenas como uma interpelação ao utente para pagamento do preço do serviço. A partir da prestação do serviço a obrigação tornava-se exigível e começava a correr o prazo da prescrição, prazo que não se interrompia com a interpelação para cumprimento, conforme resulta do disposto no n.º 1 do art. 323.º do CC. Desta forma, prescreviam no prazo de seis meses não apenas o direito a liquidar a obrigação mas também o direito ao preço correspondente. Segundo CALVÃO DA SILVA não poderia admitir-se que o n.º 1 do art. 10.º valesse apenas para a liquidação da dívida, enquanto para o crédito assim apurado ou liquidado se continuaria a aplicar a al. g) do art. 310.º do CC. Semelhante interpretação não tinha, em seu entender, "fundamento válido, consistente, constituiria um non-sense e seria mesmo contra legem"[272].

Para além disso, constituindo a prescrição extintiva a regra e a presuntiva a excepção, esta só funcionaria nos casos expressamente previstos, o que não sucedia no n.º 1 do art. 10.º[273]. O legislador não tinha tido a intenção de modificar a natureza da prescrição de extintiva para presuntiva. Caso tivesse sido esse o seu intento, o legislador teria dito, por exemplo, que "se presumia o pagamento, decorrido o prazo de seis meses após a emissão da factura com o preço do serviço prestado". Pelo contrário, o legislador não estabelecia qualquer presunção de pagamento, antes fixando uma causa extintiva da obrigação. Deste modo, o n.º 1 do art. 10.º deveria ler-se da seguinte forma: "o direito de exigir judicialmente o pagamento do preço do serviço prestado prescreve no prazo de seis meses após a sua prestação mensal, data da exigibilidade da obrigação e da possibilidade de exercício do direito".

A tese da prescrição extintiva semestral do direito a exigir judicialmente o pagamento do preço obteve relativo acolhimento da jurisprudência[274].

B – Tese da prescrição presuntiva semestral do direito a enviar a factura, mantendo-se a prescrição extintiva quinquenal do direito ao preço
Segundo uma outra tese, liderada por MENEZES CORDEIRO, o direito de exigir o pagamento reportava-se apenas ao prazo para apresentação da factura, no prazo de seis meses após a prestação do serviço. Se seis meses após a prestação do serviço não tivesse sido enviada a factura, ocorria prescrição presuntiva. Enviada a factura, o direito de exigir o pagamento tinha sido tempestivamente exercido,

---

[272] *Aplicação da Lei n.º 23/96 ao Serviço Móvel de Telefone e natureza extintiva da prescrição referida no seu art. 10.º*, p. 157.
[273] CALVÃO DA SILVA, *Aplicação da Lei n.º 23/96 ao Serviço Móvel de Telefone e natureza extintiva da prescrição referida no seu art. 10.º*, pp. 152 ss; PINTO MONTEIRO, *A protecção do consumidor de serviços de telecomunicações*, 1999, p. 149; FROTA, *Os serviços de interesse geral e o princípio fundamental da protecção dos interesses económicos do consumidor*, p. 142; CALVÃO DA SILVA, *Mercado e estado. Serviços de interesse económico geral*, p. 115.
[274] Vide, entre outros, os acs. do STJ de 5 de Junho de 2003 (processo 03B1032) e de 4 de Outubro de 2007 (processo 07B1996); os Acs. do TRP de 20 de Março de 2000 (processo 0050098), de 20 de Novembro de 2000 (processo 0050753), de 6 de Fevereiro de 2003 (processo 0233188), de 6 de Maio de 2003 (processo 0321544), de 18 de Maio de 2004 (processo 0422182); de 21 de Dezembro de 2004 (processo 0426253), de 3 de Novembro de 2005 (processo 0534575) e de 26 de Janeiro de 2006 (processo 0537124); e os acs. do TRC de 2 de Outubro de 2001 (processo 1531/2001) e de 23 de Janeiro de 2007 (processo 2359/04.1TBCBR.C1).

passando a prescrição a ser a prescrição extintiva de cinco anos prevista no CC[275]. Nesta óptica, o prazo de seis meses reportava-se apenas à apresentação da factura, mantendo-se intocável o prazo geral de cinco anos, estabelecido na al. g) do art. 310.º do CC, para a extinção do direito, regime consagrado para as dívidas decorrentes de prestações periodicamente renováveis, como era o caso das dívidas de electricidade, gás, água e telefone.

O prazo de seis meses dizia respeito à apresentação da factura. Os professores RUI DE ALARCÃO e SOUSA RIBEIRO defendiam que a factura desempenhava a função de liquidação do preço, valendo a sua apresentação como interpelação e fixação do prazo de cumprimento, representando "um passo instrumentalmente necessário para a realização do direito ao preço". Assim, apresentação da factura e exercício do "direito de exigir o pagamento ao preço do serviço prestado" são uma e a mesma coisa (...), devendo a norma ser lida como se dissesse: "direito ao preço prescreve se a respectiva factura não for apresentada dentro de seis meses após a prestação do serviço"[276]. Assim, quando o legislador utilizava a expressão "o direito de exigir o pagamento do preço do serviço prestado prescreve", em vez de referir "o direito prescreve" ou "o direito ao recebimento do preço prescreve" pretendia referir-se ao direito a exigir o pagamento através do envio da competente factura. O argumento que militava mais marcadamente em favor desta tese era o elemento gramatical. Com efeito, o n.º 1 do art. 10.º referia "o direito de exigir o pagamento do preço do serviço". Ora, como lembrava MENEZES CORDEIRO, "em boa técnica jurídica, prescrevem "direitos", normalmente "direitos de crédito". Se estivesse em causa o crédito correspondente ao preço do serviço, o legislador – cujo acerto e, daí, o domínio do português jurídico se presume – teria dito: "o direito ao preço do serviço prestado prescreve"[277]. Segundo o Autor, não se podia interpretar o "direito de exigir o pagamento" como o "direito de exigir judicialmente o preço", pois isso corresponderia a uma "postura belicista que não corresponde ao cenário normal a que se dirige o legislador"[278]. De acordo com esta tese a prescrição fixada no n.º 1 do art. 10.º tinha, seguindo a lógica do Direito português, uma natureza presuntiva.

Esta posição foi sufragada por boa parte dos nossos tribunais[279].

---

[275] MENEZES CORDEIRO, *Da prescrição do pagamento dos denominados serviços públicos essenciais*, pp. 769 *ss* e FERREIRA DE ALMEIDA, *Serviços públicos, contratos privados*, p. 139.
[276] Parecer citado no ac. do STJ de 23 de Janeiro de 2007 (processo 06A4010).
[277] *Da prescrição dos créditos das entidades prestadoras de serviços públicos essenciais*, pp. 330 s.
[278] *Idem*, p. 331, nota 125.
[279] Acs. do TRP de 28 de Junho de 1999 (processo 9950735), de 30 de Outubro de 2000 (processo 0051000), de 23 de Maio de 2005 (processo 0552184) e de 31 de Março de 2008 (processo 0850545).

C – Tese da prescrição extintiva semestral do direito a enviar a factura, mantendo-se a prescrição extintiva quinquenal do direito ao preço
Esta terceira tese ainda segue, em boa medida, o pensamento de MENEZES CORDEIRO, mas desvia-se num ponto essencial. Os arestos que defenderam este entendimento introduziram um desvio em relação à doutrina original de MENEZES CORDEIRO, considerando que a prescrição semestral era *extintiva* e não meramente *presuntiva*. Assim, caso o prestador do serviço não enviasse a factura no prazo de seis meses após a prestação, extinguia-se o direito de exigir judicialmente o pagamento do preço. Caso a factura fosse enviada no prazo de seis meses, estava exigido o pagamento, interrompendo-se o prazo de prescrição e começando a correr novo prazo de prescrição, o qual tinha a duração de cinco anos (al. g) do art. 310.º do CC), contados a partir do não cumprimento do direito na data limite fixada na factura.
Neste sentido se pronunciou uma larga parte da jurisprudência[280].

D – Tese da prescrição extintiva semestral do direito a enviar a factura, com início de nova prescrição extintiva semestral
Por fim, outra facção da doutrina considerava que o n.º 1 do art. 10.º estabelecia uma prescrição extintiva semestral do direito de enviar a factura, com início de nova prescrição extintiva sujeita ao mesmo prazo. Nesta óptica, o prazo de seis meses reportava-se à apresentação da factura, a qual tinha carácter interruptivo da prescrição, fazendo renascer o mesmo prazo de seis meses. Deste modo, o direito de exigir o pagamento do preço extinguia-se caso a factura não fosse apresentada no prazo de seis meses após a prestação do serviço. No entanto, se a factura fosse apresentada dentro desse prazo, interrompia-se o prazo prescricional de seis meses e começava a contar um novo prazo de prescrição extintiva de seis meses, relativo ao direito a exigir judicialmente o pagamento do preço

---

[280] Acs. do STJ de 13 de Maio de 2004 (processo 04A1323), de 24 de Maio de 2007 (processo 07A716), de 23 de Janeiro de 2007 (processo 06A4010), de 24 de Maio de 2007 (processo 07A716) e de 2 de Outubro de 2007 (processo 07A2656); do TRL de 12 de Maio de 2005 (processo 3821/2005-6), de 21 de Setembro de 2006 (processo 6338/2006-2), de 25 de Janeiro de 2007 (processo 10626/2006-6), de 21 de Junho de 2007 (processo 4583/2007-2), de 24 de Janeiro de 2008 (processo 10171/2007-8) e de 12 de Fevereiro de 2008 (processo 9184/2007-1); do TRP de 11 de Março de 2002 (processo 0151903), de 28 de Junho de 2004 (processo 0453758), de 4 de Abril de 2005 (processo 0550527), de 21 de Abril de 2005 (processo 0531795), de 14 de Março de 2006 (processo 0620772), de 10 de Julho de 2006 (processo 0653804), de 26 de Setembro de 2006 (processo 0623468) e de 2 de Outubro de 2006 (processo 0456896); do TRG de 21 de Fevereiro de 2008 (processo 2659/07-1).

facturado e não pago. Assim sendo, a apresentação da factura era vista como acto adequado a interromper o prazo prescricional, acrescendo às situações previstas nos arts. 323.º a 325.º do CC, sendo depois o prazo da nova prescrição idêntico ao da prescrição primitiva interrompida – seis meses.

De acordo com esta doutrina, não seria aceitável contemplar dois tipos de prazos de prescrição diferentes: um de seis meses para a apresentação da factura e outro de cinco anos para a exigência do pagamento. Um tal entendimento contenderia com o princípio de que, não estabelecendo a lei dois prazos sucessivos de prescrição, o prazo da nova prescrição é o mesmo da prescrição primitiva interrompida (n.º 2 do art. 326.º do CC). Esta orientação colidia, porém, com o disposto no art. 323.º do CC, que exige, para interrupção da prescrição, a citação ou notificação judicial, ou qualquer outro meio judicial equiparado pelo qual, dentro do respectivo prazo, se exprima a intenção de exercício judicial do direito. Esta tese, claramente minoritária, foi apoiada apenas por alguns arestos[281].

Redacção actual

I. A publicação da Lei n.º 12/2008 veio pôr termo à histórica divergência doutrinal e jurisprudencial sobre a natureza e regime da prescrição prevista no n.º 1 do art. 10.º da Lei n.º 23/96. A partir do dia 26 de Maio de 2008 (data de entrada em vigor da nova redacção do art. 10.º, de acordo com o art. 4.º da Lei n.º 12/2008), o n.º 1 passou a ditar: "o direito ao recebimento do preço do serviço prestado prescreve no prazo de seis meses após a sua prestação". Verificou-se, deste modo, uma mudança de paradigma em relação ao "direito" que prescreve no prazo de seis meses após a prestação do serviço (o prazo de prescrição, esse, manteve-se – seis meses)[282].

---

[281] Acs. do STJ de 6 de Fevereiro de 2003 (processo 02B4580), do TRL de 27 de Setembro de 2007 (processo 4892/2007-2) e do TRP de 20 de Junho de 2002 (processo 0230589), de 26 de Janeiro de 2006 (processo 0537124), de 2 de Fevereiro de 2006 (processo 0537122) e de 9 de Novembro de 2006 (processo 0635834).

[282] A este propósito, na apresentação do Projecto de Lei n.º 263/X, o deputado RENATO SAMPAIO referiu: "a clarificação da relação de prestadores de serviços com os consumidores, no que se refere ao regime de facturação, é também uma nossa preocupação. Por isso, a uniformização de prazos de emissão e cobrança das facturas constitui também o nosso objectivo e consideramos mesmo que a acumulação de créditos é da responsabilidade do prestador do serviço, não devendo os consumidores ficar reféns desses créditos durante demasiado tempo, razão que nos leva a propor um encurtamento de prazos de caducidade e prescrição" – in DAR I série n.º 60/X/2, de 16 de Março de 2007, p. 12.

II. Quanto à aplicação prospectiva da nova redacção da Lei, não podem restar dúvidas de que o legislador pretende que a partir do dia 26 de Maio de 2008 seja aplicável, de forma clara e inequívoca, o regime de prescrição de créditos por serviços públicos essenciais fixado no art. 10.º. CALVÃO DA SILVA considera que "nenhuma dúvida séria e consistente pode subsistir quanto à consagração inequívoca", na nova redacção do art. 10.º, da tese interpretativa por si defendida[283]. A tese defendida por CALVÃO DA SILVA é, de ora em diante, *iure constituto*. Com efeito, a nova redacção da Lei não deixa dúvidas de interpretação: o direito a que se refere o n.º 1 do art. 10.º é o direito a receber o preço. Na verdade, a expressão "direito de exigir o pagamento do preço", que esteve no cerne da discussão doutrinal e jurisprudencial sobre a natureza da prescrição em causa, foi substituída pela ainda assim não perfeita "o direito ao recebimento do preço". Como referia MENEZES CORDEIRO analisando a redacção anterior, em rigor, prescrever, prescrevem os direitos. A utilização da expressão "direito ao recebimento do preço" evidencia que o legislador pretendeu deixar bem frisado que o direito que prescreve é justamente o direito a receber o preço, mesmo sacrificando desta forma o rigor e a boa técnica jurídica.

O legislador estabeleceu uma norma de direito transitório no art. 3.º da Lei n.º 12/2008, que sob a epígrafe "aplicação no tempo" dispõe que "a presente lei aplica-se às relações que subsistam à data da sua entrada em vigor". Foi seguido, deste modo, o princípio geral estabelecido no n.º 2 do art. 12.º do CC: "quando a lei dispõe sobre as condições de validade substancial ou formal de quaisquer factos ou sobre os seus efeitos, entende-se, em caso de dúvida, que só visa os factos novos; mas, quando dispuser directamente sobre o conteúdo de certas relações jurídicas, abstraindo dos factos que lhes deram origem, entender-se-á que a lei abrange as próprias relações já constituídas, que subsistam à data da sua entrada em vigor". Repare-se na proximidade literal face à última parte deste preceito, quando se refere que "a presente lei aplica-se às relações que subsistam à data da sua entrada em vigor". Deste modo, o que o legislador pretende é que a nova redacção da Lei se aplique também aos contratos que tenham por objecto a prestação de serviços públicos essenciais que já se constituíram à luz da Lei anterior mas que subsistam à data da sua entrada em vigor. Assim, o novo n.º 1 do art. 10.º é aplicável, sem dúvida, aos preços cujo pagamento venha a ser exigido após a entrada em vigor da nova Lei. Actualmente não restam dúvidas, deste modo, de que o prestador deve exigir judicialmente o pagamento do preço dos serviços

---

[283] *Serviços públicos essenciais: alterações à Lei n.º 23/96 pelas Leis n.os 12/2008 e 24/2008*, p. 177.

públicos essenciais no prazo de seis meses após a sua prestação. É certo que estamos perante um prazo curto. Subsiste, é verdade, o risco de, com tão curto prazo de prescrição, a simples falta de pagamento de uma conta, por esquecimento ou ausência do domicílio, levar o prestador do serviço a ter de recorrer de imediato a juízo, sem prévias negociações, com prejuízo para o utente. O legislador terá entendido que o prazo de seis meses era adequado a conciliar os interesses em presença. Como se referiu no acórdão de Uniformização de Jurisprudência de 3 de Dezembro de 2009 (processo 216/09.4YFLSB)[284], "o legislador reiterou pois o entendimento de que não é exíguo o prazo de seis meses para a prescrição do direito ao *recebimento do preço*, contado desde a prestação dos serviços. Teve assim naturalmente em conta, a par do objectivo de protecção do utente, traduzida num regime que visa evitar a acumulação de dívidas de fácil contracção (...), obrigando os prestadores de serviços a manter uma organização que permita a cobrança em momento próximo do correspondente consumo".

Questão diferente é a de saber se a actual redacção da Lei também se aplica a casos anteriores à sua entrada em vigor e que ainda não se encontrem definitivamente encerrados. *Quid iuris*, em relação às facturas emitidas e vencidas durante o império da redacção original da Lei n.º 23/96 que tenham sido judicialmente exigidas antes de 26 de Maio de 2008? Deve ser-lhes aplicada a nova Lei? Ou será ainda aplicável a redacção anterior da Lei n.º 23/96? Basicamente a opção é entre a nova redacção da Lei, que veio dar forma legal à tese de CALVÃO DA SILVA, ou a aplicação da redacção anterior, a qual admitia essencialmente duas interpretações distintas – a tese de CALVÃO DA SILVA e a tese de MENEZES CORDEIRO. Dito de outra forma: será que a nova redacção do art. 10.º tem natureza interpretativa e deve, em consequência, deve ser aplicada retroactivamente?[285]

CALVÃO DA SILVA considera que os novos n.ºs 1, 3 e 4 do art. 10.º têm natureza interpretativa, uma vez que consagram um entendimento doutrinário e jurisprudencial anterior, assim pondo termo retroactivamente à incerteza ou controvérsia interpretativa. A jurisprudência dos nossos tribunais tem defendido de forma unânime a natureza interpretativa das normas dos n.ºs 1, 3 e 4 do art. 10.º, consi-

---

[284] Publicado no DR I série, n.º 14, de 21 de Janeiro de 2010, pp. 217-224.
[285] Inicialmente formulámos algumas dúvidas sobre a natureza interpretativa (e logo, retroactiva) da nova redacção do art. 10.º. Tais dúvidas resultavam essencialmente de dois pontos: a existência no diploma de uma norma própria sobre aplicação da lei no tempo e a introdução de profundas alterações e inovações no seu texto. Vide o nosso *O novo regime de prescrição dos créditos por serviços públicos essenciais – algumas dúvidas de direito transitório*, in "Jusjornal", n.º 765, Quinta-feira, 23 de Abril de 2009, acessível a partir de www.jusjornal.pt

derando que se optou claramente por uma das posições jurisprudenciais e doutrinárias – a da prescrição extintiva do direito de exigir o preço no prazo de seis meses (e não apenas de apresentar a factura). Assim, o legislador pretendeu pôr termo, retroactivamente, às divergências interpretativas. Deste modo, estamos perante uma interpretação autêntica, vinculativa e retroactivamente aplicável do n.º 1 do preceito com o conteúdo e alcance agora fixados nos n.ºs 3 e 4[286].

Neste sentido, o já citado acórdão de Uniformização de Jurisprudência de 3 de Dezembro de 2009 (processo 216/09.4YFLSB), uniformizou jurisprudência no sentido de que "nos termos do disposto na redacção originária do n.º 1 do artigo 10.º da Lei n.º 23/96, de 26 de Julho, e no n.º 4 do artigo 9.º do Decreto-Lei n.º 381-A/97, de 30 de Dezembro, o direito ao pagamento do preço de serviços de telefone móvel prescreve no prazo de seis meses após a sua prestação"[287].

III. O direito de exigir judicialmente o pagamento do preço do serviço prestado prescreve no prazo de seis meses após a prestação (mensal) e não após a sua facturação[288]. A prescrição não opera *ex officio*. Para ser eficaz, a prescrição tem de ser invocada, judicial ou extrajudicialmente, por aquele a quem aproveita, pelo seu representante ou, tratando-se de incapaz, pelo Ministério Público – art. 303.º do CC.

A prescrição é irrenunciável *ex ante*. Com efeito, nos termos do n.º 1 do art. 302.º do CC, a renúncia da prescrição só é admitida depois de haver decorrido o prazo prescricional. Haverá renúncia, por exemplo, se depois de se ter esgotado o prazo de prescrição de seis meses o utente vier pedir uma moratória no pagamento, pagar através de cheque sem provisão, ou tentar chegar a acordo para pagamento ou cumpre, cônscio da prescrição. Expressa ou tácita, a renúncia da prescrição adquirida não carece de aceitação do beneficiário (n.º 2 do art. 302.º do CC). Mas a renúncia (*ex post*, a posteriori) não impede o início imediato de novo prazo de

---

[286] Ac. do TRC de 8 de Abril de 2008 (processo 56/07.5TBFAG.C1).
[287] Vide CALVÃO DA SILVA, *Prescrição extintiva semestral de créditos periódicos por prestação de serviços públicos essenciais*, in "RLJ", ano 139º, n.º 3961, Março-Abril de 2010, pp. 241-252.
[288] Acs. do STA de 10 de Outubro de 2001 (processo 026107), do TRP de 20 de Novembro de 2000 (processo JTRP00030619), de 6 de Maio de 2003 (processo 0321544), de 18 de Maio de 2004 (processo 0422182), de 3 de Novembro de 2005 (processo 0534575), de 26 de Janeiro de 2006 (processo 0537124), de 2 de Fevereiro de 2006 (processo 0537122) e de 9 de Novembro de 2006 (processo 0635834); do TRG de 2 de Outubro de 2002 (processo 568/02-2) e de 12 de Maio de 2004 (processo 667/04-2).

prescrição. Logo, se, após a renúncia da prescrição adquirida, decorrer período de mais de seis meses, haverá nova prescrição a favor do devedor[289].

N.º 2

Caducidade do direito à diferença do preço

I. O n.º 2 do art. 10.º também foi objecto de alteração, ainda que ligeira, por força do art. 1.º da Lei n.º 12/2008. Na sua redacção originária o n.º 2 ditava: "se, por erro do prestador do serviço, foi paga importância inferior à que corresponde ao consumo efectuado, o direito ao recebimento da diferença de preço caduca dentro de seis meses após aquele pagamento". Assim, em 2008 o legislador alargou as hipóteses de direito ao recebimento da diferença, independentemente de a diferença ser imputável ao prestador de serviço. Para além disso, substituiu a expressão "foi paga" pela mais correcta "tiver sido paga", esclarecendo ainda que o credor da diferença do preço é o prestador (o que era evidente), suprimindo a referência à diferença "do preço"[290]. O legislador pretendia, através da alteração, tornar mais clara a proibição de alguns comportamentos do prestador do serviço que possam resultar, uma vez mais, em prejuízo do utente. A este propósito, na Exposição de motivos do Projecto de Lei n.º 263/X refere-se: "a utilização de procedimentos de facturação por consumo estimado tem dado origem, em alguns casos, a graves distorções nos pagamentos exigidos aos utentes. Por este motivo, o regime do direito a exigir esses pagamentos em matéria da prescrição e caducidade foi também objecto de uma clarificação, dado algumas das práticas utilizadas pelas entidades prestadoras dos serviços representarem um obstáculo à aplicação do artigo 10.º da lei"[291].

---

[289] CALVÃO DA SILVA, *Serviços públicos essenciais: alterações à Lei n.º 23/96 pelas Leis n.os 12/2008 e 24/2008*, p. 181.
[290] O n.º 2 do art. 10.º da Proposta de Lei n.º 20/VII dizia: "Se por erro do prestador do serviço foi paga importância inferior à que corresponde ao consumo efectuado, o direito a exigir a diferença de preço prescreve no prazo de seis meses após aquele pagamento". Na sua redacção original, este n.º passou a rezar deste modo: "se, por erro do prestador do serviço, foi paga importância inferior à que corresponde ao consumo efectuado, o direito ao recebimento da diferença de preço caduca dentro de seis meses após aquele pagamento". Assim, para além da subtracção de uma vírgula inútil, a expressão "o direito a exigir a diferença de preço" foi substituída por "o direito ao recebimento da diferença do preço". Por fim, a prescrição deu lugar à caducidade.
[291] *In* DAR II série A, n.º 115/X/1, de 1 de Junho de 2006, p. 7.

II. Deste modo, o art. 10.º contempla duas situações diferentes: as de crédito do preço do serviço prestado e as de crédito da diferença entre o preço recebido e o preço efectivamente devido. Para o primeiro crédito, estabelece um regime de prescrição (n.º 1); para o segundo, opta pela caducidade (n.º 2). Assim, um mesmo prazo curto – de 6 meses – serve para fazer valer duas consequências jurídicas distintas, correspondentes a dois institutos fundamentais no nosso ordenamento jurídico, ambos destinados a regular os efeitos do decurso do tempo: a prescrição e a caducidade[292].

A caducidade extingue os efeitos jurídicos do direito em virtude de um facto *stricto sensu*, independentemente de qualquer manifestação de vontade, *ipso jure*, constituindo uma reacção do sistema jurídico à inércia dos titulares dos direitos substantivos quanto à sua realização, privilegiando-se, assim, a segurança das relações jurídicas. No fundo, o n.º 2 procura impelir o prestador do serviço a adoptar modelos eficazes de organização, sendo célere na exigência da diferença entre o preço pago e o preço efectivamente devido (quando este seja superior), sob pena de extinção do seu direito a exigir tal diferença[293].

À semelhança do que acontece com o prazo de prescrição fixado no n.º 1 do art. 10.º, o prazo de caducidade de seis meses fixado pelo n.º 2 constitui um benefício efectivo em relação ao que resultaria do Direito comum, ainda que este prazo de seis meses não seja uma novidade (veja-se o art. 316.º do CC). O prazo de seis meses aplica-se no caso de ter havido erro, por defeito, na leitura *real* ou na *leitura por estimativa* da quantidade consumida. Em relação ao fornecimento de água, electricidade e gás, este prazo de caducidade de seis meses já resultava do art. 890.º do CC, considerando que estamos perante contratos mistos de compra e venda e de prestação de serviços.

A este propósito, o acórdão do TRP de 30 de Maio de 2000 (processo 820744) esclareceu que as normas do art. 10.º da Lei n.º 23/96 não são normas interpretativas mas antes inovadoras. Assim, a tais normas não era aplicável o disposto no n.º 1 do art. 13.º do CC, não podendo elas ser aplicadas retroactivamente. Por outro lado, o acórdão do STJ de 21 de Maio de 1998 (processo 98B240) esclareceu que, aplicando-se a lei às relações jurídicas que subsistam à data da sua entrada em vigor, o prazo de caducidade de seis meses "ex-novo" instituído no n.º 2 do art. 10.º teria de iniciar-se e correr durante a sua vigência. No mesmo sentido, o

---

[292] Acs. do STJ de 29 de Abril de 2004 (processo 04B869) e do TRP de 7 de Dezembro de 2006 (processo 0635954).
[293] FROTA, *Serviços públicos essenciais – diferenças de preços não devidas*, in "RPDC", n.º 8, 1996, p. 50.

acórdão do STJ de 27 de Outubro de 1998 (processo 98A215) entendeu que o art. 10.º só era aplicável aos casos em que o preço da energia e a diferença de preço devida por erro de facturação da empresa fornecedora ainda não tivessem sido pedidos e só o viessem a ser passados seis meses após a sua entrada em vigor. Os acórdãos do STJ de 21 de Janeiro de 2003 (processo 02A3900) e de 29 de Abril de 2004 (processo 04B869) mantiveram este entendimento.

III. Como resulta do n.º 2 do art. 10.º, o prazo de seis meses para exercício do direito ao recebimento da diferença conta-se a partir da data em que foi paga a importância inferior à que corresponde ao consumo efectuado, isto é, a data em que o pagamento correspondente ao consumo exacto deveria ter sido exigido. O direito a invocar a caducidade do direito ao recebimento da diferença não pode, tal como acontece com a prescrição, ser renunciado antecipadamente, em nome da ordem pública de protecção subjacente ao art. 13.º da LSPE – carácter injuntivo dos direitos, subtraídos à disponibilidade dos utentes protegidos pela lei (art. 330.º, n.º 1, do CC).

Em relação à invocação da caducidade, o acórdão do TRP de 14 de Julho de 2010 (processo 255072/09.0YIPRT.P1) entendeu que a caducidade de que aqui se cuida não é de conhecimento oficioso[294]. Em sentido contrário se pronunciou o aresto do STJ de 3 de Novembro de 2009 (processo 2662/05.3TBOAZ.S1), defendendo que a interpretação conjugada dos arts. 10.º e 13.º da LSPE aponta no sentido de que a caducidade é de conhecimento oficioso.

IV. Como vimos, o legislador alargou o âmbito das situações que podem motivar a existência de uma diferença entre a importância paga e a que corresponde ao consumo efectuado. Enquanto na sua versão primitiva o n.º 2 do art. 10.º se referia apenas ao "erro do prestador do serviço", a Lei n.º 12/2008 passou a abranger "qualquer motivo, incluindo o erro do prestador do serviço". Esse outro motivo pode ser justamente a utilização de um método de facturação *por estimativa*. Como já referimos, entendemos que a LSPE não veio proibir a utilização de métodos de facturação estimada, bem pelo contrário, como resulta, desde logo, do art. 12.º – "sempre que, *em virtude do método de facturação utilizado*, seja cobrado ao utente um valor que exceda o correspondente ao consumo efectuado, o valor em excesso é abatido da factura em que tenha sido efectuado o acerto, salvo caso de declaração

---

[294] Também assim, FROTA, *Os serviços de interesse geral e o princípio fundamental da protecção dos interesses económicos do consumidor*, p. 143.

em contrário, manifestada expressamente pelo utente do serviço". Deste modo, uma leitura conjugada do n.º 2 do art. 10.º e do art. 12.º revela, de forma inequívoca, que o método de facturação utilizado pelo prestador do serviço pode não corresponder à *leitura real*. A facturação por estimativa é admitida pela própria LSPE e por normas de carácter sectorial, dentro de certos limites. Do n.º 2 do art. 10.º resulta mais um limite à utilização deste tipo de facturação: o direito a receber a diferença entre o valor pago e o valor efectivamente exigível, em virtude de ter sido paga importância inferior à que corresponde ao consumo efectuado, caduca dentro de seis meses após aquele pagamento.

A propósito da facturação por estimativa, o acórdão do TRL de 29 de Março de 2007 (processo 2134/2007-6) deixou bem clara a importância da fixação de um curto prazo de caducidade como meio de impor celeridade e rigor nos procedimentos do prestador do serviço: "a impossibilidade de se fazer a rigorosa correspondência temporal entre as diferenças de consumo apuradas e os pagamentos (por estimativa) inferiores que foram sendo feitos pelo réu resulta da metodologia – a estimativa – adoptada pela autora durante mais de três anos, pelo que não recai sobre o réu o ónus de demonstrar quais as datas em que havia efectuado pagamentos inferiores aos consumos realmente efectuados até essas mesmas datas. Logo, a caducidade do direito da autora ocorreu por erro seu uma vez que não procedeu à leitura do contador da água existente na residência do réu senão decorridos cerca de quarenta meses após a última leitura, sendo certo que a realização atempada das leituras teria permitido não só apurar o consumo real de água, mas também a sua liquidação em prazo razoável para o efeito".

Como já referimos, no âmbito da facturação *por estimativa* existe uma variante especial, a chamada "conta certa". Neste método de facturação o utente paga um valor fixo todos os meses, valor este que é calculado com base no histórico de consumos do utente. O pagamento é realizado por débito directo. O utente pagará o mesmo valor durante todo o ano, procedendo-se ao *acerto* dos valores (diferença entre a facturação por estimativa e a facturação real) no 12.º mês. Este método de facturação levanta alguns problemas quanto ao direito do prestador do serviço ao recebimento da diferença entre a importância paga e a importância que corresponde ao consumo efectuado. Com efeito, do n.º 2 do art. 10.º resulta que o direito do prestador ao recebimento da diferença caduca dentro de seis meses após o pagamento da importância inferior à que corresponde ao consumo efectuado. Ora, aplicando este preceito ao caso da "conta certa", resulta que o prestador do serviço não poderá proceder a acertos relativamente a pagamentos que se tenham efectuado há mais de seis meses. Dito de outra forma, o credor só poderá exigir o recebimento da diferença entre a importância paga e a importância correspondente ao consumo efectuado num prazo de seis meses após o recebimento. Assim, se o acerto de contas é feito apenas no mês de Dezembro, o prestador do serviço não poderá exigir acertos relativos aos meses de Janeiro, Fevereiro, Março e Abril. Com efeito, se a factura relativa ao mês de Abril tiver sido paga durante o mês de Maio, o direito a proceder a acertos relativamente a essa factura caduca no prazo de seis meses após esse pagamento, ou seja, no mês de Novembro. No mês de Dezembro, mês em que se procede ao acerto entre os valores pagos mensalmente durante o ano e os valores efectivamente consumidos (com base numa leitura real feita no mês de Dezembro), já passaram mais de seis meses após a realização dos pagamentos relativos aos meses de Janeiro, Fevereiro, Março e Abril. Mais: uma vez que o valor pago por mês é fixo e apurado por estimativa, e que a leitura real é feita apenas uma vez por ano (em Dezembro), não é possível apurar de forma rigorosa quais os montantes de consumo real relativos a cada mês (aquilo que em cada mês efectivamente se consumiu) mas apenas o montante total da diferença entre o que se estimou mensalmente e o que se consumiu anualmente. Este impossibilidade de estabelecer uma rigorosa correspondência mensal entre os consumos efectivos (incertos) e os montantes pagos (certos), conjugada com o prazo de caducidade de seis meses para repor tal correspondência, leva-nos a sustentar a impossibilidade de fazer correcções relativas aos quatro primeiros meses do ano. Relativamente a estes meses o valor fixado permanecerá imutável, não podendo ser objecto de qualquer correcção. Note-se que nesta hipótese estamos a supor que o pagamento relativo ao mês de Abril foi feito no mês de Maio, sendo a partir deste momento que se conta o prazo de seis meses – o qual termina em Novembro.

Pode alegar-se, em favor da licitude de tais acertos, que ao aderir ao sistema de facturação "conta certa" o utente renunciou antecipadamente ao direito de invocar a caducidade do direito ao recebimento da diferença relativamente a todos os meses do ano, incluindo, deste modo, os meses de Janeiro a Abril. No entanto, entendemos que o direito a invocar a caducidade do direito ao recebimento da diferença não pode ser renunciado antecipadamente, em nome da ordem pública de protecção subjacente ao art. 13.º da LSPE. A renúncia à caducidade só se pode verificar, deste modo, depois de ter decorrido totalmente o prazo de caducidade.

Refira-se, por outro lado, que o n.º 2 do art. 10.º se refere à hipótese de ter sido paga *importância inferior* à que corresponde ao consumo efectuado. Se, pelo contrário, tiver sido paga *importância superior* à que corresponde ao consumo efectuado, não será aplicável este preceito, estando o direito do utente ao recebimento da diferença sujeito ao art. 12.º – o qual não estabelece qualquer prazo de caducidade semestral do direito ao recebimento da diferença.

N.º 3

Exigência do pagamento do preço

O n.º 3 do art. 10.º resulta do art. 1.º da Lei n.º 12/2008, tendo entrado em vigor no dia 26 de Maio de 2008. O legislador entendeu por bem instituir uma regra fixando uma antecedência mínima para a comunicação ao utente dos pagamentos exigidos[295]. Na redacção primitiva da Lei não existia qualquer norma que estabelecesse uma antecedência mínima da exigência de pagamento em relação à data limite para a sua realização, ou seja, não se fixava o período mínimo que deveria decorrer entre o envio da factura e o termo do prazo para o seu pagamento.

A exigência de pagamento por serviços prestados é comunicada ao utente, por escrito, com uma antecedência mínima de 10 dias (úteis) relativamente à data limite fixada para efectuar o pagamento. Parece-nos um prazo razoável pois corresponde, no mínimo, a duas semanas. Tal prazo conta-se, naturalmente, a partir da recepção (art. 224.º do CC). Quer isto dizer que quando o utente recepciona a factura ainda devem restar dez dias úteis para proceder ao pagamento, prazo que pode até ser alargado através de Regulamento de serviço ou condições contratuais mais favoráveis ao utente. Mais uma vez, o legislador não esclareceu que tipo de exigência escrita deve ser esta. Da lei não resulta a exigência de uma forma específica, pelo que em princípio o prestador do serviço recorrerá ao correio simples para advertir o utente. O prestador do serviço deve adicionar ao prazo de dez dias úteis os três dias normais de dilação do correio, para se certificar de que a exigência de pagamento foi recepcionada pelo utente quando ainda restavam pelo menos dez dias úteis para se esgotar a data limite de pagamento. Sublinhe-se uma vez mais que cabe ao prestador do serviço a prova de todos os factos relativos ao cumprimento das suas obrigações, neste caso, de que procedeu ao envio da exigência de pagamento, por escrito, com uma antecedência mínima de dez dias úteis relativamente à data limite para efectuar o pagamento. Com efeito, o n.º 2 do art. 11.º estabelece que "incide sobre o prestador do serviço o ónus da prova da realização das comunicações a que se refere o artigo 10.º, relativas à exigência do pagamento e do momento em que as mesmas foram efectuadas".

---

[295] Exposição de motivos do Projecto de Lei n.º 263/X, *in* DAR II série A, n.º 115/X/1, de 1 de Junho de 2006, p. 7.

N.º 4

Prazo para a propositura da acção ou da injunção

O art. 1.º da Lei n.º 12/2008 veio também introduzir um novo n.º 4, que referia: "o prazo para a propositura da acção pelo prestador de serviços é de seis meses, contados após a prestação do serviço ou do pagamento inicial, consoante os casos". Poucos dias depois da publicação deste diploma, no dia 2 de Junho de 2008, foi publicada a Lei n.º 24/2008, que procedeu à segunda alteração da Lei n.º 23/96. Esta modificação serviu apenas para esclarecer que a acção creditória também pode ser proposta através do procedimento de injunção. Assim, o n.º 4 do art. 10.º *passou a rezar deste modo*: "o prazo para a propositura da acção ou da injunção pelo prestador de serviços é de seis meses, contados após a prestação do serviço ou do pagamento inicial, consoante os casos". A actual redacção do n.º entrou também em vigor no dia 26 de Maio de 2008[296].

Este preceito tem carácter inovador. Na redacção original da Lei não existia qualquer referência à propositura da acção judicial (ou da injunção) para exigência do pagamento do preço do serviço prestado – o que legitimava dúvidas sobre se o prazo para exigir judicialmente o pagamento do preço também era de seis meses ou se era outro. No âmbito da alteração promovida no n.º 1 do art., o legislador pretendeu deixar expressamente claro que quando se refere que o direito ao recebimento do preço do serviço prestado prescreve no prazo de seis meses após a sua prestação, é também esse o prazo para exigir judicialmente esse direito, através de acção judicial ou de injunção. A mesma coisa sucede em relação ao prazo para propor a acção ou a injunção exigindo o recebimento da diferença entre a quantia paga e a quantia que corresponde ao consumo efectuado (n.º 2 do art. 10.º). Assim, o prazo para a propositura da acção ou da injunção pelo prestador de serviços é de seis meses, contados a partir da prestação do serviço (prescrição do n.º 1) ou do pagamento inicial (caducidade do n.º 2).

---

[296] Refira-se, por outro lado, que o art. 15.º da LSPE refere: "os litígios de consumo no âmbito dos serviços públicos essenciais estão sujeitos a arbitragem necessária quando, por opção expressa dos utentes que sejam pessoas singulares, sejam submetidos à apreciação do tribunal arbitral dos centros de arbitragem de conflitos de consumo legalmente autorizados" (n.º 1). "Quando as partes, em caso de litígio resultante de um serviço público essencial, optem por recorrer a mecanismos de resolução extrajudicial de conflitos suspende-se no seu decurso o prazo para a propositura da acção judicial ou da injunção" (n.º 2).

N.º 5

Exclusão do fornecimento de energia eléctrica em alta tensão

I. O actual n.º 5 do art. 10.º corresponde ao primitivo n.º 3 e resulta da alteração promovida pelo art. 1.º da Lei n.º 12/2008. De acordo com este preceito, o art. 10.º, sobre prescrição e caducidade, aplica-se à prestação de todos os serviços públicos essenciais, com uma excepção – este art. não se aplica ao fornecimento de energia eléctrica em "alta tensão". Deste modo, a exclusão da aplicação do art. 10.º só se verifica em relação ao fornecimento de energia eléctrica em alta tensão e, por maioria de razão, em muito alta tensão. A este propósito, o acórdão do STJ de 9 de Outubro de 2007 (processo 07A2120) entendeu que através da interpretação enunciativa da norma, nomeadamente pelo recurso à inferência lógico-jurídica expressa no argumento *"a minori ad maius"* (a lei que proíbe o menos também proíbe o mais) pode considerar-se a *muito alta tensão* enquadrável no preceito, atendendo à quantificação mais elevada do nível da tensão eléctrica integrativa dos fornecimentos com esta qualificação, relativamente à alta tensão[297].

II. O n.º 5, apesar de se referir ao fornecimento de "energia eléctrica em alta tensão", não contém qualquer definição do conceito. Isto suscita algumas dúvidas quanto aos utentes abrangidos pela categoria "energia eléctrica em alta tensão", nomeadamente questionando-se se a "média tensão" se encontra incluída[298]. Uma vez que a expressão "alta tensão" é utilizada em diversos diplomas legais com sentidos diferentes, mais ou menos abrangentes, a interpretação do n.º 5 (anterior n.º 3) do art. 10.º suscitou duas doutrinas diferentes.

De acordo com uma tese, o conceito de "alta tensão" fixado no art. 10.º deverá ser interpretado de acordo com o seu sentido técnico, enquanto conceito definidor de uma tipologia própria. Esta tese defende um conceito estrito de "alta tensão", de modo que não se inclui a "média tensão". Assim, do conceito de "alta tensão" deve ser expurgado o de "média tensão". O facto de o disposto neste art. se aplicar apenas à baixa e média tensão beneficia sobretudo os consumidores domésticos, ou as pequenas e médias empresas que não recorram à alta tensão[299].

---

[297] No mesmo sentido, os acs. do STJ de 16 de Outubro de 2008 (processo 08A2610) e de 13 de Janeiro de 2011 (processo 590/1999.C1.S1).
[298] FROTA, *Serviços públicos essenciais – diferenças de preços não devidas*, p. 49.
[299] FROTA, *A tutela do consumidor de produtos e serviços públicos essenciais na Europa*, p. 25.

Esta tese entende que não é aceitável a concepção segundo a qual a "alta tensão" é "toda a tensão que não é baixa". A exclusão operada pelo n.º 3 do art. 10.º (actualmente, pelo n.º 5) não se aplica, assim, ao fornecimento de energia eléctrica em média tensão ou em baixa tensão[300]. Dito de outra forma: o art. 10.º da LSPE aplica-se a todas aquelas situações em que não estejam em causa fornecimentos em alta tensão, isto é, aplica-se ao fornecimento de energia eléctrica em baixa e média tensão, mas não se aplica ao fornecimento de energia eléctrica em alta e muito alta tensão. Atendendo às definições que já constavam de alguns diplomas legais e porque, ao redigir o art. 10.º da Lei n.º 23/96, o legislador não sentiu qualquer necessidade de clarificar e definir esse conceito em termos diversos, entende-se que, quando ali se referiu à energia eléctrica em alta tensão, o legislador não pretendeu referir-se à média tensão. Aliás, se fosse essa a sua intenção, certamente que o teria dito, presumindo-se o acerto da solução adoptada (n.º 3 do art. 9.º do CC).

Em síntese, esta tese defende que o legislador pretendeu proteger os pequenos e médios consumidores de energia eléctrica, aos quais corresponde habitualmente o fornecimento em *pequena* e *média* tensão, respectivamente, pelo que só quis excluir da aplicação do curto prazo de seis meses de prescrição e de caducidade, quanto às situações de serviço de fornecimento de energia eléctrica, as situações do seu fornecimento em *alta tensão*. Neste sentido formou-se uma razoável corrente jurisprudencial[301].

De acordo com outra posição, a expressão "alta tensão" utilizada no art. 10.º abrange não só a alta e muito alta mas também a média tensão, excluindo apenas a baixa tensão. Esta tese entende que na Lei n.º 23/96 se utiliza a expressão "alta tensão" em sentido amplo, por forma a nela se incluir a "média tensão". Desta forma, o art. 10.º da LSPE aplica-se apenas ao fornecimento de energia eléctrica

---

[300] CALVÃO DA SILVA, *Serviços públicos essenciais: alterações à Lei n.º 23/96 pelas Leis n.os 12/2008 e 24/2008*, p. 166.
[301] Acs. do STJ de 29 de Abril de 2004 (processo 04B869), de 24 de Maio de 2007 (processo 07A716) e de 9 de Outubro de 2007 (processo 07A2120). Vide também os acs. do TRL de 17 de Junho de 2008 (processo 1801/2008-1) e do TRC de 19 de Fevereiro de 2008 (processo 2465/06.8TBAVR.C1). O ac. do TRL de 19 de Setembro de 2006 (processo 2737/2006-7) entendeu que "num mundo de tão elevada tecnicidade – e no âmbito de uma lei de tão reforçado alcance protector, não é razoável admitir que o conceito de alta tensão abranja também a média tensão. Tal seria (...) juridicamente inadmissível, já que o sentido do texto (para um declaratário normal) tem de ter apoio na literalidade do mesmo".

em baixa tensão, não sendo aplicável ao fornecimento em média, alta e muito alta tensão. Uma boa parte da jurisprudência pronunciou-se neste sentido[302].

Ainda a propósito desta polémica jurisprudencial, refira-se o acórdão do STJ de 15 de Janeiro de 2004 (processo 03B3325) que defendeu que, ainda que se entenda que o n.º 5 do art. 10.º, ao excepcionar do prazo curto de prescrição o valor dos fornecimentos em alta tensão, engloba neste último termo os fornecimentos feitos em média tensão, não ocorre essa excepção se o fornecimento em causa foi contado em baixa tensão, dado que a razão de ser da mesma é económica e não técnica[303].

III. CALVÃO DA SILVA entende que as alterações promovidas à LSPE pela Lei n.º 12/2008 não quiseram ir ao encontro da corrente jurisprudencial (largamente minoritária) que estendia a excepção do antigo n.º 3 do art. 10.º ao fornecimento de energia em média tensão. No seu entender, tal extensão era injustificada no quadro das boas regras hermenêuticas, porque não tinha um mínimo de correspondência no texto da lei (art. 9.º, n.º 2 do CC), e porque deve presumir-se que o legislador soube exprimir o seu pensamento em termos adequados (art. 9.º,

---

[302] Vide, por exemplo, o ac. do STJ de 2 de Outubro de 2003 (processo 03B2268). O ac. do STJ de 6 de Janeiro de 2000 (processo 99B738) entendeu que "as expressões «baixa tensão» e «alta tensão» são as designações correntes e conhecidas do público em geral para distinguir a energia eléctrica que corre nos condutores e se consome. Tal entendimento revela-se no espírito da própria Lei 23/96, que considerou a preocupação de protecção do pequeno e médio consumidor de baixa tensão, o consumidor final, pela pressuposição natural de falta de meios técnicos para controlar os fornecimentos de energia efectuados, retirando dessa preocupação os restantes consumidores, cujo valor de «tensão» negociada e fornecida expressa já um consumidor com capacidade própria para a efectivação daquele controlo. Para o fornecimento da energia de «alta tensão», dispõe o n. 3 do artigo 10 da Lei 23/96, que se lhe aplica o estabelecido nesse normativo, isto é, este tipo de energia eléctrica, o negociado, não está sujeito aos institutos de prescrição e de caducidade aí previstos, regressando sempre o seu tratamento ao regime geral do CCIV – alínea g) do artigo 310". O ac. do TRP de 7 de Dezembro de 2006 (processo 0635954) também entendeu que "o conceito de alta tensão utilizado no art. 10º, n.º 3, da Lei nº 23/96, abrange as três variantes (média, alta e muito alta tensão)", embora com um voto de vencido. Este aresto considerou que a razão do disposto no art. 10º, n.º 3 (actual n.º 5) da LSPE assenta em razões ligadas à natureza do fornecimento de energia eléctrica e às condições em que a mesma é fornecida e, mais concretamente, na circunstância de o cálculo do consumo, relativamente à baixa tensão, resultar de uma simples operação aritmética com base na leitura do contador, enquanto que, relativamente à média e alta tensão, existem vários factores que integram a estrutura tarifária e cuja utilização pode dar origem a erros nem sempre fáceis de detectar num curto espaço de tempo.

[303] De acordo com o aresto, "independentemente do tipo de tensão em que é feito um fornecimento de energia eléctrica, o crédito daí resultante tem o regime legal do tipo em que foi calculado. Por outras palavras, ainda, em termos de relevância jurídica, as características económicas do fornecimento, prevalecem sobre as suas características técnicas".

n.º 3 do CC) tendo em conta a unidade do sistema jurídico. Em seu entender, as Leis n.º 12/2008 e 24/2008 apresentam-se como meramente interpretativas quanto a este aspecto[304].

Neste sentido, o ac. do STJ de 30 de Setembro de 2008 (processo 08A2330) lembrou que a Lei n.º 12/2008, procedendo à alteração do art. 10.º, manteve precisamente o mesmo texto do n.º 3 (agora n.º 5). Ora, uma vez que o legislador sabia que existia quem defendesse que se deveria considerar incluído o fornecimento de energia eléctrica em média tensão, teria completado o texto com a referência à média tensão, se fosse sua intenção incluir essa modalidade de fornecimento de energia eléctrica. Assim, perante divergências jurisprudenciais no campo de interpretação e aplicação do art. 10.º, no tocante ao conceito de "alta tensão" e quanto à natureza e ao funcionamento do regime de caducidade e prescrição nele previsto, o legislador, optando por uma das posições jurisprudenciais e doutrinárias, quis pôr e pôs, retroactivamente, termo a tais divergências interpretativas[305]. O ac. do STJ de 3 de Novembro de 2009 (processo 2662/05.3TBOAZ.S1) afinou pelo mesmo diapasão.

Deste acórdão houve recurso para o Tribunal Constitucional, visando a apreciação da constitucionalidade do primitivo n.º 3 do art. 10.º da Lei n.º 23/96, quando interpretado no sentido de que apenas o fornecimento em "alta tensão" (e por interpretação extensiva, em "muito alta tensão") se encontra excluído do âmbito das medidas de protecção do consumidor instituídas pelo art. 10.º. O tribunal entendeu que não se verificava qualquer inconstitucionalidade por violação do n.º 1 do art. 13.º da CRP (acórdão n.º 352/2010, de 6 de Outubro de 2010)[306].

---

[304] *Serviços públicos essenciais: alterações à Lei n.º 23/96 pelas Leis n.os 12/2008 e 24/2008*, p. 179.
[305] Vide ainda o ac. do STJ de 16 de Outubro de 2008 (processo 08A2610).
[306] Como se refere no aresto, "o legislador optou por só excluir da protecção universalmente conferida aos utentes dos serviços públicos essenciais, relativamente ao fornecimento de energia eléctrica, os utentes com ligação em "alta tensão". Para essa opção pode encontrar-se fundamento no facto de a generalidade dos utentes que entra nessa categoria serem grandes empresas e utilizadores intensivos de energia no processo produtivo. Características que por vezes estarão presentes, mas que não podem predicar-se com o mesmo grau de generalidade das empresas às quais a energia é fornecida em "média tensão", muito mais diversificadas nos sectores económicos em que intervêm e variáveis na dimensão e na quantidade de energia consumida. Ao tratar, no que respeita ao prazo de correcção de erros de facturação, os utentes em "média tensão" nos mesmos termos que trata os de "baixa tensão" e "baixa tensão especial" o legislador não introduz qualquer benefício em favor daqueles. Limita-se a dar-lhes o tratamento que, em geral e de modo universal (a todos os utentes e em todos os domínios) é conferido aos utentes de serviços públicos essenciais. Estão equiparados quanto ao consumo de energia eléctrica do mesmo modo que sucede quanto aos demais serviços essenciais. Face a esta regra, incumbe sobre quem pretenda que os utentes em "média tensão" devem ser tratados menos favoravelmente, por identidade de critério com os utentes em "alta", o ónus da demonstração de que a norma em

Conclui-se, deste modo, que à natureza interpretativa do art. 10.º da Lei n.º 12/2008 não escapa a norma do seu n.º 3, actual n.º 5[307]. Assim, deve entender-se que a exclusão operada pelo n.º 5 do art. 10.º não se aplica ao fornecimento de energia eléctrica em *média* tensão ou em *baixa* tensão. Dito de outra forma: o art. 10.º da LSPE aplica-se a todas aquelas situações em que não estejam em causa fornecimentos em alta tensão, isto é, aplica-se ao fornecimento de energia eléctrica em baixa e média tensão, mas não se aplica ao fornecimento de energia eléctrica em alta e muito alta tensão.

ARTIGO 11.º
ÓNUS DA PROVA

1 – Cabe ao prestador do serviço a prova de todos os factos relativos ao cumprimento das suas obrigações e ao desenvolvimento de diligências decorrentes da prestação dos serviços a que se refere a presente lei.
2 – Incide sobre o prestador do serviço o ónus da prova da realização das comunicações a que se refere o artigo 10.º, relativas à exigência do pagamento e do momento em que as mesmas foram efectuadas.

ANOTAÇÃO (Fernando Dias Simões)

N.º 1

Princípio geral

I. O art. 11.º foi aditado pelo art. 2.º da Lei n.º 12/2008, de 26 de Fevereiro. Note-se que o presente artigo foi aditado como artigo 10.º-A e renumerado nos termos da republicação, publicada em anexo ao mesmo diploma. A sua entrada em vigor verificou-se no dia 26 de Maio de 2008.

De acordo com o n.º 1 do art. 11.º, cabe ao prestador do serviço a prova de todos os factos relativos ao cumprimento das suas obrigações e ao desenvolvimento de diligências decorrentes da prestação dos serviços a que se refere o diploma.

---

causa produz uma diferenciação arbitrária. Ora, não há elementos que permitam ao Tribunal afirmar que a única solução compatível com o princípio da igualdade seria a equiparação dessa categoria de utentes àqueles a quem a energia é disponibilizada em alta (e muito alta) tensão".
[307] A jurisprudência mais recente é uniforme neste sentido: acs. do TRP de 5 de Março de 2009 (processo 0836046) e de 27 de Maio de 2010 (processo 1381/08.3TBOVR.P1) e do TRC de 9 de Março de 2010 (processo 590/1999.C1).

O ónus da prova a cargo do prestador do serviço público essencial incide, pois, sobre *todas* as matérias atinentes à prestação do serviço, desde que e na medida em que impliquem a sua conduta ou actuação. Neste âmbito, cabe salientar que sobre o prestador do serviço recai o ónus de provar que:
- procedeu de boa fé e em conformidade com os ditames que decorram da natureza pública do serviço, tendo em conta a importância dos interesses dos utentes que se pretende proteger (art. 3.º);
- informou, de forma clara e conveniente, o utente das condições em que o serviço é fornecido e prestou todos os esclarecimentos que se justifiquem, de acordo com as circunstâncias (n.º 1 do art. 4.º);
- informou directamente, de forma atempada e eficaz, o utente sobre as tarifas aplicáveis pelos serviços prestados, disponibilizando-lhes informação clara e completa sobre essas tarifas (n.º 2 do art. 4.º);
- no caso dos prestadores de serviços de comunicações electrónicas, que informou os utentes, de forma regular, atempada e eficaz, sobre as tarifas aplicáveis aos serviços prestados, designadamente as respeitantes às redes fixa e móvel, ao acesso à Internet e à televisão por cabo (n.º 3 do art. 4.º);
- antes de proceder à suspensão da prestação do serviço emitiu um pré-aviso adequado, salvo em situações de caso fortuito ou de força maior (n.º 1 do art. 5.º);
- em caso de mora do utente que justifique a suspensão do serviço, advertiu o utente, por escrito, com a antecedência mínima de 10 dias relativamente à data em que ela veio a ter lugar, justificando o motivo da suspensão, informando o utente dos meios que tinha ao seu dispor para evitar a suspensão do serviço e para a retoma do mesmo (n.º 2 e 3 do art. 5.º);
- em caso de suspensão da prestação de dois serviços públicos facturados conjuntamente, por não pagamento de um deles, tem o ónus de demonstrar que os dois serviços são funcionalmente indissociáveis (n.º 4 do art. 5.º);
- em caso de recusa do pagamento parcial de um serviço facturado conjuntamente com outro, tem o ónus de demonstrar que os dois serviços são funcionalmente indissociáveis (art. 6.º);
- adoptou todos os comportamentos necessários à obtenção de elevados padrões de qualidade (art. 7.º);
- emitiu e enviou ao utente uma factura que especifica devidamente os valores que apresenta (n.º 1 do art. 9.º), com uma periodicidade mensal, discriminando os serviços prestados e as correspondentes tarifas (n.º 2 do art. 9.º);
- que, a pedido do interessado, no caso do serviço de comunicações electrónicas, emitiu e enviou ao utente uma factura que descreve com o maior pormenor

possível os serviços prestados, sem prejuízo do legalmente estabelecido em matéria de salvaguarda dos direitos à privacidade e ao sigilo das comunicações (n.º 3 do art. 9.º);
– que, no serviço de fornecimento de energia eléctrica, emitiu uma factura que discrimina, individualmente, o montante referente aos bens fornecidos ou serviços prestados, bem como cada custo referente a medidas de política energética, de sustentabilidade ou de interesse económico geral (geralmente denominado de custo de interesse económico geral), e outras taxas e contribuições previstas na lei (n.º 4 do art. 9.º);
– que, quando, em virtude do método de facturação utilizado, foi cobrado ao utente um valor que excedia o correspondente ao consumo efectuado, abateu o valor excesso da factura em que foi efectuado o acerto, salvo declaração em contrário, manifestada expressamente pelo utente do serviço (art. 12.º).

Não parece existir qualquer outro ónus que possa ser imputado ao prestador do serviço, nomeadamente, quanto à veracidade dos valores facturados e cobrados ao utente. Neste sentido, o acórdão do TRL de 18 de Fevereiro de 1997 (processo JTRL00010317) salientou que "em princípio, presume-se que o número de unidades ou períodos de conversação fornecidas pelo equipamento de contagem instalado nas centrais telefónicas, está bem feita e constitui, efectivamente, aquelas que o assinante efectuou. Não são os TLP que estão onerados com a demonstração da fiabilidade do equipamento de contagem das chamadas, pois que o utente tem o direito de acesso à central telefónica para verificar o seu regular ou irregular funcionamento; tem a faculdade de montar equipamentos auxiliares de informação, e de reclamar e requerer exame aos aparelhos de contagem, a requerimento (dele, utente)".

O estabelecimento de um ónus da prova a cargo do prestador do serviço surge como mais um mecanismo de defesa dos direitos do utente. Ao estabelecer este ónus probatório, o legislador presume a culpa do prestador do serviço em caso de não cumprimento ou cumprimento defeituoso das suas obrigações ou das diligências impostas pela LSPE. Deste modo, o utente está dispensado da prova de tal cumprimento defeituoso ou incumprimento, beneficiando da presunção de culpa do prestador do serviço (n.º 1 do art. 350.º do CC). O prestador do serviço tem, porém, a possibilidade de ilidir a presunção de culpa que sobre si impende, demonstrando que o não cumprimento ou o cumprimento defeituoso das suas obrigações ou o não desenvolvimento das diligências decorrentes da prestação do serviço não deriva de culpa sua (n.º 2 do art. 350.º).

N.º 2

Ónus da prova nas comunicações previstas no art. 10.º

I. O n.º 2 do art. desenvolve o princípio geral fixado no n.º 1. De acordo com a norma, é também ao prestador do serviço que incumbe o ónus de provar a realização das comunicações a que se refere o art. 10.º, relativas à exigência do pagamento e do momento em que as mesmas foram efectuadas. Como se referiu em anotação a esse preceito, o art. 10.º estabelece que o prestador do serviço deve realizar dois tipos de comunicações ao utente: uma comunicação exigindo o pagamento por serviços prestados, por escrito, com uma antecedência mínima de 10 dias úteis relativamente à data limite fixada para efectuar o pagamento (n.º 3 do art. 10.º); e uma comunicação exigindo o pagamento da diferença, quando, por qualquer motivo, incluindo o erro do prestador do serviço, tiver sido paga importância inferior à que corresponde ao consumo efectuado. Esta comunicação também deverá ser realizada no prazo de seis meses após aquele pagamento, sob pena de caducidade (n.º 2 do art. 10.º). Como resulta do n.º 2 do art. 11.º, é ao prestador do serviço que incumbe o ónus de provar, quer a realização de qualquer uma dessas comunicações relativas à exigência do pagamento, quer de provar o momento em que as mesmas foram efectuadas. Pode igualmente dizer-se que, em acção judicial para pagamento de dívidas resultantes da prestação do serviço, é a ele que compete demonstrar que ainda não passaram mais de seis meses entre a prestação do serviço ou o pagamento inicial e a propositura da acção ou da injunção (n.º 1 e n.º 4 do art. 10.º), sob pena de extinção do seu direito (por prescrição, no primeiro caso, e por caducidade, no segundo).

II. Como já tivemos oportunidade de referir, o legislador não esclarece qual a forma que devem revestir as advertências escritas e comunicações que o prestador do serviço deve fazer ao utente (se deve ser por correio registado ou se basta uma carta simples). O prestador do serviço terá maior dificuldade em fazer prova do cumprimento das suas obrigações, do desenvolvimento das diligências que está obrigado e da realização das comunicações previstas no art. 10.º, bem como do momento em que foram efectuadas, se utilizar o correio simples. Ao referir laconicamente que tanto a exigência de pagamento por serviços prestados (art. 10.º) como o pré-aviso de suspensão do serviço (art. 5.º) devem ser efectuados "por escrito", o legislador não sobrecarregou os prestadores de serviços com os custos do registo postal, mas deixou nas mãos destes, em função do seu sentido de cautela e de prudência, a maior ou menor dificuldade no preenchimento do ónus da prova que sobre si impende. A prova do cumprimento das obrigações que impendem sobre o prestador do serviço será feita, muitas vezes, através do testemunho dos seus funcionários. CARDOSO entende que seria benéfico para a verdade material dos factos que os prestadores de serviços recorressem a comunicações através do correio registado ou entregue em mão. Nesta hipótese não restariam dúvidas do envio e da recepção das notificações aos utentes[308].

Possibilidade de invocação de abuso do direito

O facto de o legislador ter feito incidir sobre o prestador do serviço, de forma bastante lata, o ónus da prova de todos os factos relativos ao cumprimento das suas obrigações e ao desenvolvimento de diligências decorrentes da prestação dos serviços, bem como da realização das comunicações a que se refere o art. 10.º, não significa que o preenchimento deste ónus deva ser apreciado fria e cegamente. Com efeito, em determinados casos o prestador do serviço pode alegar e provar que apenas não deu cumprimento às obrigações que sobre si impedem devido à não cooperação ou colaboração do utente. Este cenário pode verificar-se, por exemplo, nos casos em que o utente não colabora com o prestador do serviço, não facultando o acesso ao lugar onde está instalado o contador da electricidade, da água ou do gás, a fim de fazer a leitura efectiva do consumo real. Sendo o prestador do serviço impedido de aceder ao local para proceder à leitura do contador, terá de socorrer-se da leitura por estimativa. Neste caso pode considerar-se que a falta de leitura real do contador é única e exclusivamente imputável ao cliente. Deste modo, a conduta do utente será ilegítima, por ultrapassar os limites impostos pela boa *fé ao* não observar o dever de cooperação dela decorrente, caso em que será abusiva, por abuso do direito (art. 334.º do CC), a invocação da falta de realização de leituras reais com a periodicidade exigida por lei e da caducidade do direito à diferença de preço[309].

A lei fornece dois poderosos argumentos em apoio desta possibilidade. Primeiro, o art. 321.º do CC, que prevê a hipótese de suspensão do decurso da pres-

---

[308] Os serviços públicos essenciais: a sua problemática no ordenamento jurídico português, p. 141.
[309] Embora referindo-se à prescrição, quando neste caso entendemos estar em causa a caducidade do direito à diferença entre os valores estimados (e facturados) e os valores reais, vide CALVÃO DA SILVA, *Serviços públicos essenciais: alterações à Lei n.º 23/96 pelas Leis n.os 12/2008 e 24/2008*, pp. 180 s. Ainda sobre este assunto vide o ac. do TRC de 8 de Abril de 2008 (processo 56/07.5TBFAG.C1), embora este não tenha considerado provada a existência de qualquer abuso de direito.

crição por motivo de força maior ou por *dolo do obrigado*. Em segundo lugar, e como já tivemos oportunidade de referir, o n.º 3 do art. 67.º do DL n.º 194/2009, de 20 de Agosto, estabelece o dever de o utente facultar o acesso da entidade gestora ao instrumento de medição. Ademais, procurando evitar situações em que a recusa de permissão de acesso ao contador pudesse consubstanciar um verdadeiro *abuso de direito*, o legislador estabelece que, sem prejuízo da suspensão do serviço, o prazo de caducidade das dívidas relativas aos consumos reais não começa a correr enquanto não puder ser realizada a leitura por parte da entidade gestora por motivos imputáveis ao utilizador (n.º 5 do art. 67.º).

ARTIGO 12.º
ACERTO DE VALORES COBRADOS

Sempre que, em virtude do método de facturação utilizado, seja cobrado ao utente um valor que exceda o correspondente ao consumo efectuado, o valor em excesso é abatido da factura em que tenha sido efectuado o acerto, salvo caso de declaração em contrário, manifestada expressamente pelo utente do serviço.

ANOTAÇÃO (Fernando Dias Simões)

I. O art. em anotação foi aditado pelo art. 2.º da Lei n.º 12/2008, de 26 de Fevereiro, tendo entrado em vigor no dia 26 de Maio de 2008. Note-se que este art. foi aditado como artigo 10.º-B, tendo sido renumerado nos termos da republicação publicada em anexo ao mesmo diploma.

II. Na sua redacção original a LSPE não continha qualquer disposição sobre a hipótese, bastante frequente na prática, de ser necessário proceder a acertos entre os valores cobrados e os valores efectivamente consumidos. Mesmo na ausência de regra específica que permitisse resolver este problema, FERREIRA DE ALMEIDA considerava que, "no caso de facturação excessiva ou de outras situações de que resulte um crédito a favor do utente (por exemplo, a devolução de caução) é inadmissível a prática que o obriga a desenvolver qualquer actividade inerente à sua cobrança, em especial a deslocação aos escritórios do fornecedor". Lembrava o Autor – e bem – que estando nestas circunstâncias verificados os requisitos da compensação (art. 847.º do CC), não podia o fornecedor opor-se à sua invocação pelo utente, sendo nula uma eventual cláusula contratual geral em contrário. O Autor ia mesmo mais longe: "atendendo a que o acto de invocação envolve para o utente um incómodo desnecessário e desproporcionado, além de conhecimentos não acessíveis à generalidade das pessoas (...), exige o princípio da boa fé no cumprimento das obrigações (Código Civil, artigo 762.º, n.º 2), aplicável também ao credor, que o encargo de efectuar o respectivo cálculo recaia sobre o fornecedor, tudo se passando como se a compensação operasse *ipso jure*"[310]. Ou seja, decorria do princípio da boa fé, ademais reforçado pela natureza pública do serviço (art. 3.º), a exigência para o prestador do serviço de proceder, automaticamente, à compensação, sem ser necessário que o utente invocasse expressamente o preenchimento dos seus pressupostos. Claro que era preferível que legislador viesse impor expressamente a compensação *ipso jure* de créditos do prestador com créditos do cliente.

III. Em certa medida, este pensamento veio a ser acolhido pelo legislador no novo art. 12.º da LSPE. Na Exposição de motivos do Projecto de Lei n.º 263/X referia-se: "é fixada a regra da compensação dos pagamentos em excesso efectuados pelos utentes por via da facturação dos consumos por estimativa, na factura em que a empresa procede ao acerto do consumo efectivo e do consumo estimado efectivamente pago"[311].

Assim, e como regra geral, sempre que, em virtude do método de facturação utilizado, seja cobrado ao utente um valor que exceda o correspondente ao consumo efectuado, o valor em excesso é abatido da factura em que tenha sido efectuado o acerto. Quer isto dizer que, na factura em que o prestador do serviço se aperceba de que anteriormente foi cobrado um valor superior ao que correspondia ao consumo real, o prestador do serviço deve proceder à compensação, abatendo o excesso, deduzindo-o dessa factura. Só não haverá lugar a este "abatimento" caso se verifique uma declaração em contrário, manifestada expressamente pelo utente do serviço. Ou seja, a única excepção à regra da "compensação automática e oficiosa" por parte do prestador do serviço verifica-se quando exista declaração expressa (art. 217.º do CC) em sentido contrário, por parte do utente, declaração que, em princípio, poderá ou não ser feita por escrito.

Caso exista alguma cláusula contratual através da qual o utente renuncie antecipadamente ao direito conferido pelo art. 12.º (o estorno dos valores cobrados na factura em que é efectuado o acerto), estaremos perante uma cláusula nula, por violação do disposto no art. 13.º da LSPE, que fixa o carácter injuntivo dos direitos fixados por este diploma. Deste modo, será nula qualquer convenção ou

---

[310] FERREIRA DE ALMEIDA, *Serviços Públicos, Contratos Privados*, p. 137.
[311] *In* DAR II série A, n.º 115/X/1, de 1 de Junho de 2006, p. 7.

disposição que exclua ou limite o direito do utente a exigir ao prestador do serviço que proceda à dedução do valor em excesso da factura em que tenha sido efectuado o acerto, ou que de algum modo onere o utente com encargos adicionais ou faça depender tal acerto de pedido do utente.

IV. Como vimos, o n.º 2 do art. 10.º dispõe que, se por qualquer motivo, incluindo o erro do prestador do serviço, tiver sido paga importância *inferior* à que corresponde ao consumo efectuado, o direito do prestador ao recebimento da diferença caduca dentro de seis meses após aquele pagamento. Este preceito refere-se às situações em que o prestador do serviço cobrou um valor *inferior* ao que verdadeiramente era devido. O legislador estatui, neste caso, que o seu direito a receber a diferença (a cobrar a diferença entre o valor facturado e o valor devido) caduca dentro de seis meses após aquele pagamento. Esta diferença pode resultar de *qualquer motivo*, como refere a lei, incluindo o erro do prestador do serviço ou a utilização de um método de estimativa em que a estimativa se revelou imprecisa por *defeito*. Assim, a verdade é que existe um limite temporal para a realização de acertos quanto aos valores cobrados, quando tiverem sido exigidos por *defeito* – seis meses após o pagamento da importância que se veio a revelar inferior à que efectivamente correspondia ao consumo efectuado.

O art. 12.º refere-se ao cenário oposto. Com efeito, dirige-se à hipótese de o prestador de serviço ter cobrado ao utente uma importância *superior* à correspondente ao consumo efectuado, em virtude do método de facturação utilizado, impondo o abatimento na factura em que tenha sido efectuado o acerto. O art. 12.º não estabelece qualquer limite temporal para a obrigação do prestador do serviço de abater o valor em excesso. Se o n.º 2 do art. 10.º sujeita a caducidade o *direito* do prestador do serviço receber a diferença entre a importância paga e a que corresponde ao consumo efectuado, quando o *prejudica*; o art. 12.º não põe um limite temporal ao *dever* do prestador do serviço proceder ao acerto dos valores cobrados, quando o *beneficia*. Esta diferença resulta, como é nítido, da intenção legislativa de impor ao prestador do serviço uma exigência célere e tempestiva dos seus direitos, por um lado, e de tutelar de forma segura e vigorosa os interesses económicos do utente, por outro.

ARTIGO 13.º
CARÁCTER INJUNTIVO DOS DIREITOS

1 – É nula qualquer convenção ou disposição que exclua ou limite os direitos atribuídos aos utentes da presente lei.
2 – A nulidade referida no número anterior apenas pode ser invocada pelo utente.
3 – O utente pode optar pela manutenção do contrato quando alguma das suas cláusulas seja nula.

ANOTAÇÃO (Mariana Pinheiro Almeida)

N.º 1

Carácter injuntivo dos direitos do utente/consumidor

Este preceito mantém a sua redacção original, tendo sido renumerado nos termos da republicação publicada em anexo à Lei n.º 12/2008, de 26 de Fevereiro (originalmente era o art. 11.º). O carácter injuntivo dos direitos do consumidor encontra-se expressamente consagrado na LDC, nomeadamente no art. 16.º.

O presente artigo é, por isso, uma reprodução fidedigna do que naquele mencionado preceito vem previsto, sufragando o carácter imperativo dos direitos daqueles que, segundo o quadro negocial padronizado (prestador de serviço – utente), estão colocados numa situação de iminente fragilidade e desequilíbrio negocial. Assim o confirma a Directiva 1999/44/CE, do Parlamento Europeu e do Conselho, de 25 de Maio de 1999, relativa a certos aspectos da venda de bens de consumo e das garantias a ela relativas, no considerando n.º 22: "as partes não podem, por acordo mútuo, restringir ou renunciar aos direitos reconhecidos aos consumidores, uma vez que dessa forma estariam a viciar a protecção jurídica concedida".

Esta consagração afigura-se pertinente em sede de direito de consumo, na medida em que, atenta a sua evolução histórica, nos permite concluir que o consumidor, parte primeira e última do ciclo económico[312], terá que arcar com alguns dos encargos suportados pelo custo de produção tido pelo prestador de serviço. De facto, já bastará esse custo que é imputado ao consumidor/utente e que difi-

---

[312] MENEZES CORDEIRO, Tratado do Direito Civil Português, I Parte Geral, Tomo I, Coimbra, Almedina, 2009, p. 202: "a interiorização do circuito económico como algo de finalisticamente dirigido ao consumidor e os sucessivos progressos effectivados nos domínios dos transportes, da electricidade e da electrónica, levaram a que, globalmente, toda a sociedade fosse virada para um consumo sem limites absolutos. Pensadores de diversa formação vieram a exigir uma protecção".

cilmente o mesmo consegue controlar, dada a sua condição de vulnerabilidade perante serviços de funcionalidades aparentemente complexas e técnicas. Surge, por isso, a necessidade de proteger aquele que menos poderá influir no clausulado contratual, uma vez que se limita a aderir ao mesmo por razões de interesses prático e necessidades imediatas.

Outra solução não poderia esgrimir-se que não fosse a de protegê-lo contra possíveis alterações ou limitações a direitos ou interesses que lhes são legalmente concedidos e consequentemente protegidos. Concordamos, assim, com PINTO MONTEIRO quando afirma que a razão subjacente à imperatividade dos direitos do consumidor prende-se com exigências de "ordem pública social, vazadas no postulado da defesa do consumidor"[313].

Entendemos que ao utente, enquanto parte de um contrato de prestação de um serviço público caracterizado pela sua inerente universalidade, consequência da sua essencialidade, deverá ser assegurada a protecção efectiva dos seus direitos. O legislador teve, assim, em consideração, o espírito subjacente à negociação dos contratos de serviços públicos essenciais e as possíveis dificuldades de interpretação com as quais o utente se poderá deparar.

N.º 2

A nulidade atípica

É claro o preceito quando enuncia que a violação ou limitação dos direitos do utente cria uma situação de invalidade negocial – a nulidade. Contudo, tal previsão foge ao regime regra da nulidade previsto no art. 286.º do CC.

De acordo com este último normativo, a nulidade opera *ipso jure*, podendo por isso ser conhecida oficiosamente e declarada a todo o tempo. Preceitua também o art. 286.º que a nulidade pode ser "invocável por qualquer interessado", o que atendendo ao negócio em questão julgamos tratar-se do "titular de qualquer relação cuja consistência, tanto jurídica como prática, seja afectada pelo negócio"[314].

Tal característica, aliás, é o que distingue aquela invalidade da anulabilidade, consagrada no art. que lhe sucede – art. 287.º do CC. Estabelece a lei que perante um negócio anulável, só terão legitimidade para a arguir as pessoas em cujo inte-

---

[313] Cláusulas Limitativas e de Exclusão da Responsabilidade Civil, Coimbra, Almedina, 2003, p. 314.
[314] PIRES DE LIMA e ANTUNES VARELA, Código Civil Anotado, Volume I (Arts. 1.º a 761.º), Coimbra, Coimbra Editora, 1987, p. 263.

resse a lei estabelece, e só dentro do ano subsequente à cessação do vício que lhe serve de fundamento.

Uma análise atenta ao regime das invalidades em virtude de negócios nulos, reguladas pelo ordenamento jurídico português, conclui que são dois os grandes fundamentos para a nulidade: a ausência de algum elemento essencial do negócio, como, por exemplo, a vontade do contraente em situações de vício da vontade, ou a contrariedade à lei imperativa. O art. em estudo parece-nos estar claramente relacionado com o segundo fundamento, isto é, a violação ou limitação de um direito imperativo.

Contudo, ele vem consagrar um regime muito especial, uma vez que o n.º 2 apenas confere ao utente/consumidor a legitimidade para invocar a nulidade, misturando, assim, características das duas invalidades. Esta nulidade distingue-se daquela que o CC consagra de forma ampla e genérica no art. 286.º, pelo que, sem dúvida, estamos perante uma nulidade atípica, porque não consagrada nos mesmos moldes daquele diploma. "Por razões diversas, a lei tem vindo a criar hipóteses de invalidades que não se podem reconduzir aos modelos puros da nulidade e da anulabilidade. Trata-se das chamadas invalidades mistas ou atípicas. Assim sucede com a hipótese da invalidade por simulação: ela não pode ser invocada por qualquer interessado."[315]

Este tipo de invalidade mista encontra-se também consagrado em legislação avulsa e principalmente em diplomas relacionados com o direito do consumo, como é o caso do DL n.º 133/2009, de 2 de Junho, relativo aos contratos de crédito ao consumo (n.º 5 do art. 13.º), ou aos contratos de mediação imobiliária regulados pelo DL n.º 211/2004, de 20 de Agosto (art. 19.º)[316].

Questão que se coloca, então, é a de aferir do conhecimento oficioso por parte do Tribunal, perante uma situação deste género, uma vez que a nulidade formulada nestes moldes só pode ser invocada pelo utente.

O Acórdão da Relação de Lisboa, de 28 de Novembro de 2002 (processo 0073158), resolveu esta questão ao pronunciar-se quanto à arguição de nulidade de um contrato de crédito ao consumo, ainda regulado pelo anterior DL n.º 359/91, de 21 de Setembro: "estamos face a uma nulidade atípica: embora ela seja invocável a todo o tempo pelo interessado, regime que é específico da nulidade,

---

[315] MENEZES CORDEIRO, Tratado do Direito Civil Português, I Parte Geral, Tomo I, p. 862.
[316] Vide o ac. do TRL de 4 de Março de 2010 (processo 257168/08.6YIPRT.L1-8) e o ac. do TRP de 7 de Setembro de 2010 (processo 8/07.5TBABF.P1).

a respectiva arguição não é do conhecimento oficioso, pois só pode ser efectuada pelo consumidor."

Concluímos então que face a este tipo de invalidades (mistas ou atípicas), são duas as consequências da sua formulação: só uma determinada parte a pode invocar e, por conseguinte, elas não são de conhecimento oficioso.

N.º 3

A manutenção do contrato: a integração ou a redução do contrato em prol do interesse do utente

A consequência da invalidade de um contrato, porque ferido de nulidade, é a não produção de efeitos, em qualquer circunstância, tendo em consideração a gravidade do vício que afecta o negócio: vício de vontade, inexistência do objecto ou violação de um imperativo legal, como vimos.

Contudo, o preceito concede a possibilidade de o utente optar pela manutenção do negócio, mesmo quando alguma das suas cláusulas seja nula. Parece-nos óbvio que o legislador não pretendeu conceder ao utente a hipótese de manter um negócio viciado à partida, podendo mais tarde, consoante lhe aprouvesse, vir a invocar a nulidade, mas sim abrir-lhe a porta para a possibilidade de lançar mão das figuras da integração ou da redução do negócio jurídico[317]. Ora, sendo este o alcance concedido ao preceito, o mesmo terá de ser correlacionado com outros que lhe subjazem, designadamente os arts. 13.º e 14.º do DL n.º 446/85, de 25 de Outubro e o art. 16.º, n.º 3 da LDC.

Convém sublinhar que o que está em causa é a negociação de serviços públicos considerados essenciais e que se estabelecem mediante a subscrição de contratos de adesão, que na sua génese serão regulados pelo DL n.º 446/85, de 25 de Outubro. O art. 13.º deste diploma consagra expressamente essa possibilidade: "O aderente que subscreva ou aceite cláusulas contratuais gerais, pode optar pela manutenção dos contratos singulares quando algumas dessas cláusulas sejam nulas [...] A manutenção de tais contratos implica a vigência, na parte afectada, das normas supletivas aplicáveis, com recurso, se necessário, às regras de integração dos negócios jurídicos," ou seja, com recurso ao art. 239.º do CC.

---

[317] Ainda que concordemos com MENEZES CORDEIRO quando afirma que "nos domínios correntes do dia-a-dia, nenhum consumidor iria mover uma custosa e sempre incerta acção para fazer valer a nulidade de alguma cláusula" – Tratado do Direito Civil Português, I Parte Geral, Tomo I, p. 627.

Assim, sendo da vontade das partes, neste caso do utente, a manutenção do contrato sem o vício do clausulado de que o mesmo padece, aplicar-se-ão as regras supletivas da integração, caso se coloque numa situação de lacuna negocial.

Por norma, o contrato é exequível mesmo sem os vícios que deram origem à sua invalidade, mas quando isso não é possível e é de todo o interesse das partes na sua manutenção, então o mesmo deverá, em alternativa, ser regulado para que se torne exercitável pelos contraentes.

Deparados com uma situação deste género e na "falta de disposição especial, a declaração negocial deverá ser integrada, de harmonia com a vontade que as partes teriam tido se houvessem previsto o ponto omisso, ou de acordo com os ditames da boa-fé quando outra seja a solução por eles imposta" (art. 239.º do CC).

Relembramos que o art. 239.º só obriga ao recurso do "critério geral nele fixado quando não exista norma supletiva capaz de preencher a lacuna negocial. E o Código, sobretudo no capítulo contratos (típicos) em especial está cheio de normas dessa natureza, ditadas com a finalidade de integrar ou complementar as declarações dos contraentes"[318].

Por outro lado, o legislador quis, quando fosse do interesse do utente, que este pudesse vir a lançar mão do instituto da redução previsto no art. 292.º do CC e no art. 14.º do mencionado Regime das Cláusulas Contratuais Gerais (DL n.º 446/85, de 25 de Outubro).

O art. 14.º do DL n.º 446/85 estabelece que "se a faculdade prevista no artigo anterior" – a da integração – "não for exercida ou, sendo-o, conduzir a um desequilíbrio de prestações gravemente atentatório da boa fé, vigora o regime da redução dos negócios jurídicos". O legislador previu, assim, a hipótese da redução, como alternativa à integração das lacunas pela manutenção do contrato, caso esta se mostre contrária ao princípio basilar da boa-fé.

Na esteira do ensinado por MENEZES CORDEIRO[319], concordamos que o instituto da redução exige dois requisitos essenciais: a nulidade (ou anulação) parcial e a prova (por parte do interessado no negócio) de que aquele negócio, sem a parte viciada, poderá subsistir. Ora, neste caso, apenas o utente do serviço terá essa faculdade, caso assim o pretenda, sem, contudo, pôr em causa o respeito pela boa fé, por regras formais e por outras normas imperativas.

---

[318] PIRES DE LIMA e ANTUNES VARELA, Código Civil Anotado, Volume I (Arts. 1.º a 761.º), p. 226.
[319] MENEZES CORDEIRO, Tratado do Direito Civil Português, I Parte Geral, Tomo I, p. 879.

Em síntese, o mesmo Autor afirma que "o aderente pode escolher entre o regime geral ou a manutenção do contrato; quando escolha a manutenção, aplicam-se na parte afectada pela nulidade, as regras supletivas; caso estas não cheguem faz-se apelo às normas relativas à integração dos negócios; podendo tudo isto ser bloqueado por exigências da boa-fé, posto o que se seguirá o esquema da redução, se for naturalmente possível; caso contrário terá de se perfilar a nulidade"[320].

Em jeito de conclusão cumprirá sempre dizer que perante uma cláusula nula, o utente poderá manter o contrato sem aquela, mediante o recurso a dois institutos legalmente consagrados: o da integração, num primeiro momento, mediante a integração de normas supletivas, ou o da redução, no caso de pretender manter o negócio e o processo de integração possa conduzir a um contexto global contrário aos ditames da boa-fé.

ARTIGO 14.º
DIREITO RESSALVADO

Ficam ressalvadas todas as disposições legais que, em concreto, se mostrem mais favoráveis ao utente.

ANOTAÇÃO (Mariana Pinheiro Almeida)

Este preceito já constava da redacção primitiva da Lei n.º 23/96, de 22 de Julho, e foi renumerado nos termos da republicação publicada em anexo à Lei n.º 12/2008, de 26 de Fevereiro (originalmente era o art. 12.º).

A norma tem a sua origem no *princípio da interpretação da lei mais favorável ao consumidor*[321], expressamente previsto no DL n.º 446/85, de 25 de Outubro. Tendo em linha de conta a implementação da contratação massificada, fruto de uma clara evolução da uma sociedade assente em comportamentos de consumo cada vez mais activos, surgiu a necessidade de propagar a contratação e a publicidade de produtos de forma mais célere e empreendedora. Neste contexto, surgem então os tão vulgarmente designados contratos de adesão, que se por um lado acompanham a velocidade estonteante dos mercados, por outro revelam-se, de alguma forma, injustos para uma das partes, designadamente o aderente.

---

[320] *Idem.*
[321] O Código de Defesa do Consumidor Brasileiro consagra este princípio expressamente no art. 47.º: "as cláusulas contratuais serão interpretadas de maneira mais favorável ao consumidor".

Não nos cansamos em afirmar que este tipo de serviços, públicos ou privados, têm como destinatários os consumidores finais, que para deles usufruírem aderem a contratos previamente elaborados, com linguagem algo complexa e de difícil entendimento, conduzindo a situações de verdadeiro desconhecimento negocial por parte do utente/consumidor.

A Directiva 93/13/CEE, do Conselho de 5 de Abril de 1999, relativa às cláusulas abusivas nos contratos celebrados com os consumidores, considerou que "os contratos devem ser redigidos em termos claros e compreensíveis, que o consumidor deve efectivamente ter a oportunidade de tomar conhecimento de todas as cláusulas e que, em caso de dúvida, deve prevalecer a interpretação mais favorável ao consumidor", assumindo este o papel de parte mais fraca e por isso digno de uma maior protecção.

OLIVEIRA ASCENSÃO sublinha que o que está aqui também patente é a existência de cláusulas abusivas. "Esta linha deriva do direito do consumidor. A atenção desloca-se para o conteúdo dos contratos prescindindo da generalidade das cláusulas. Pergunta-se se são abusivas as cláusulas impostas ao consumidor pelo operador profissional, presumidamente mais forte [...] o critério determinante da delimitação passa a recair na ausência de negociação individual" pelo que cumprirá regular aquele que se encontra em claro desequilíbrio informacional, económico e consequentemente contratual[322].

Encontramos semelhante disposição no DL n.º 67/2003, de 8 de Abril, relativo à venda de bens de consumo e a garantias a ela relativas, designadamente no art. 11.º: "Se o contrato de compra e venda celebrado entre profissional e consumidor apresentar ligação estreita ao território dos Estados membros da União Europeia, a escolha, para reger o contrato, de uma lei de um Estado não membro que se revele *menos favorável ao consumidor* não lhe retira os direitos atribuídos pelo presente decreto-lei." Como ensina CALVÃO DA SILVA, está em causa a protecção social do consumidor que "não será afastada pela escolha de lei do Estado terceiro aplicável ao contrato [...] privando-o da tutela assegurada" pela lei, se esta se mostrar mais favorável[323].

---

[322] OLIVEIRA ASCENSÃO, *Cláusulas Contratuais Gerais, Cláusulas Abusiva e Boa-fé*, in "Revista da Ordem dos Advogados", Ano 60, vol. II, 2000, p. 576.
[323] CALVÃO DA SILVA, Compra e venda de coisas defeituosas (conformidade e segurança), Coimbra, Almedina, 2008, p. 157.

ARTIGO 15.º
RESOLUÇÃO DE LITÍGIOS

1 – Os litígios de consumo no âmbito dos serviços públicos essenciais estão sujeitos a arbitragem necessária quando, por opção expressa dos utentes que sejam pessoas singulares, sejam submetidos à apreciação do tribunal arbitral dos centros de arbitragem de conflitos de consumo legalmente autorizados.

2 – Quando as partes, em caso de litígio resultante de um serviço público essencial, optem por recorrer a mecanismos de resolução extrajudicial de conflitos suspende-se no seu decurso o prazo para a propositura da acção judicial ou injunção.

ANOTAÇÃO (Mariana Pinheiro Almeida)

N.º 1

A emergência dos meios alternativos da resolução de litígios – o acesso à justiça

O art. 15.º foi alterado pelo art. 2.º da Lei n.º 6/2011, de 10 de Março. Esta alteração aplica-se às relações que subsistam a 11 de Março de 2011, data da entrada em vigor da referida Lei.

A resolução alternativa de litígios surgiu em meados dos anos sessenta como uma das medidas facilitadores do acesso ao direito e à justiça e tem por fim a resolução de novos conflitos ligados à emergência da sociedade dita de consumo, nascida e consolidada principalmente nos países ocidentais[324]. Assenta no ressurgimento do interesse pela vida em comunidade e, em simultâneo, na evidente incapacidade de resposta dos meios tradicionais – tribunais judiciais – para sanar os novos conflitos saídos do consumo, entendido este como um novo fenómeno complexo e multifacetado nas suas vertentes económica, jurídica e cultural. Os seus principais actores são os produtores e fornecedores de serviço, por um lado, e os consumidores e as suas organizações representativas, por outro. Paralelamente, o Estado assume as funções de regulação do mercado e das relações sociais de consumo.

Sendo estas relações sociais desequilibradas, porque prosseguem diferentes interesses – surgindo os consumidores como a parte mais frágil – apelou-se, nos

---

[324] Esta necessidade teve reflexo prático num movimento de origem anglo-saxónica (*acess-to--justice-movement*) que rapidamente foi adoptada pelo sistema jurídico romano-germânico e que reclama um modelo de acesso à justiça tendo em vista a defesa de interesses individuais ou de grupos.

últimos anos, à protecção de um novo direito, o da protecção dos consumidores, como forma de reduzir a referida desigualdade e de os compensar pelos danos a que sejam sujeitos[325]. Com efeito, "as desigualdades sociais passaram a constituir uma ameaça à legitimidade dos regimes políticos assentes na igualdade de direitos. A igualdade dos cidadãos perante a lei passou a ser confrontada com a desigualdade da lei perante os cidadãos"[326], pelo que urgia garantir o acesso à justiça por parte dos mais desprotegidos.

Quando falamos de acesso à justiça, entendemos este não só no sentido do acesso aos tribunais, a uma decisão justa, mas também num *empowerment*[327] por parte do consumidor naquilo que concerne ao conhecimento dos seus direitos e formas de os defender perante a sua violação. A consagração de cinco direitos fundamentais no "Primeiro Programa de Política de Protecção e Informação dos consumidores", em 1975, evidenciava a necessidade de colocar tais direitos em prática através de uma justiça acessível, pronta e eficaz[328].

Confrontou-se, deste modo, a justiça tradicional com as suas limitações actualmente irreversíveis: os custos elevados, a morosidade processual e a formalidade assente em rituais herméticos que, sem dúvida, inibem o consumidor de submeter o seu litígio de consumo, por norma de baixo custo, a um tribunal judicial, conduzidos por uma ponderação quase económica de custo/benefício.

De acordo com a Comunicação da Comissão sobre "A resolução extrajudicial de conflitos de consumo", são três as formas possíveis de melhorar o acesso do consumidor à justiça: a simplificação dos procedimentos judiciais, o reforço da comunicação entre profissionais e consumidores e o recurso a procedimentos extrajudiciais de resolução de conflitos – emitindo uma recomendação sobre esta última[329].

---

[325] Veja-se Comunicação da Comissão "A resolução extrajudicial dos conflitos de consumo" (COM(1998)198): "o acesso à justiça constitui para os consumidores um corolários dos direitos substantivos que o ordenamento jurídico comunitário lhes confere".

[326] SOUSA SANTOS, *Introdução à Sociologia da Administração da Justiça*, in "Revista Crítica das Ciências Sociais", n.º 21, 1986, pp. 15 e 16.

[327] Vide FERREIRA FRADE, *A regulação do Sobreendividamento*, Faculdade de Economia, Coimbra, 2007, p. 496: "a educação do consumidor deve servir não apenas para uma atitude emancipatória do indivíduo mas também para introduzir alterações positivas na própria estrutura da sociedade de consumo [...] O consumidor educado é, antes de mais, um cidadão plenamente consciente e capacitado (empowered) para determinar os efeitos globais das suas intenções de consumo, e consequentemente, para agir de forma social e ambientalmente responsável".

[328] "Jornal Oficial" C 92, de 25 de Abril de 1974, p. 16.

[329] COM (1998) 198 final, de 30 de Março de 1998.

Não é nosso objectivo exaurir o leitor na definição e no modo de funcionamento dos vários meios alternativos de resolução de litígios de consumo existentes, contudo cumprirá sempre delinear a fronteira entre eles para uma melhor compreensão do preceito em análise.

A mediação de conflitos – forma de desjudicialização de conflitos – é um processo voluntário através do qual as partes em conflito procuram, de forma voluntária, alcançar um acordo para a resolução do seu litígio com a assistência de um mediador, sem descurar a responsabilidade que é dada a cada uma das partes no alcance de uma solução para o seu dissenso. Há que ter em atenção a figura do mediador. Este não terá necessariamente de ser perito ou técnico no conflito em causa, limitando-se a apoiar apenas as partes na procura de um acordo, mas por sua própria iniciativa. Não pode o mediador ditar um acordo a ser celebrado entre as partes[330].

Esta forma de resolução de conflitos distingue-se da arbitragem na medida em que nesta existirá também um terceiro interveniente com competência para julgar o litígio, caso seja essa a vontade das partes.

Contudo e no que concerne ao dirimir dos litígios do consumo, Portugal adoptou um modelo misto destas duas formas de resolução alternativa de litígios, designadamente a auto-regulação e a co-regulação – maxime mediação/conciliação e arbitragem, pelo que cumprirá debruçar-nos um pouco sobre aquele a que o preceito dirá respeito – a arbitragem.

O interesse na Arbitragem

A arbitragem foi o primeiro meio alternativo de resolução de litígios a desenvolver-se na área do consumo, seguido da criação e desenvolvimento dos Julgados de Paz e, finalmente, dos sistemas de mediação.

Numa noção sucinta que posteriormente pretendemos desenvolver, a arbitragem é um meio alternativo de resolução de litígios em que as partes, mediante convenção de arbitragem, submetem a decisão a um juiz árbitro, que julgará o litígio de acordo com a lei ou por equidade, mediante autorização das partes.

A arbitragem notabiliza-se pela sua celeridade, aproximação das partes e, em alguns casos, gratuitidade, evitando litígios de elevado peso temporal, processual

---

[330] Exemplos de organismos que procedem a esta forma alternativa de resolução de litígios: Direcção-Geral do Consumidor, Gabinete de Resolução Alternativa de Litígios (GRAL), Associação Portuguesa para a Defesa dos Consumidores (DECO), Mediador do Crédito, entre outros.

e psicológico. É, por isso, uma forma de acesso à justiça fácil, porque desburocratizada, não sendo obrigatória a constituição de advogado[331], rápida, na medida em que o prazo da decisão é fixado livremente pelas partes (sendo de seis meses na falta de estipulação e prorrogado até ao máximo de doze caso as partes assim o requeiram)[332], e segura porque a decisão do Tribunal Arbitral terá a força vinculativa equivalente à de uma sentença judicial[333]. Nas palavras de FRANÇA GOUVEIA, a arbitragem, sendo voluntária, "é contratual na sua origem, privada na sua natureza e jurisdicional na sua função"[334].

De facto, caracterizando-se por ser uma forma alternativa de resolver litígios, as partes acordam, mediante uma convenção de arbitragem, em submeter a sua questão à decisão de um juiz-árbitro, pelo que estaremos, sem dúvida, perante um verdadeiro negócio jurídico bilateral, mediante o qual as partes demonstram a sua clara intenção em submeter o litígio ao poder jurisdicional. Convém, contudo, sublinhar que a mencionada convenção arbitral legitimará o tribunal arbitral a decidir sobre o que nela consta, não podendo pronunciar-se sobre questões que dela não façam parte.

Tendo em conta a Lei da Arbitragem Voluntária, que regulará a base do processo arbitral, pelo menos na sua essência, atendemos antes de mais à disposição que consideramos ser de extrema importância destacando a natureza dos meios alternativos de resolução de litígios. Assim, preceitua o art. 33.º da LAV que as partes podem escolher o direito a aplicar pelos árbitros, se os não tiverem autorizado a julgar segundo a equidade [...] na falta de escolha, o tribunal aplica o direito mais apropriado ao litígio".

De facto, a origem deste meio alternativo de resolução de litígios prende-se com razões sociológicas, atentas às necessidades específicas do consumidor em aceder à justiça, pelo que não se afiguraria compreensível uma interpretação estrita da decisão baseada apenas na lei, descurando as vicissitudes do caso em concreto. Compreendemos, assim, que a concepção de "acesso à justiça" se refere não apenas à quantidade mas sim à qualidade de justiça, no sentido de que o decisor de última instância deverá ter em consideração a fragilidade da situação, o enqua-

---

[331] Cfr. art. 17.º da Lei da Arbitragem Voluntária – LAV (Lei n.º 31/86, de 29 de Agosto, alterada pelo DL n.º 38/2003, de 8 de Março).
[332] Cfr. art. 19.º da LAV.
[333] Cfr. art. 26.º da LAV.
[334] FRANÇA GOUVEIA, *Resolução Alternativa de Litígios – Negociação, Mediação, Arbitragem e Julgados de Paz*, in Estudos Comemorativos dos 10 anos da Faculdade de Direito da Universidade Nova de Lisboa, volume II, Coimbra, Almedina, 2008.

dramento, as motivações psicológicas, os factores endógenos e exógenos que conduziram à litigiosidade.

Defendemos, porém, que a equidade utilizada pelo árbitro quando assim as partes o solicitarem, deveria não prescindir de todo do direito estrito mas abrir uma porta para a ponderação da justiça do caso concreto, em plena integração com o direito positivo[335]. A maioria da doutrina no que a esta matéria diz respeito, e quanto às decisões dos tribunais arbitrais, considera que "a decisão segundo a equidade não prescinde das soluções jurídicas em vigor. Pode é, depois, afastá-las por não permitirem a justiça no caso concreto"[336].

Cumprirá agora, de forma bastante simples, compreender a tramitação processual da submissão dos litígios a arbitragem de consumo e suas vantagens.

O modelo adoptado para a resolução de conflitos de consumo num centro de arbitragem caracteriza-se pela existência de um serviço de apoio jurídico e de um tribunal arbitral que obedecerá às regras constantes da Lei da Arbitragem Voluntária. Numa primeira fase e mediante a intervenção de um jurista assistente, as partes poderão chegar a um acordo pela via da mediação ou conciliação.

Ainda que se possa discutir a diferente natureza destas duas formas de auto-regulação de litígios, de facto a fronteira entre as mesmas é muito ténue. Entende Moura Vicente que em Portugal é atribuído um papel mais activo ao mediador do que ao conciliador, na medida em que àquele é concedido o direito de propor soluções enquanto a este último apenas caberá a função de aproximar as partes,

---

[335] Vide MENDES CABEÇADAS, *Arbitragem e Conflitos de Consumo*, in "EDC", n.º 3, 2001, p. 379: "é um facto que dada a aproximação dos Juíz-Árbitro das partes, a especificidade dos casos analisados pelo Tribunal Arbitral, as condicionantes sócio-culturais que envolvem a relação de consumo e a inexistência de formalismos processuais que obstem à apreciação da causa, é permitido ao Juíz – Árbitro promover de forma eficaz a composição dos litígios".

[336] FRANÇA GOUVEIA (*Resolução Alternativa de Litígios – Negociação, Mediação, Arbitragem e Julgados de Paz*, p. 87 e ss.) sistematiza esta problemática de forma bastante interessante, considerando a equidade segundo perspectiva fraca e forte. De acordo com a primeira a equidade terá a função integrativa de conformação do direito formal, na sua concretização, por seu turno a noção forte de equidade abstrai-se e autonomiza-se do direito legislado, pelo que a decisão que nela se fundamenta baseia-se única e exclusivamente na justiça do caso em concreto. Conclui porém que o Direito Civil português não logrou tomar parte, de forma radical, de nenhuma das concepções mencionadas, mas utiliza, consoante os casos, ora uma noção fraca de equidade (arts. 283.º, 400.º, 437.º do CC, entre outros) ora uma noção forte no qual aquela surge como critério único de decisão (art. 4.º do CC, art. 22.º da Lei da Arbitragem Voluntária, art. 509.º do Código Processo Civil e o n.º 2 do art. 258.º do Regime Jurídico da Empreitada e Obras Públicas).

dinamizando a comunicação entre elas[337]. Entendemos, no que a este caso diz respeito, que não se fundindo, estas duas formas de auto-regulação são complementares, existindo, eventualmente, entre elas uma diferença de grau[338].

Perante a impossibilidade de um acordo pela via da auto-regulação – maxime tentativa de conciliação – as partes são convidadas a submeter o litígio a julgamento, dirigido por Juíz-Árbitro, que apenas procederá a tal fase processual mediante acordo expresso das partes. Estas deverão demonstrar tal intenção mediante a subscrição de uma Convenção de Arbitragem – no fundo, as partes convencionam a sua intenção de se submeter a um julgamento arbitral.

De realçar que nos termos do art. 15.º da LAV, podem as partes acordar sobre as regras de processo a observar, desde que o mencionem na convenção de arbitragem ou em escrito posterior até à aceitação do primeiro árbitro. Deste acordo processual resulta que as partes poderão criar um processo específico para dirimir o seu conflito, ou então aplicar ao caso em concreto as regras de eventuais regulamentos dos centros de arbitragens, já institucionalizadas a nível nacional e internacional[339].

Convém, finalmente, sublinhar que no respeitante à disponibilidade das partes na escolha da tramitação processual, ela corresponderá à alegação das partes, condensação, produção da prova, julgamento e sentença. Assim, as limitações a esta autonomia das partes (diremos própria da celebração dos contratos, o que reforça a sua natureza privada) encontram-se apenas consagradas no art. 16.º da LAV: as partes deverão ser tratadas com absoluta igualdade, o demandado será sempre citado para se defender, em todas as fases do processo será garantido o princípio do contraditório e as partes deverão ser ouvidas, oralmente ou por escrito, antes de ser proferida a decisão final.

Finalmente, concluímos que será de todo o interesse das partes em aderir a tal meio alternativo de resolução de litígios tendo em consideração as motivações subjacentes ao consumidor/utente e à empresa prestadora do serviço. O interesse do utente consistirá na verificação e reconhecimento eficaz dos seus direi-

---

[337] Vide MOURA VICENTE, *A Directiva sobre a Mediação em Matéria Civil e Comercial e a sua Transposição para a Ordem Jurídica Portuguesa*, in Estudos em Homenagem ao Professor Paulo Pitta e Cunha, vol. III, Coimbra, Almedina, 2010, p. 101.

[338] Cumprirá sempre relembrar que noutros ordenamentos jurídicos é ao conciliador que caberá o papel mais interventivo, como é o caso do ordenamento jurídico alemão. Vide MOURA VICENTE, *loc. cit.*.

[339] Nos termos do art. 38.º da LAV serão Centros de Arbitragem institucionalizados aqueles que forem reconhecidos pelo Governo mediante a outorga de competências genéricas ou específicas para a resolução de conflitos.

tos emergentes de contratos que implicam relações de curto prazo e de baixo custo. Por parte da empresa o interesse residirá na manutenção de uma boa relação com o cliente, evitando assim lesar a sua reputação por eventuais acções judiciais. Resulta claro que qualquer empresa que queira submeter-se a arbitragem demonstrará abertura, flexibilidade e transparência na sua actuação, o que claramente fidelizará a clientela.

A arbitragem necessária

Ao longo de todo o esclarecimento sobre este meio alternativo de resolução de litígios, sempre lograremos referir a voluntariedade da arbitragem, sendo essa uma das características que sempre a definiu no âmbito dos meios alternativos de resolução de litígios de consumo. Todavia, o preceito em análise é inovador na redacção dada pela Lei n.º 6/2011, de 10 de Março, trazendo consigo fortes consequências e possíveis alterações na arbitragem de consumo[340].

Resulta de forma evidente que o legislador quis proteger o utente de formas pérfidas de actuação de empresas prestadoras de serviços públicos considerados essenciais à vida do cidadão, bem como descongestionar os tribunais judiciais da colonização das acções executivas por elas interpostas com vista a cobrança de dívidas, frequentemente contestadas pelos devedores, muitos deles sem capacidade económica para se defenderem.

De facto e a título de exemplo, perante uma situação de cobrança de uma factura aparentemente prescrita, não terá o consumidor conhecimentos técnicos para invocar a prescrição, pelo que opta por uma de duas situações: não efectuar o pagamento e ser submetido a uma acção executiva ou pagar ainda que indevidamente. Em nosso entender esta situação é expressão da perversidade do "acesso à justiça", constitucionalmente consagrado no art. 20.º, bem como de uma espécie de *culpa do lesado* pela auto-violação de um direito que a lei lhe concede. Assim e evitando a reincidência destas situações, a solução actualmente dada pela Lei vem consagrar a obrigatoriedade da submissão a arbitragem sempre que o utente assim o entender.

PEDRO SARAIVA, Relator do Parecer da Comissão de Assuntos Económicos, Inovação e Energia, defende que "a arbitragem necessária [...] perfila-se como

---

[340] A redacção anteriormente dada pela Lei n.º 12/2008, de 26 de Fevereiro, apenas consagrava que "quando as partes em caso de litígio resultante da prestação de um serviço público essencial, optem por recorrer a mecanismos de resolução extrajudicial de conflitos de consumo, suspende-se no seu decurso o prazo para a interposição da acção judicial".

uma via privilegiada de correcção de algumas assimetrias impostas pelos actuais estrangulamentos existentes no funcionamento de alguns mecanismos do acesso à justiça"[341]. Também a CONFEDERAÇÃO DO COMÉRCIO E SERVIÇOS DE PORTUGAL se mostrou bastante agradada com a solução concedida pela lei: "estamos certos que esta medida [...] dará uma maior visibilidade e credibilidade à arbitragem de consumo, introduzirá um maior equilíbrio nas relações entre fornecedores e utentes dos serviços públicos essenciais e ajudará a desimpedir os tribunais comuns de um conjunto significativo de conflitualidade, dessa forma libertando meios para os processos mais importantes. Em resumo consideramos este projecto como uma iniciativa positiva".

Questão que foi colocada a este propósito, nomeadamente, pela ORDEM DOS ADVOGADOS aquando do parecer sobre o Projecto de Lei n.º 175/XI/1 (que esteve na origem da Lei n.º 6/2011, de 10 de Março), relaciona-se com o facto de a arbitragem ser necessária *sempre* que estivesse em causa um litígio sobre serviços públicos essenciais[342]. A lei veio, contudo, esclarecer a dúvida suscitada entre muitos ao consagrar que os litígios de consumo em que estejam em causa serviços públicos essenciais só serão submetidos a arbitragem necessária, logo, obrigatória, apenas quando os utentes que sejam pessoas singulares declarem, de forma expressa, essa sua pretensão[343].

Centros de Arbitragem de Consumo Legalmente Autorizados

As entidades que pretendam promover a realização de arbitragens voluntárias com carácter institucionalizado requerem ao Ministro da Justiça a criação dos respectivos Centros de Arbitragem, respeitando para o efeito, em especial, o disposto no DL n.º 425/86, de 27 de Dezembro, estando assim a sua institucionalização dependente dessa autorização.

Os Centros de Arbitragem operam em função da competência territorial definida pelas áreas geográficas dos municípios ou das suas associações e em razão do valor. Assim, o Centro de Informação, Mediação e Arbitragem de Consumo do Algarve tem como competência territorial o distrito de Faro e competência

---

[341] Relatório do Parecer da Comissão de Assuntos Económicos, Inovação e Energia, Parte II – Opinião do Relator.
[342] Vide Gabinete de Estudos da Ordem dos Advogados, Pareceres sobre os Projectos de lei n.º 175/XI/1, 205/XI/1 e 305/XI/1.
[343] Existem já vários exemplos de arbitragem necessária como é o caso dos direitos de autor (n.º 4 do art. 221.º do Código de Direitos de Autor) e patentes (n.º 6 do art. 59.º do Código da Propriedade Industrial).

para resolver litígios que não ultrapassem o valor de € 14.963,94; o Centro de Arbitragem de Coimbra actua apenas no Distrito de Coimbra, com excepção dos concelhos de Miranda do Corvo e Pampilhosa da Serra, dirimindo conflitos que não ultrapassem os € 3.740,98; o Centro de Arbitragem de Conflitos de Consumo de Lisboa resolve conflitos até ao valor de € 5.000.00 no município de Lisboa; o Centro de Informação de Consumo e Arbitragem do Porto tem competência territorial nos municípios do Porto, Matosinhos, Maia e Vila Nova de Gaia e uma competência em razão do valor de € 3.740.98; o Centro de Arbitragem de Conflitos de Consumo do Vale do Ave actua na área geográfica que abrange os municípios de Vieira do Minho, Póvoa do Lanhoso, Fafe, Guimarães, Vizela, Vila Nova de Famalicão, Santo Tirso, Trofa, Vila do Conde e Póvoa do Varzim, com competência em razão do valor de € 3.740,98; o Centro de Informação, Mediação, Arbitragem de Consumo de Braga tem competência territorial nos municípios de Amares, Barcelos, Braga, Esposende, Montalegre, Póvoa do Lanhoso, Terras do Bouro, Vieira do Minho e Vila Verde e sem limite de valor.

Convém não esquecer que, recentemente, foi criado o Centro Nacional de Informação e Arbitragem de Conflitos de Consumo, o qual visa ultrapassar os obstáculos impostos pela competência territorial dos centros já existentes, actuando supletivamente nas zonas do país ainda não abrangidas por aqueles órgãos de arbitragem.

Também no intuito de facilitar o acesso a estes Centros, foi publicado o DL n.º 60/2011, de 6 de Maio, que cria no nosso ordenamento jurídico a Rede Nacional de Centros de Arbitragem Institucionalizada (RNCAI) e estabelece as formas e critérios de financiamento e avaliação dos centros que a integram. Desta forma, o legislador tenta promover e assegurar o funcionamento dos centros de arbitragem de forma integrada, enquanto mecanismos de resolução alternativa de litígios, numa primeira tentativa de fomentar uma cobertura daqueles a todo o território nacional.

As principais medidas revelam-se de extrema importância, pelo que importará destacá-las neste comentário, designadamente naquilo que à uniformização, financiamento e deveres dos centros de arbitragem diz respeito.

Assim, a Rede Nacional de Centros de Arbitragem Institucionalizada será composta por centros de arbitragem que recebam do Estado mais de 50% do seu orçamento anual, bem como por aqueles que, apesar de não atingirem a mencionada cota de 50%, sejam também financiados pelo Estado de forma regular. Contudo, enquanto os primeiros ficarão automaticamente integrados no RNCAI, os segundos, serão obrigados a celebrar um protocolo com o Gabinete de Resolução Alternativa de Litígios (GRAL) para poderem integrar esta Rede.

No que à *uniformização de procedimentos* diz respeito (art. 3.º do DL n.º 60/2011, de 10 de Março), os centros de arbitragem deverão prestar informação por telefone, escrito ou presencialmente, encaminhar as questões para outros meios de resolução de litígios, nomeadamente tribunais, entidades mais especializadas ou centros integrados no RNCAI, gerir processos de reclamação, prestar serviços de mediação e conciliação e partilhar a informação estatística sobre as suas actividades. Questiona-se, porém, como poderá implementar o Governo esta uniformização tendo em consideração a ausência de critérios tendentes à sua promoção.

O *financiamento* (art. 4.º), será concedido caso os centros de arbitragem cumpram com os objectivos definidos pelo Governo, designadamente no que concerne ao serviço que prestam, à gestão do orçamento, à satisfação dos cidadãos e às áreas de actuação. A verificação de todos estes critérios, no fundo, de qualidade e dinamização do serviço serão fiscalizados pelo GRAL. Quanto aos seus *deveres* (art. 5.º), os centros deverão proceder à publicação no site do RNCAI das informações relativas ao plano anual de actividades aprovado, ao orçamento anual, ao relatório anual de actividades e ao resumo das decisões tomadas pelo tribunal arbitral.

A principal crítica relativamente a este Decreto-Lei prende-se com o facto de o mesmo não explorar a possibilidade de alargamento territorial dos actuais centros de arbitragem[344]. Ainda que concordemos com este reparo nunca poderemos descurar o mérito do mencionado diploma alteando a transparência e a responsabilidade inerentes a uma arbitragem institucionalizada.

N.º 2

Suspensão do prazo para propositura da acção ou injunção
A versão original deste preceito, constante do Projecto de Lei n.º 175/XI, consagrava a seguinte redacção:

Quando as partes, em caso de litígio resultante da prestação de um serviço público essencial, optem por recorrer a mecanismos de resolução extrajudicial de conflitos de consumo, suspende-se no seu decurso o prazo para a interposição da acção judicial.

---

[344] Vide Parecer da Associação Portuguesa Para a Defesa dos Consumidores: "de modo a criar-se uma verdadeira rede nacional que salvaguarde o acesso à justiça e o princípio da igualdade" pelo que a "DECO vem reinvindicando para um adequado funcionamento da rede ora proposta a adopção de medidas para o alargamento territorial dos centros já existentes, tendo em vista o cumprimento do princípio da proximidade geográfica do conflito".

Foram apontadas várias críticas a esta solução, tendo em consideração o retrocesso que a mesma representava face à Lei n.º 24/2008, de 2 de Junho, que alterou a versão primária da Lei n.º 12/2008, de 26 de Fevereiro. De facto, não se afiguraria compreensível a exclusão da "injunção" daquele normativo, levantando-se legítimas questões relativas à intenção do legislador nesse sentido.

Tratou-se de um mero lapso, não nos parecendo que o legislador quisesse desvirtuar o procedimento de injunção como modelo processual para a resolução deste tipo de conflitos, pelo que com a publicação da Lei n.º 6/2011, de 10 de Março, tais equívocos foram esclarecidos com a expressa consagração de que o recurso aos meios alternativos de resolução de litígios suspenderá o prazo para a propositura da acção ou injunção.

De facto, e abstendo-nos de repetir aquilo que já foi referido quanto à prescrição do prazo para a propositura da acção judicial (art. 10.º), cumpre apenas fazer um apontamento relativo à opção do legislador em admitir a suspensão do prazo para permitir o recurso a Tribunal por parte das entidades prestadoras dos serviços.

Esta solução tem em vista, em nosso entender, motivar as empresas a não recorrer de forma sistemática, muitas vezes imponderada, a acções judiciais, "entupindo" os tribunais com injunções de valor diminuto que poderão conduzir a uma justiça sufocante e consequentemente obtusa[345]. Resulta claro, também, que foi intenção do legislador desenvolver e acentuar o acesso à justiça por parte dos consumidores/utentes, encorajando-os desta forma a defender os seus direitos e contornando o estigma da "parte mais fraca". Sem dúvida que o preceito em análise é indiciário de um *empowerement* do consumidor/utente, principalmente perante serviços dos quais depende diariamente.

ARTIGO 16.º
DISPOSIÇÕES FINAIS

O elenco das organizações representativas dos utentes, com direito de participação nos termos do artigo 2.º, será certificado e actualizado pelo departamento governamental competente, nos termos das disposições regulamentares da presente lei.

---

[345] Uma análise feita pelo "Jornal de Negócios" em 23 de Março de 2010 demonstra que a grande fatia das 534.068 dívidas, apuradas em 2010, correspondem a facturas de luz, água e telefone por pagar. Citando o artigo em estudo o "Balcão Nacional de Injunções (BNI) não tem mãos a medir".

ANOTAÇÃO (Mariana Pinheiro Almeida)

Tal como já anteriormente referido, nos termos do art. 2.º da LSPE "as organizações representativas dos utentes têm o direito de ser consultadas quanto aos actos de definição do enquadramento jurídico dos serviços públicos e demais actos de natureza genérica que venham a ser celebrados entre o Estado, as regiões autónomas ou as autarquias e as entidades concessionárias". Daqui resulta o direito de participação, sobre o qual já debruçamos o nosso estudo.

Preceitua o presente art., nessa sequência, que o elenco das entidades representantes dos utentes será certificado e actualizado pelo departamento governamental competente. Contudo, nunca essa certificação foi realizada, pelo que em primeira instância será sempre assegurado o direito de audição prévia às organizações mencionadas na LDC – as associações de defesa do consumidor.

Apesar desta ausência de regulamentação, a verdade é que a nível sectorial este direito de participação é garantido pelas entidades reguladoras, designadamente à ANACOM, ERSE e ERSAR.

No caso da Entidade Reguladora do Sector Energético, por exemplo, o direito de participação dos utentes é assegurado na medida em que alguns representantes dos consumidores fazem parte do Conselho Consultivo e do Conselho de Tarifário.

Por sua vez, os estatutos da Autoridade Nacional das Comunicações obrigam-na a consultar previamente as associações de defesa dos consumidores, sempre que esteja em causa alteração ou aprovação regulamentar relacionada com o seu âmbito de actividade[346], facultando-lhes o acesso aos textos respectivos e disponibilizando-os no seu website. Também de acordo com aqueles estatutos poderão os interessados emitir opiniões 30 dias após a submissão a audição prévia daquelas possíveis alterações.

A ERSAR também define e assegura esta participação dos consumidores nos serviços públicos essenciais mediante a integração no seu órgão consultivo de dois representantes de associações de consumidores de âmbito nacional, um director do Consumidor e ainda três representantes das associações representativas de actividades económicas de âmbito nacional, incluindo um representante do sector turístico[347]. Este conselho consultivo tem como função primordial a emissão de pareceres sobre os planos e relatórios de actividades, o modelo regulatório e outros assuntos cuja apreciação lhe seja submetida pelo conselho directivo.

---

[346] Cfr. art. 11.º do DL n.º 309/2001, de 7 de Dezembro.
[347] Cfr. art. 10.º do DL n.º 227/2009, de 2 de Outubro.

Ora, como vemos, ainda que não exista um diploma claro e sistemático que enumere e certifique todas as entidades que representem os utentes de forma organizada, a verdade é que o direito de participação das mesmas não deixa de ser assegurado, mediante uma regulamentação indirecta nesse sentido, a um nível sectorial. Defendemos, contudo, a criação dessa lista por decreto regulamentar, sublinhando a essencialidade de harmonizar procedimentos de audição prévia naquilo que aos serviços públicos essenciais diz respeito.

BIBLIOGRAFIA

ALMENO DE SÁ – Direito Bancário, Coimbra, Coimbra Editora, 2008.

ANACOM – *A exclusão do serviço fixo de telefone da Lei dos Serviços Públicos Essenciais (Lei n.º 23/96)* – http://www.anacom.pt/template15.jsp?categoryId=98619.

ANTUNES VARELA, João de Matos – *Das Obrigações em Geral,* vol. I, Coimbra, Almedina, 2000.

AROSO DE ALMEIDA, Mário – O novo regime do processo nos tribunais administrativos, Coimbra, Almedina, 2005.

AROSO DE ALMEIDA, Mário, FERNANDES CADILHA, Carlos Alberto – Comentário ao Código de Processo nos Tribunais Administrativos, Coimbra, Almedina, 2005.

BAPTISTA DE OLIVEIRA, Fernando – O conceito de consumidor, perspectivas nacional e comunitária, Coimbra, Almedina, 2009.

CABRAL DE MONCADA, Luís S. – Estudos de Direito Público, Coimbra, Coimbra Editora, 2001.

CAETANO, Marcello
– Manual de Direito Administrativo, vol. II, Coimbra, Almedina, 1991.
– Manual de Direito Administrativo, vol. I, Coimbra, Almedina, 2005.

CALVÃO DA SILVA, João
– Cumprimento e sanção pecuniária compulsória, Coimbra, Almedina, 1987.
– Responsabilidade civil do produtor, Coimbra, Almedina, 1999.
– *Aplicação da Lei n.º 23/96 ao serviço móvel de telefone e natureza extintiva da prescrição referida no seu art. 10.º, in* "RLJ", nos. 3901 e 3902, ano 132, Agosto/Setembro de 1999, pp. 133-160.
– *Serviços públicos essenciais: alterações à Lei n.º 23/96 pelas Leis n.os 12/2008 e 24/2008, in* "RLJ", ano 137º, n.º 3948, Janeiro-Fevereiro de 2008, pp. 165-181.
– Compra e venda de coisas defeituosas (conformidade e segurança), Coimbra, Almedina, 2008, p. 157.
– *Prescrição extintiva semestral de créditos periódicos por prestação de serviços* públicos *essenciais, in* "RLJ", ano 139º, n.º 3961, Março-Abril de 2010, pp. 241-252.

CALVÃO DA SILVA, João Nuno – Mercado e estado. Serviços de interesse económico geral, Coimbra, Almedina, 2008.

CÂNDIDO DE OLIVEIRA, António – Direito das Autarquias locais, Coimbra, Coimbra Editora, 1993.

CARDOSO, Elionora – Os serviços públicos essenciais: a sua problemática no ordenamento jurídico português, Coimbra, Coimbra Editora, 2010.

CASALTA NABAIS, José
– Direito Fiscal, Coimbra, Almedina, 2005.
– Por um Estado fiscal suportável. Estudos de Direito Fiscal. Coimbra, Almedina, 2005.

COSTA, António – *O contrato de fornecimento de água*, in "EDC", n.º 4, 2002, pp. 317-356.

COSTA PINTO, Miguel – Serviços públicos essenciais: algumas respostas às dúvidas mais frequentes, Lisboa, Instituto do Consumidor, 2001.

DIAS SIMÕES, Fernando – *O novo regime de prescrição dos créditos por serviços públicos essenciais – algumas dúvidas de direito transitório*, in "Jusjornal", n.º 765, Quinta-feira, 23 de Abril de 2009, acessível a partir de www.jusjornal.pt.

DOMINGUES DE ANDRADE, Manuel A.
– Teoria Geral da Relação Jurídica, vol. II, Coimbra, Almedina, 2003.

FERREIRA DE ALMEIDA, Carlos
– *Serviços públicos, contratos privados*, in AA. VV., Estudos em Homenagem à Professora Doutora Isabel de Magalhães Collaço, vol. II, Coimbra, Almedina, 2002, pp. 117-143.
– Contratos II. Conteúdo. Contratos de troca, Coimbra, Almedina, 2007.

FERREIRA FRADE, Catarina Cláudia – A regulação do Sobreendividamento, Faculdade de Economia, Coimbra, 2007.

FONTES DA COSTA, Mariana – *O dever pré-contratual de informação*, in "Revista da Faculdade de Direito da Universidade do Porto", n.º IV, 2007, pp. 367-394.

FRANÇA GOUVEIA, Mariana – *Resolução Alternativa de Litigios – Negociação, Mediação, Arbitragem e Julgados de Paz*, in Estudos Comemorativos dos 10 anos da Faculdade de Direito da Universidade Nova de Lisboa, volume II, Coimbra, Almedina, 2008.

FREITAS DA ROCHA, Joaquim – Direito Financeiro Local (Finanças Locais), Braga, CEJUR – Centro de Estudos Jurídicos do Minho, 2009.

FROTA, Ângela, RODRIGUES DE FREITAS, Cristina, MADEIRA, Teresa – Das Acções Colectivas em Portugal, no quadro do direito do consumo, Direcção Geral do Consumidor, Lisboa, 2007.

FROTA, Mário
– *Carta de Protecção do consumidor de produtos e serviços essenciais. Sobre a lei n.º 23/96, de 26 de Julho*, in "RPDC", n.º 8, 1996, pp. 21-34.
– *Serviços públicos essenciais – diferenças de preços não devidas*, in "RPDC", n.º 8, 1996, pp. 47-50.
– *A tutela do consumidor de produtos e serviços públicos essenciais na Europa*, in "RPDC", n.º 14, 1998, pp. 7-28.
– *Os serviços de interesse geral e o princípio fundamental da protecção dos interesses económicos do consumidor*, in "RPDC", n.º 46, 2006, pp. 113-146.

GOMES CANOTILHO, José Joaquim, VITAL MOREIRA – Constituição da República Portuguesa anotada, vol. I, Coimbra, Coimbra Editora, 2007.

GONÇALVES, Pedro
– A concessão de serviços públicos, Coimbra, Almedina, 1999.
– Direito das Telecomunicações, Coimbra, Almedina, 1999.

GONÇALVES, Pedro, LOPES MARTINS, Licínio – *Os Serviços Públicos Económicos e a Concessão no Estado Regulador*, in AA. VV., Estudos de Regulação Pública, vol. I, Coimbra, Coimbra Editora, 2004.

GOUVEIA, Rodrigo – Os serviços de interesse geral em Portugal, Coimbra, Coimbra Editora, 2001.

LEITE DE CAMPOS, Diogo, LEITE DE CAMPOS, Mónica Horta Neves – Direito Tributário, Coimbra, Almedina, 2003.

MAÇÃS, Fernanda – *São os municípios utentes de serviços públicos essenciais?*, in "Direito Regional e Local", n.º 4, Outubro/Dezembro 2008, pp. 5-11.

MENDES CABEÇADAS, Isabel – *Arbitragem e Conflitos de Consumo*, in "EDC", n.º 3, 2001.

MENEZES CORDEIRO, António
– Tratado de Direito Civil Português, I, Parte Geral, tomo II, Coisas, Coimbra, Almedina, 2000.
– *Da prescrição do pagamento dos denominados serviços públicos essenciais*, in "O Direito", ano 133, n.º 4 (Outubro/Dezembro 2001), pp. 769-810.
– *Da prescrição de créditos das entidades prestadoras de serviços públicos essenciais*, in AA. VV., Regulação e concorrência. Perspectivas e limites da defesa da concorrência, Coimbra, Almedina, 2005, pp. 287-332.
– *O anteprojecto de Código do Consumidor*, in "O Direito", ano 138.º, vol. IV, 2006, pp. 685-715.
– Tratado do Direito Civil Português, I Parte Geral, Tomo I, Coimbra, Almedina, 2009.

MIRANDA BARBOSA, Mafalda – *Acerca do âmbito da Lei dos Serviços Públicos Essenciais: taxatividade ou carácter exemplificativo do artigo 1.º, n.º 2 da Lei n.º 23/96, de 26 de Julho?*, in "EDC", n.º 6, 2004, pp. 401-434.

MOREIRA DA SILVA, Eva Sónia – *Da responsabilidade Pré-Contratual pela violação dos Deveres de Informação*, Coimbra, Almedina, 2006.

MOURA VICENTE, Dário – *A Directiva sobre a Mediação em Matéria Civil e Comercial e a sua Transposição para a Ordem Jurídica Portuguesa*, in Estudos em Homenagem ao Professor Paulo Pitta e Cunha, vol. III, Coimbra, Almedina, 2010.

OLIVEIRA ASCENSÃO, José de
– *Cláusulas Contratuais Gerais, Cláusulas Abusiva e Boa-fé*, in "Revista da Ordem dos Advogados", Ano 60, Vol. II, 2000.
– O Direito. Introdução e teoria geral, Coimbra, Almedina, 2006.

PETRINI BELMONE, Cláudio – A redução do negócio jurídico e a protecção dos consumidores – uma perspectiva luso-brasileira, "Boletim da Faculdade de Direito", *Studia Iuridica*, n.º 74, 2003.

PINTO MONTEIRO, António
– *A protecção do consumidor de serviços de telecomunicações*, in AA. VV., As telecomunicações e o direito na sociedade de informação, Coimbra, Almedina, 1999.
– *A protecção do consumidor de serviços públicos essenciais*, in "EDC", n.º 2, 2000, pp. 333-350.
– *Contratos de Adesão e Cláusulas Contratuais Gerais*, in "EDC", n.º 3, 2001, pp. 131-163.
– Cláusulas Limitativas e de Exclusão da Responsabilidade Civil, Coimbra, Almedina, 2003.

PIRES DE LIMA, Fernando, ANTUNES VARELA, João de Matos – Código Civil Anotado, Volume I (arts. 1.º a 761.º), Coimbra, Coimbra Editora, 1987.

REIS MAZZEI, Rodrigo – Tutela Colectiva em Portugal, Uma breve resenha, Verbo Jurídico, 2005, disponível *online in* http://www.verbojuridico.com/doutrina/civil/tutelacolectiva.html.

ROCHA, António Manuel da, MENEZES CORDEIRO, António – Da boa-fé no Direito Civil, Coimbra, Almedina, 2007.

SALDANHA SANCHES – Manual de Direito Fiscal, Coimbra, Coimbra Editora, 2002.

SCHMIDT DA SILVA, Agathe E. – *Cláusula geral da boa-fé nos contratos de consumo*, in "Revista da Associação dos Juízes de Rio Grande do Sul – Ajuris", vol. 41, 1996.

SINDE MONTEIRO, Jorge – Responsabilidade por Conselhos, Recomendações ou Informações, Coimbra, Almedina, 1989.
SOARES MARTÍNEZ, Pedro – Direito Fiscal, Coimbra, Almedina, 2003.

SOUSA, Carlos – *SPQ Sistema Português de Qualidade*, Cadernos Técnicos do CATIM, 2008, disponível *online in* www.catim.pt/Catim/PDFS/SPQ.pdf

SOUSA RIBEIRO, Joaquim – *O controlo do conteúdo dos contratos: Uma nova dimensão da boa-fé*, in III Congresso Nacional de Direito Civil, organizado pela Associação dos Magistrados do Paraná, 2005.

SOUSA SANTOS, Boaventura – *Introdução à Sociologia da Administração da Justiça*, in "Revista Crítica das Ciências Sociais", n.º 21, 1986, pp. 11-37.

Sotto Maior, Mariana – *O direito de acção popular na Constituição da República Portuguesa*, in "Documentação e Direito Comparado", n.º 75 e 76, 1998, pp. 7 ss.

TAVARES DA SILVA, Suzana – As taxas e a coerência do sistema tributário, Braga, CEJUR – Centro de Estudos Jurídicos do Minho, 2008.

VIEIRA MARTINS, Maria Rita – Regulação Económica no Sector das Águas, Promoção da Concorrência e Sustentabilidade Tarifária, Coimbra, 2007.

Iniciativas legislativas e trabalhos preparatórios:
– Proposta de Lei n.º 20/VII (cria no ordenamento jurídico alguns mecanismos destinados a proteger o utente de serviços públicos essenciais), in DAR II série A, n.º 33/VII/1, de 4 de Abril de 1996, pp. 590-592.

– Discussão na generalidade da Proposta de Lei n.º 20/VII (cria no ordenamento jurídico alguns mecanismos destinados a proteger o utente de serviços públicos essenciais), in DAR I série, n.º 56/VII/1, de 12 de Abril de 1996, pp. 20-41.

– Relatório e Parecer da Comissão de Assuntos Constitucionais, Direitos, Liberdades e Garantias sobre a Proposta de Lei n.º 20/VII, in DAR II série A, n.º 34/VII/1, de 13 de Abril de 1996, pp. 614-615.

– Relatório e texto de substituição elaborados pela Comissão de Assuntos Constitucionais, Direitos, Liberdades e Garantias sobre a Proposta de Lei n.º 20/VII, in DAR II série A, n.º 44/VII/1, de 25 de Maio de 1996, pp. 824-826.

– Projecto de Lei n.º 263/X (alteração à Lei n.º 23/96, de 31 de Julho), in DAR II série A, n.º 115/X/1, de 1 de Junho de 2006, pp. 7-9.

– Discussão na generalidade do Projecto de Lei n.º 263/X (alteração à Lei n.º 23/96, de 26 de Julho), in DAR I série, n.º 60/X/2, de 16 de Março de 2007, pp. 11-19.

– Anteprojecto do Código do Consumidor – disponível *online in*
http://www.portugal.gov.pt/pt/Documentos/Governo/MEI/Anteprojecto_Codigo_Consumidor.pdf

Jurisprudência
Todos os acórdãos citados sem qualquer outra referência estão disponíveis através de www.dgsi.pt.

ÍNDICE

Abreviaturas e Siglas	5
Lei n.º 23/96, de 26 de Julho	7
Artigo 1.º	
Âmbito e finalidade	7
Anotação (Fernando Dias Simões)	7
N.º 1	7
Finalidade do diploma	7
Entrada em vigor	13
N.º 2	13
Conceito de "serviços públicos essenciais" e conceitos afins	13
Os "serviços públicos essenciais" como contratos de Direito Privado	16
Âmbito de aplicação objectivo	17
Elenco primitivo	17
Elenco actual	23
a) Serviço de fornecimento de água	24
b) Serviço de fornecimento de energia eléctrica	25
c) Serviço de fornecimento de gás natural e gases de petróleo liquefeitos canalizados	26
d) Serviço de comunicações electrónicas	28
A – Redacção primitiva da al. d)	28
B – Exclusão do serviço de telefone pela Lei n.º 5/2004	32
C – Redacção actual	35
e) Serviços postais	43
f) Serviço de recolha e tratamento de águas residuais	45
g) Serviços de gestão de resíduos sólidos urbanos	46
N.º 3	47
Âmbito subjectivo – o utente	47
As autarquias locais como utentes?	52
N.º 4	57
Âmbito subjectivo – o prestador dos serviços	57
Artigo 2.º	
Direito de participação	60

Anotação (Mariana Pinheiro Almeida)   60
Direito de participação   60
As organizações e a regulação sectorial   62
O direito de participação e a acção colectiva   65

Artigo 3.º
Princípio geral   66
Anotação (Mariana Pinheiro Almeida)   67
O princípio da boa-fé e a natureza pública do serviço   71

Artigo 4.º
Dever de informação   75
Anotação (Mariana Pinheiro Almeida)   75
N.º 1   76
Dever de informação (geral) e princípio da liberdade contratual   76
Regulação sectorial do dever de informação   79
N.º 2   81
Dever de informação sobre as tarifas e preços   81
N.º 3   83
A autonomia normativa do dever de informação nas comunicações electrónicas   83

Artigo 5.º
Suspensão do fornecimento do serviço público   87
Anotação (Fernando Dias Simões)   87
N.º 1   87
Princípio da continuidade   87
N.º 2   92
Suspensão em caso de mora do utente   92
N.º 3   99
Conteúdo do pré-aviso   99
N.º 4   102
Proibição de suspensão de serviços funcionalmente dissociáveis   102
Admissibilidade da suspensão por não cumprimento de outro contrato   107
A retoma da prestação do serviço – a exigência de caução   112
N.º 5 (Revogado)   115

Artigo 6.º
Direito a quitação parcial — 116
Anotação (Fernando Dias Simões) — 116

Artigo 7.º
Padrões de qualidade — 118
Anotação (Mariana Pinheiro Almeida) — 118
A qualidade de serviço — 118
Os índices de qualidade de serviço sectorial — 119

Artigo 8.º
Consumos mínimos e contadores — 125
Anotação (Fernando Dias Simões) — 125
N.º 1 — 125
Proibição de consumos mínimos — 125
Consumos mínimos vs "contraprestação fixa" — 129
Consumos mínimos vs "períodos mínimos de contratação" — 133
N.º 2 — 136
Proibição de cobrança de outras quantias — 136
N.º 3 — 143
Licitude de cobrança de algumas taxas e tarifas — 143
As "taxas de disponibilidade" no fornecimento de água — 148
Taxas fixas noutros serviços públicos essenciais — 163

Artigo 9.º
Facturação — 168
Anotação (Fernando Dias Simões) — 168
N.º 1 — 168
Direito a factura detalhada — 168
N.º 2 — 170
Periodicidade e conteúdo da factura — 170
N.º 3 — 181
Conteúdo da factura no serviço de comunicações electrónicas — 181
N.º 4 — 186
Conteúdo da factura no serviço de fornecimento de energia eléctrica — 186
N.º 5 — 187
Gratuitidade da factura no serviço de fornecimento de energia eléctrica — 187

Artigo 10.º
Prescrição e caducidade 187
Anotação (Fernando Dias Simões) 188
N.º 1 188
Prescrição do direito ao recebimento do preço 188
Redacção original da Lei n.º 23/96: diferentes teses em confronto ... 189
Redacção actual 194
N.º 2 198
Caducidade do direito à diferença do preço 198
N.º 3 203
Exigência do pagamento do preço 203
N.º 4 204
Prazo para a propositura da acção ou da injunção 204
N.º 5 205
Exclusão do fornecimento de energia eléctrica em alta tensão ... 205

Artigo 11.º
Ónus da prova 209
Anotação (Fernando Dias Simões) 209
N.º 1 209
Princípio geral 209
N.º 2 212
Ónus da prova nas comunicações previstas no art. 10.º 212
Possibilidade de invocação de abuso do direito 213

Artigo 12.º
Acerto de valores cobrados 214
Anotação (Fernando Dias Simões) 214

Artigo 13.º
Carácter injuntivo dos direitos 217
Anotação (Mariana Pinheiro Almeida) 217
N.º 1 217
Carácter injuntivo dos direitos do utente/consumidor 217
N.º 2 218
A nulidade atípica 218

N.º 3	220
A manutenção do contrato: a integração ou a redução do contrato em prol do interesse do utente	220
Artigo 14.º	
Direito Ressalvado	222
Anotação (Mariana Pinheiro Almeida)	222
Artigo 15.º	
Resolução de Litígios	224
Anotação (Mariana Pinheiro Almeida)	224
N.º 1	224
A emergência dos meios alternativos da resolução de litígios – o acesso à justiça	224
O interesse na Arbitragem	226
A arbitragem necessária	230
Centros de Arbitragem de Consumo Legalmente Autorizados	231
N.º 2	233
Suspensão do prazo para propositura da acção ou injunção	233
Artigo 16.º	
Disposições Finais	234
Anotação (Mariana Pinheiro Almeida)	235
Bibliografia	237